凭什么投你

成为独角兽的精明创业法

[美] 洛基·理查德·阿诺德 ◎ 著
(Rocky Richard Arnold)
丁晓松　宋冰玉　马雪姣 ◎ 译

The Smart Entrepreneur

The Book Investors Don't Want You to Read

中国人民大学出版社
· 北京 ·

图书在版编目（CIP）数据

凭什么投你 : 成为独角兽的精明创业法 / (美) 洛基·理查德·阿诺德 (Rocky Richard Arnold) 著 ; 丁晓松, 宋冰玉, 马雪姣译. -- 北京 : 中国人民大学出版社, 2021.6
ISBN 978-7-300-29275-5

Ⅰ. ①凭… Ⅱ. ①洛… ②丁… ③宋… ④马… Ⅲ. ①创业—研究 Ⅳ. ①F241.4

中国版本图书馆CIP数据核字(2021)第084997号

凭什么投你：成为独角兽的精明创业法

【美】洛基·理查德·阿诺德（Rocky Richard Arnold） 著

丁晓松　宋冰玉　马雪姣　译

Pingshenme Tou Ni: Chengwei Dujiaoshou de Jingming Chuangyefa

出版发行	中国人民大学出版社		
社　址	北京中关村大街 31 号	邮政编码	100080
电　话	010–62511242（总编室）		010–62511770（质管部）
	010–82501766（邮购部）		010–62514148（门市部）
	010–62515195（发行公司）		010–62515275（盗版举报）
网　址	http://www.crup.com.cn		
经　销	新华书店		
印　刷	天津中印联印务有限公司		
规　格	170mm × 230mm　16 开本	版　次	2021 年 6 月第 1 版
印　张	16　插页 1	印　次	2021 年 6 月第 1 次印刷
字　数	200 000	定　价	79.00 元

前言

或许投资人会希望你看看这本书。

当投资人认为你能出色地实践你的想法或执行你的计划时，或许他们特别希望你能读读本书。如果你的执行力的确非常出色，投资人肯定就会希望你能实现你在商业计划书和演示中所承诺的回报（主要是经济回报）。事实上，作为创始人和梦想家，你最重要的工作就是说服投资人，让他们相信你可以将创意、技术、人员、市场、产品和计划等因素正确地结合起来，打造一家成功的企业，实现盈利。

但万事难顺遂。

在企业的成立和经营过程中，美好的理想总会受到诸如以下各种现实因素的影响，正所谓“理想总是很丰满的，而现实却是骨感的”。

1. 技术和专利。无论是通过收购还是其他方式来获得技术，这些技术可能都并不能如你所愿地发挥强大作用。专利或者正在申请的专利都可以证明这种情况的存在。例如，你开发的产品在性能方面可能无法与市场上其他产品进行有力的竞争。又或者竞争对手起诉你侵犯专利权，试图借此耗尽你的资金。

2. 人员。例如，你的创始伙伴之一（也是公司的核心人物）拿到了另一家公司的工作机会，收入高得让人难以拒绝。或者某位创始人的表现辜负了其他创始人的期望，导致公司无法达到重要的里程碑。

3. 市场。当今世界，科学技术正以惊人的速度发展，新产品层出不穷，市场不断变化且竞争激烈，消费者对新产品的要求较高，产品的价格通常很快就会下调，因此你的产品的利润可能会降低，甚至失去竞争力。

挫折有多种形式，尽管人们可以预见会遇到挫折，而且可以有多种举措去减小其影响。我们明白，创业对你个人和投资人来说都存在固有的风险。

我们必须了解投资人的动机和风险承受力。

很显然，投资人的主要目的就是赚钱。从“职业”角度来说，他们也迫切希望能为公司合伙人和投资支持者赚钱。当初创企业因为某种原因未能如期获得成功时，职业投资人会更积极地采取举措，力争扭转颓势。他们通常会为创业团队提供宝贵的知识、技能和人脉。他们可能带来更多资源和资金。他们与你一样，都是以成功为目标的。当一切进展顺利，甚至进展不顺利时，他们都可能变成你最佳的合作伙伴。

但创业者必须明白，职业投资人既可能成为合作伙伴，也可能在企业业绩达不到他们的期望时成为“敌人”。最糟糕的情况当属投资人通过最初签订的投资协议获得了更大的控制权和更多股权。就创业者和投资人之间的关系而言，其核心就在于投资人是否能获得更多的控制权和所有权。

本书将帮助创业者懂得如何为初创企业奠定坚实的基础。创业者若能遵循本书提供的建议，就能做好更充足的准备，游刃有余地与潜在投资人打交道，进行谈判，并在成功获得所需资金的同时尽可能争取到更多的股权。

我通过观察发现，很多创业者虽然有出色的创意，但并没有掌握一些关键的知识点，很难或者根本无法将创意成功地转化为产品。因此，本书将为创业者提供一些指导和真知灼见，帮助他们就可能延误或阻碍成功的难题进行谈判，最大限度地提高初创企业的初始价值，在创业过程中保住手中的股权，解决创业初期可能遇到的、可能会导致他们遭受挫折的管理问题。

同时也希望你能阅读更多的关于创业、领导力、初创企业管理、财务报表编制以及其他相关主题的书籍，进行更详细的学习。

本书立足于初创企业筹备、成立和早期运营的流程，也就是说，每个章节都是按照时间的先后顺序来排列的，符合任何时间点的活动的先后顺序，这样可以最大限度地降低成本，直到创业初期发展的风险得到降低或消除。创业者若能遵循本书所介绍的流程，将有望最终创建一家资金充裕且生机勃勃的初创企业。

撰写本书时，我的重点放在了可采取的具体行动上。创业者必须了解这些行动，为自己的创意争取资金，并且着手创建一家初创企业。

本书也探讨了哪些想法可行，哪些想法不可行，让你知道在创业时不能脱离实际。身为企业的创始人和领导人，你在面对挑战时要怎么办？你的反应会决定创业的成功与否。我们对创业的想法必须务实。在明白哪些行动可行、哪些行动不可行后，你就能更加清楚地知道要怎样做才能最大限度地提高成功的可能性。这正是我撰写这本书的目的。

目 录

第 1 章 构思和愿景

第 2 章 创始人尽职调查

第 3 章　成立公司

第 4 章　制订营销与销售计划

第 5 章　制订财务计划

第 6 章　机会评估

第 7 章　撰写商业计划书

第 8 章　为投资和投资者做准备

第 9 章　你的投资者网络

第 10 章　初创企业的早期运营

后记　最后对创业者说的话

The Smart Entrepreneur

第1章

构思和愿景

构思，即提出创意[①]的行为，可能是由一个看似无聊的想法或对某个问题冥思苦想而产生的灵感，也可能是通过协同努力（如以发现新的科学原理为目标的结构化研究）而产生的。创意有多种形式，从抽象概念到物品和产品。无论最初的创意是何种形式或者来自哪里[②]，发明者寻求的都是不断探索创意，并为问题或机会开发出创新的解决方案。而创业者则希望在这些受到法律保护的发明的基础上生产出有利可图的产品[③]，培育出有利可图的业务。

本书的第 1 章旨在帮助创业者或发明者合理地利用当今技术和产品发展面临的机遇与挑战，以满足市场和客户需求为目标，培养创造性思维。

发现问题 / 机遇和创新

有多少次，当我们遇到某种情况或困境时，我们会不经意地想：如果我们有更好的解决方案、产品或服务，生活会不会变得更好？然后，这个想法要么很快被放弃，要么在被简单地研究后放弃。或许其他人对这个问题很感兴趣，但我们往往会在另一位发明者或创业者提出了一种解决方案，并将其推向市场之后才发

① 创意既可能只是粗略定义的东西（例如，“我们来制造一辆更好的汽车吧”），不受法律保护，也可能非常精确，并可能受到多种法律的保护。此处的“创意”不受法律保护，因为它要么是公开的，要么就其性质而言不受法律保护。

② 创意有多种来源，不一定是创业者的原创想法。

③ 在本书中，“产品”既可以指实物（即产品），也可以指软件应用程序、服务或过程。创意与发明在大多数情况下用于实体产品或软件，但可以很容易地拓展到制造业或商业和服务的过程。

现它的价值。此时，我们可能会后悔不已，却只能望洋兴叹了。

人们往往会被自己感兴趣的领域所吸引，然后花费时间和精力学习该领域的知识和技能。而随着时间的推移，新的兴趣领域会出现，一段时间后，人们会发展出一整套的知识和技能。这些领域（或专业知识）之间不一定存在明显的联系，但是它们往往有一定的关联。在任何情况下，各种专业知识往往能够为发明者和创业者提供特殊的洞察。协同思维和问题解决可以同时发生。大脑凭借其奇妙的结构，致力于对知识、技能和兴趣进行整合，并能产生创新的想法。

我们大多数人都注意到，技能和知识的积累往往发生在人们的早年岁月。我们常常会对如此之多的学龄前儿童在科学、技术、软件等领域开发出一些有趣且有用的解决方案感到惊讶。创造力不受年龄和性别的限制。正如这些儿童所证明的那样，我们应当自由地追寻自己的兴趣，不考虑结果和结论，尽情地学习、思考与发现。如果我们都能从不受限制、不受约束的起点出发，新的创意和创新就可能层出不穷。

值得注意的是，对于大多数（如果不是所有）专注于技术的人或公司而言，创新所需要的知识水平比偶然出现的想法[①]所需要的知识水平要高得多，同样的问题常常会吸引众多才俊思考，要真正提出新见解很有挑战性，但它确实会发生。这些更深刻的见解常常诞生于“剥洋葱皮”的过程中，它们揭示了促使我们观察的机制和系统在相互作用。关键的见解来自支持并进行基础研究和应用研究的学术界以及商业和政府组织。

作为本书读者的你很快就会发现，我认为组织的成功离不开应用和完善每一项基本职能。虽然提出创意是一种与众不同的能力，但它是一个可以被接受的过程，它可以提高个人或组织的创造力，使其更具创造力和创新性。很多技术驱动型企业，无论规模大小，无论是公有的还是私有的，都会进行高标准、流程规范的产品研发（包括基础研发和应用研发），以开发出可以用于销售的创新产品。

① 偶然的想法在这里并没有精确的定义，而是暗示一种非技术驱动的创新，这种创新不需要深奥的技术知识，但仍然可以被视为“灵光乍现”。

在创业初期，创业者往往独立无依，唯一能够依靠的就是他们积累的知识、技能和以往的经验。然而，无论个人的专业水平如何，他们都有思考问题或机会的方法，他们会从了解感兴趣的领域的前景和环境开始，来识别问题和确定发展愿景。图 1–1 概括展示了构思过程。

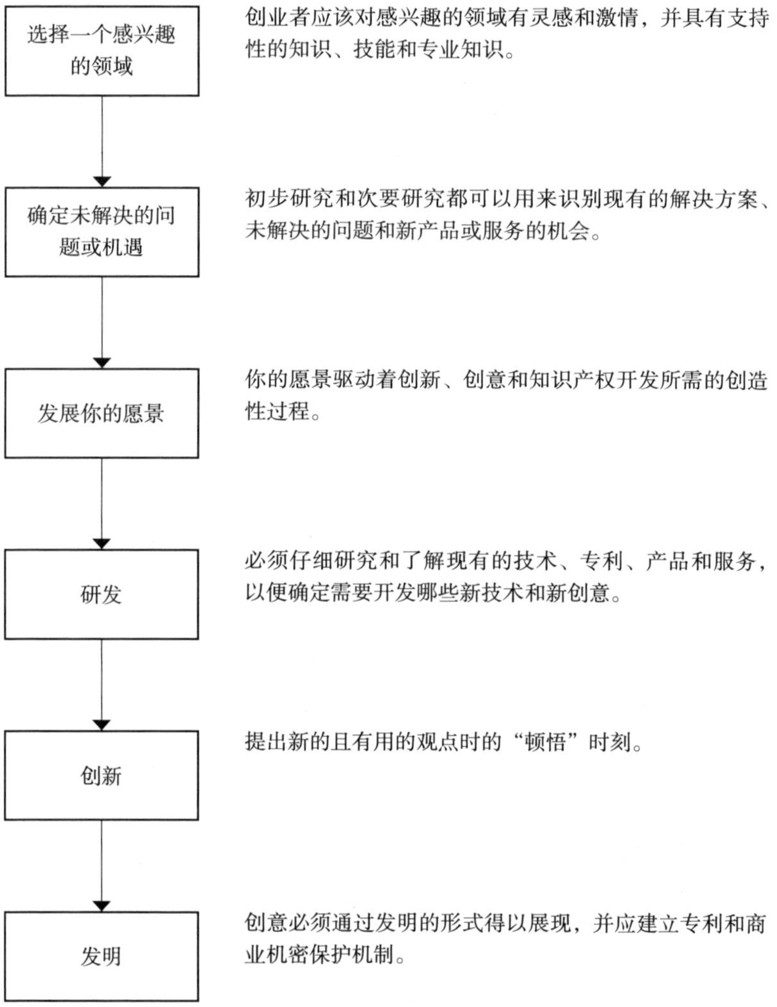

图 1–1　构思、创新与发明过程

初步研究促进了发现问题或机会。在这个过程中，信息和数据直接来自技术会议上的讨论、与技术专家的面谈或者与他人非正式的交谈。当然，这类研究的目的是从各方收集有效信息，同时又尽量不透露你（即创业者）的想法。因此，信息流严格来说是单向的。次要研究【即从公开的文件（包括互联网）中收集信息】对于提供尽可能完整的前景也是有用和必要的。

创造想法（比如构思）的过程是从对感兴趣的领域和环境的敏锐认识开始的，这两者都是获得更深刻见解的必要条件。人们会提出并回答关键问题，如感兴趣的领域中有哪些问题？不同的解决方案能够带来哪些不同的结果？其他公司现在推出了什么产品？如果能够实现 X 或 Y，世界会因此发生什么改变？换句话说就是，你的愿景是什么？①

在创业精神中，愿景是在实施一项创新的基础上，清晰地看到未来发展的能力。愿景还包括对初创企业成功后对社会的影响的评估。这种愿景一般很难共享，但最终会得到创始人团队的认可，之后会得到初创企业内部人员的认可。这种愿景将驱使创业者带着激情和目标不断前进。

创业者应当成为“愿景守护人”，也就是最能推动成功、坚持不懈并向社会提供解决方案的人。每家企业都需要这样一位愿景守护人。如果初创企业或者公司没有得到充分的发展，就需要愿景守护人有更坚强的意志，能够始终冲在前面。

愿景鼓励着企业不断创新，这是产生创意和创新的先决条件。创造力往往以看似随机的方式实现，但它也可以通过研究和发现来被激发和鼓励。有些创意并不一定能很快转化为合适的产品，在这种情况下，就必须对它们及其应用进行更多的思考。理想情况下，创意会带来创新以及产品和目标市场易于识别的新发明。

创业者都希望能够体验“顿悟”时刻，即意识到自己发现了一项乍一看没有被他人发现或者公开的创新。在这一点上，以临时专利申请的形式保留创新是至关重要的。

---

① 在创业初期，创意还没有被提出，创新也不明显。此时的愿景可以称为梦想或目标，或者更恰当地说，是一种热情。但这一愿景激发了我们每个人内心的创业冲动。

创意、创新与创意所有权

通常，现有技术或产品问题是人们在工作（包括当前的工作和过去的工作）中发现的。根据雇佣合同，员工的想法、创意[①]或发明一般由公司“所有”，如果员工想在当前雇主的业务范围内继续追求自己的新创意或者新产品，就应当立即离开公司，以免在创意所有权或利益冲突方面产生纠纷。

离职员工最好在自己离职和任何后续的、可能以书面或口头形式记录（并被发现）的有关创意的行动之间留出一段时间。[②]很多类型的可查阅记录都可能是有意或无意地创建的。例如，员工在离职前几个月想把电子文件、电子邮件等复制回家。这是事后能被发现的，而且如果他仍在自己原雇主所在的领域从业，这就极有可能给他带来问题。甚至前雇员在离职后整理的笔记也可能包含前雇主的商业机密和数据，这些信息可能会泄露初创企业的意图。为避免员工未来离职所带来的问题，最好的策略就是请他不要在离职前复制或者传输任何信息到外部设备，也不要在离职后立即创建任何书面记录。

在进行更进一步的思考和工作前，创业者必须尽量避免在流程、商业机密、产品、营销策略和业务执行中涉及离职员工的知识产权。如果做不到这一点，创业者极有可能面临被起诉的巨大风险。由于是否存在偷窃行为取决于前雇主的判断和怀疑，前雇员冒险接近前公司的技术和新的专利技术会面临风险。

从创业者的角度看，他们的目标是避免与前雇员产生任何冲突或灰色地带，因为这会对创业者最终寻找并获得投资造成影响。对前雇员而言，最好与前雇主保持良好的关系离开。对未来的投资者而言，自由创新可以成为一个重要问题。一旦创业者表现出任何关于知识产权的不当行为的蛛丝马迹，投资者就会迅速消失。然而，一旦创业者（也就是前雇主）获得“自由”，就能够自由追求自己的创意和理念。经过一段时间的锤炼，他们能够也应该为自己的创意和创新创建一份独立的研究和调查记录。

---

① 员工与雇主业务无关的创意和创新，只要没有利用上班时间或者公司的设备和资源，就归员工个人所有。

② 即使与前雇主有哪怕最轻微的或潜在的冲突，也要咨询公司律师。

调研与发现

对于发明者或创业者而言，发现是一个重要的概念。在发明过程的早期阶段，他们的脑海中会出现未来产品和业务的愿景，但这远远不够，仍需要一种创新，这种创新可以作为受法律保护的发明以及可以被生产和销售的产品的基础。调研和发现的目的在于找到一种或多种解决方案，这些方案新颖、独特、有创新性，并且以适合一项或者多项专利的形式受到法律保护。

发明者可能在构思过程的早期就产生了创新性的解决方案和创意，但确定这些解决方案和创意的独特性和有用性就不那么容易了。事实上，一项创新是否真正新颖往往与所进行的研究和发现的数量成正比，也就是说，调研进行得越充分，发明者就越能确定自己的创新是否能够造福社会。无论发明者对自己的创意有多自信，都要认真地进行研究和发现，从而为第三方（如创始人和投资者）提供关于独特性和有用性的证据和证明。

另外，愿景可以通过不止一种可能的解决方案得以维持，也就是说，在考虑创建一家具有高度可持续性和价值的企业时，创业者应当保留任何可行的解决方案，为初创企业在市场上站稳脚跟创造最大的机会。因此，要找出所有这些解决方案就需要对可能获得或被许可的现有专利进行研究，并确定受到这些专利保护的“地盘”①。有了这些信息，人们就可以在不受他人的发明和专利保护的领域中闯出一片新天地。因此，解决方案是可以被有机地获得或开发的，完全或者大部分来自发明者或创业者的独立工作。

如果专利是由一家依赖其开发产品的企业所有，那么从另一方获得该专利几乎就是不可能的。当专利由高校或政府的研究机构所有时，如果一方尚未获得另一方的独家许可，那么就有可能获得许可。即使这项专利是可用和可以获得许可的，人们也可能会认为被许可方的预期回报太高。不过，很多被许可方是很灵活的，比如，如果专利对初创企业很重要，它们就可以通过与被许可方签订暂时保

① 就本文所讨论的范围而言，“地盘”指的是专利权利要求书或者在专利任何其他部分中所描述的创意、想法或应用等。“地盘”一词界定了创业者不得进入的领域。

证不向第三方授权的短期协议，以收取不可返还的预付费。

创业者有很多种方式来获得可用的专利，他们不仅需要为找到可用专利做好准备，而且要应对许可方的相关要求。需要记住的重要一点是，创业者需要研究和理解其他潜在的解决方案，以了解这些方案对自己的规划有何影响，以及发明者对其创意和目标发明的想法。还应记住的一点是，在未来的某个时间点，投资者将进行尽职调查，并可能会就潜在的竞争技术提问。

对大多数创业者和发明者而言，更有可能出现的情况是他们基于自己在某个特定领域的技术和经验，会在头脑中形成一个创新的想法。他们可能是这个领域的技术专家，并且坚信自己的创新能成功。即使不需要从别人手中获取专利，上文提到的专利研究也是发现过程中至关重要的第一步。

研究和发现的早期阶段的主要目标是确定另一方还没有完成创新。如前所述，部分研究与专利有关，另一部分则是搜索其他人公开发布的信息，这些信息可以通过查阅出版物（行业杂志和期刊文献等）、潜在竞争者的网站、博客和其他网站等获得。

除了发现问题和机会并付出努力，创业者还应当对哪里存在创新潜力有很好的了解。如果有多位创业者参与，最好的方法就是对问题、环境、现有的解决方案和可能的解决方案进行头脑风暴。这样做的目的在于扩宽思路，探索潜在的解决方案，并定义一个或多个创新的基本要素。为了确保一项发明更有可能获得专利，创意和创新被以重要的方式调整和修改并不是什么稀罕事。

市场导向型的科技产品

发明者往往因为自己的创意或者创新为人所知，但有潜力的产品有时却似乎没有市场。这就是我们通常所说的“寻找市场的技术”在开发机会方面存在特殊的问题。另一方面，很多创业者学会了先发现问题和市场，再寻找合适的创新和解决方案。后一种方法往往更受欢迎。无论如何，如果你希望公司的产品能销售出去，并且获得成功，你就必须使产品匹配市场。

如果技术没有很大的市场价值，发明者有以下几种选择。发明者可以提交一份临时专利申请，再将技术专利卖给可能感兴趣的另一方。这种方法虽然有优点，但执行起来非常困难和耗时，因为对这种原始专利进行评估是非常困难的。当然，正因如此，发明者也可以选择放弃这项创新。最后一种选择，也是最容易被接受的一种就是为这项创新寻找一个合适的利基市场，并期望最终获得专利，希望该创新值得所有努力，并有可能成立一家公司。每种情况适用不同的方法，需要根据实际情况进行选择。也许更有用的是咨询其他不同领域的专家，请他们就创新的潜在市场给出见解，但这只能在提交了重要的临时专利申请并签署了保密协议之后进行。

如果发明者从一开始就能有目标地关注市场和客户，那么他们就已经完成了重要的第一步，即建立起可信的、有潜在价值的产品 – 市场匹配。

发明与知识产权开发

在构思初期，人们不必过分挑剔；但随着时间流逝，就必须付出更多努力来进一步探索创意，并且判断其可行性。那些被认为具有创新性、独特性和实用性的创意和发明需要通过提交一个或多个临时专利申请来获得保护。显然，发明者和创业者都希望基于他们能够获得的创新、发明和专利在选定的市场中拥有一席之地。

提交临时专利申请最重要目的是确定优先权日，该日期在法律上确定了发明的发生时间。提交的临时专利申请可以是简单手写的一张纸，但应尽可能多地描述当时专利的情况。理想情况下，临时专利申请应该包含尽可能多的支持信息，尤其是发明者的权利要求。申请一经提交，美国专利及商标局（United States Patent and Trademark Office，USPTO）将为发明者提供一份文件，以表明已收到申请，并附上优先权日。发明者可以且应该提交后续的申请文件（包括更多的描述和权利要求书等）。这些额外的申请文件应当尽快提交，以确保专利优先权日或日期得到很好的记录。发明者不需要精心准备每份文件，这样做只会耽误提交时间。时间才是最关键的。

临时专利申请提交完成后，投资者最好尽快寻求专业律师的帮助，提交一份准备更充分、更全面，且明确了权利要求书的临时专利申请。这份申请可以以原来的申请为参照，并将展示给潜在投资者。考虑到常规的专利申请，虽然推迟做这份更详细的申请资料很有诱惑力，但专利律师在准备常规专利申请时将用更多的时间来研究和写作，这就为申请成功带来了更大的保障。非临时专利申请应在临时专利申请提交之日起的 12 个月内提交。

只要发明者或创业者愿意，构思、发现、创新、发明以及临时专利申请的过程就可以无限循环下去。然而，在大多数情况下，他们迫切需要推动初创企业的发展。最重要的是要记住，公司的早期价值很大程度上取决于其知识产权组合，主要是授予的专利和正在申请的专利。

初创企业的发展过程和时间线

我曾目睹过很多想成为创业者的人在很少考虑重要的发展活动的情况下，过快地将创意转变为商业计划。理想的预期是，资金会根据对创意的良好预估而涌入，然而，除非创业者早有成就，否则这种情况几乎不会发生。尤其对于第一次创业的人而言，他们往往缺少通过运营一家得到投资的初创企业，来将一个创意变成现实所需的知识。定义这个过程的目的是有效且高效地安排各项活动，这些活动对于实现获得资金和创业成功的最终目标至关重要。

图 1–2 展示了初创企业的发展过程。在第 1 章中，我们主要讨论的是构思的要素和创业者愿景。对一家科技公司而言，这些步骤的结果（假设该公司已经找到了某个关键问题的解决方案）应该是提交临时专利申请。

与构思相关的工作将在接下来的部分和第 2 章介绍。尽职调查能够帮助创始人树立一定的信心，使他们相信创意或发明可以投入生产并销售到一个足够规模的市场。尽职调查还有助于使创始人对未来由潜在投资者进行的尽职调查更加敏感。如果创始人对他们的早期发现工作感到满意，他们可能就会着手成立一家公司。这部分内容将在第 3 章中介绍。

第 4 ~ 5 章介绍了营销和销售计划以及财务计划。虽然有的人可能更想从撰

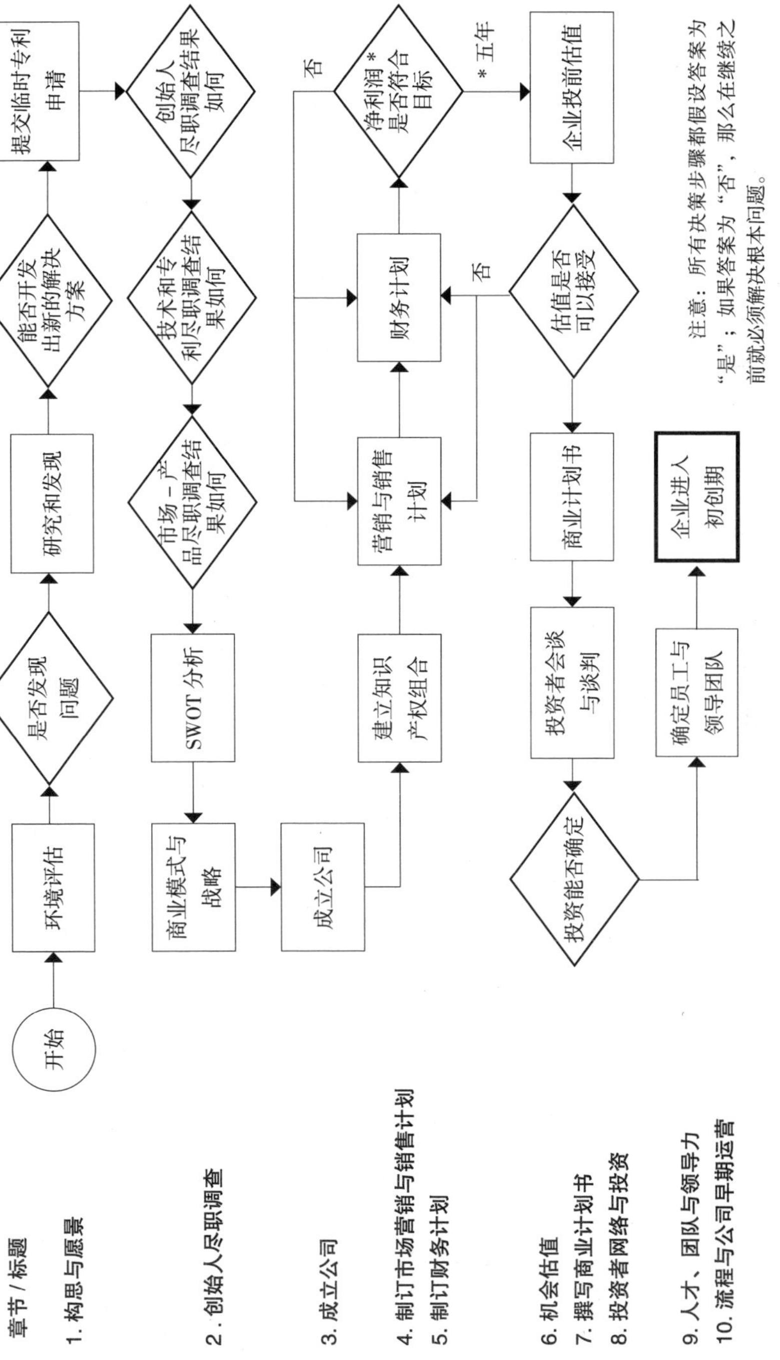

图 1-2 初创企业的发展过程

写商业计划书开始，但最好还是先考虑营销、销售和财务问题。

此外，创业者还需要重新考虑员工人数、薪酬、办公场所等运营成本，以增加净利润（并且提高估值）。这是一个迭代的过程，不应只通过修改表格中的数字来得到一个想要的结果。创始人要牢记，假设和结论都会被潜在投资者仔细审查，因此它们必须严谨、经得起推敲。

一旦创始人对商业价值的预期（或目标）得到满足，就可以着手撰写商业计划书了（详见第 7 章）。由于商业计划书中的关键元素（如技术、产品、市场和财务）都已确定，撰写起来就相对简单了。

正如第 9 章所介绍的，寻找投资可以通过多种途径进行。由于诸多原因，如何确定融资途径是个问题，但我们鼓励创业者基于对创始人股权的影响合理地做出决策。因此，以较低的股权成本获得融资是一种策略，但有时为了更快地进入市场，牺牲创始人的股权来获得专业投资也可能是合适的做法。没有什么决策是轻而易举就能做出的，但第 9 章的内容会为你提供一些参考。

一旦获得了融资，下一个任务就是完善团队并执行。这些过程将在第 10 章中介绍。

图 1–3 展示了初创企业的一条虚拟时间线。

构思可以在几周到几个月甚至更长时间内完成，这取决于提交临时专利申请时付出的努力。当然，每一家初创企业都是独一无二的，但一般来说，一旦构思阶段完成，公司成立就正式被提上议程了。随后的尽职调查和公司组建工作通常需要两到三个月的时间。

与营销和销售计划以及财务计划相关的重要步骤需要几个月的时间完成。但是一旦上述步骤完成了，就要开始撰写商业计划书了。如图 1–3 所示，每份文件的制定者都应该来自创始人团队，有时也可以是在初创企业中拥有少数股权的关键人物。

假设商业计划书将在五个月内开始撰写，而对商业机会的初步评估表明，营销与销售计划以及财务计划的制订都已接近尾声。这些步骤是迭代进行的，直到

			开始后月数											
章节	**题目**	<0	1	2	3	4	5	6	7	8	9	10	11	12–18
1	构思与愿景	●●●												
2	创始人尽职调查		■■											
3	成立公司			■■										
4	制订营销和销售计划		CMO●●		■■	■■	■■	◇	◇	◇				融资 ↓
5	制订财务计划				CFO	■■	■■	◇	◇	◇				
6	机会评估				CFO/CEO		■■	◇	◇	◇				
7	撰写商业计划书					CEO	■■	■■	◇	◇	◇	◇	◇	
8	投资者网络与投资			CEO/CFO/CMO			▨▨	▨▨	□□	□□	□□	□□	□□	□□
9	人才、团队与领导力												●●●●●●	■■ ■■
10	流程与公司早期运营													●● ■■ ■■
图例														
●●●	先锋活动													
■■	全力以赴的活动													
▨▨	与非专业投资者会谈（第 8 章）													
□□	与专业投资者会谈（第 8 章）													
◇	随着继续发现，更新、修正以及设定新愿景（营销和销售计划、财务计划、商业计划）													
CXO	负责人（CMO：首席营销官；CFO：首席财务官；CEO：首席执行官）													

图 1–3　初创企业的虚拟时间线

找到最适合的解决方案，就像商业计划书、营销与销售计划以及财务计划所展现的那样。这些计划是创业者在寻找融资之前所需要的基本要素。商业计划书作为企业发展的指引，通常会在七到八个月内完成撰写，除非发生异常或特殊情况。撰写完成只意味着企业有了一套合理的计划（如商业计划、营销与销售计划以及财务计划等），经过了多次审查，以及可以向投资者展示了。接下来，随着投资者的问题得到解答和对商业模式和计划的调整，企业也将对整套计划进行调整和完善。

创业者应该预料到自己需要融资，但他们也可以向亲朋好友（在本书中，我将他们称为非专业投资者）寻求资助。这些进行早期投资的投资者应该得到认股权证和类似的财务优势等作为奖励，因为他们承担了与初创企业相关的更高风险。无论如何，有好机会的创业者最终都会获得专业投资。在本书中，我们假设初创企业和创业团队将在公司启动后大约 8 ~ 10 个月与专业投资者进行重要会谈（如图 1–3 中的 0 时刻）。

何时能够获得一笔投资是不确定的，这在很大程度上取决于机会的质量。根据我的经验，创业者应当在公司启动后的 12 ~ 18 个月准备融资。与不太好的创意和计划相比，拥有完善的商业模式和计划的好创意会更快地获得融资。

The Smart Entrepreneur

第2章

创始人尽职调查

早在潜在投资者进行尽职调查之前，创业者就应该对潜在创始人、技术基础和知识产权、预期的产品（即使尚未完全设计好）以及目标市场进行尽职调查。创始人的早期尽职调查可以确保他们的努力不会在日后发现一些难题后被浪费，这些难题要么需要很多时间来解决（因此会耽误融资），要么就是难以解决和致命的。

如果创业者要为随后很多体现创业精神本质的努力做好准备，那么尽职调查就是必不可少的。适当的尽职调查能够明确必须了解和解决的问题；能够让你决定不再前进，而去寻找更好的机会；能够指向更积极的成果，即创始人有一个很好的想法、观念或技术，使其能够向着成功继续前进。

所有尽职调查都需要借助 SWOT 分析进行。SWOT 代表的是优势（strength）、劣势（weakness）、机会（opportunities）和威胁（threats）。SWOT 分析通常强调人们需要了解的商业机会中的关键因素（积极的和消极的），以开发企业的商业模式和商业策略。SWOT 分析是一种已被广泛接受的战略营销流程，它有助于坚定创始人的想法和信念，也有助于发现需进一步分析的重点领域。

本章将概述进行合理的早期尽职调查所需要的一些基本概念和工作。更多的尽职调查将在准备与潜在投资者会谈时进行（详见第 8 章），早期的尽职调查的目的是发现潜在的不利问题。通过早期尽职调查获得令人满意的结果有助于进入下一阶段，即成立公司（详见第 3 章）。

创始人都是精力充沛、才华横溢、有能力的吗

成立公司经常是几个人（其中的一些人或许最终会成为创始人）私下聚在一起决定的，他们会讨论一个新想法以及今后的发展，并决定朝着共同的目标（尤其是成立一家公司和分享所有权）一起努力。这些讨论或许会进行很多次，然而在某种程度上，不管这些创业者的热情有多高，他们都必须着手进行尽职调查，而且要从自己开始。不管创始人有一位还是几位，第一步都必须是自省和诚实的。在这个早期阶段，比较明智的做法是在尽职调查结束前，潜在的创始人之间不要互相做出承诺（如承诺成为创始人）。

在某些情况下，潜在创始人彼此熟识，高度信任彼此，他们有深厚的友谊，并且非常了解对方的家庭情况、财产情况以及其他积极或消极因素。这是一种理想的情况，因为这大大降低了与一位可能不合适的创始人开展合作的风险。

然而，很多初创企业有一些这样的潜在创始人，他们之间并没有私人交情，不了解彼此的背景，或者正如大多数人一样，他们的过往经历可能并不为人所知，尽管有大量的社交或专业网站可供查询，但生活是复杂的，其中有各种各样的细节。对不相关的人而言，很多细节既不重要，也不会被关注，但考虑到创始人的动态以及未来由专业投资者进行的尽职调查，有些细节就很重要，因为一旦出现严重问题就可能会影响得到专业投资，创始人也可能在进行外部投资之前被要求“退休”。

创始人对彼此进行尽职调查可能是一个敏感的问题，但重要的是，潜在创始人应尽早就完成尽职调查达成共识，并充分披露可能对公司不利、影响他们在公司的业绩或者影响公司获得投资的能力的信息。

初创企业未来的 CEO 应该监督对创始人开展尽职调查的过程。这个过程将主要包括以书面形式披露信息，但也可以通过面谈或以口头形式披露信息。[①]

---

① 在考虑投资者尽职调查的过程时，将尽职调查工作所产生的数据汇总成一份披露文件是比较合适的做法。这样满足投资者的功能需求，同时也向投资者展示了创始人勤奋工作的能力。详见第 9 章。

对每位潜在创始人的评估需考虑以下因素。[①]

1. 道德观和价值观[②]。价值观是用来帮助人们明辨是非的准则。创业团队成员至少应该认同的价值观是诚实、正直、坦诚、真实、有勇气、有责任心和尊重他人。评价一个人的道德观时，最好是根据他在一段时间（既要有困难时期，也要有轻松时期）内的个人观察和经历来完成。对于那些不为其他创始人所了解的潜在创始人，应考虑与潜在创始人提供的推荐人谈谈。在任何情况下，任何担忧（如直觉）都应成为谨慎和深入调查的原因，即使这会造成尴尬。有共同价值观的人会学着信任彼此，从而形成强大、高效的团队。

2. 初创企业所需的能力和技能。被任命为创始人的人应该具备特殊的能力和技能，并且能够为公司做出重大贡献。创业团队至少应该在技术、业务、营销与销售这些关键领域的两个领域中具有核心能力。例如，公司的产品和服务的技术基础是知识产权，这些知识产权的所有者显然可以成为创始人，这是个典型的例子。拥有管理经验和商业经验的人会是不错的创始人，他们可以与擅长技术的创始人互补。在相关市场和销售方面有丰富经验的人也可能是很好的创始人人选。理想情况下，这些创始人具备完成公司发展初期所需的细节性工作的技能，而且当其他人加入公司后，他们也有能力从事管理工作。创始人具备的技能应该有互补性。

3. 专业证书。证书可以反映出一个人的背景、资格和成就，主要是第三方提供的书面文件（但也可以包括推荐性质的口头证明）。典型的例子是大学文凭和学位、学校或私人组织提供的技能证书、获得杰出成就的证明信、推荐信、科技类出版物（尤其是达到发表水平的文章）、专业网站和社交网站的数据以及简历等。证书表明潜在创始人在与公司业务密切相关的领域具备重要的学术和专业经验。创始人创业成功或失败的经历（包括他的职位和职责）也很重要。其他创始人应该仔细审阅所提供信息的一致性和相关性，并以与未来投资者相同的方式向潜在

① 这些因素在不同程度上适用于组织中的每个人。

② 道德观来源于宗教信仰。其他价值观（通常被称为基本价值观）可能不是基于宗教，但可以用来指导一个人的行为。当行为与价值观一致时，这种行为就被称为道德行为。

创始人提问。

4. 健康状况。其他创始人应该了解潜在创始人的健康状况（包括身体健康和心理健康情况），因为这会影响潜在创始人未来在公司中担任任何可能职务时可靠、持续地履行职责的能力。潜在创始人提交健康证明即可，除非有明显严重健康问题的表征，否则要求他们提供其他证明其健康的材料是不合理的。在任何情况下，如果有任何的担忧都应该咨询公司的律师，以确定最佳的解决方案。

5. 财务状况。其他创始人应该了解潜在创始人是否有任何重大的财务问题，这些问题可能会影响创始人稳定工作的能力。这对于那些可能担任 CFO、财务总监或财务主管的人而言更有意义。最好能获得反映每位创始人信用度的 FICO 信用分。FICO 信用分低于 640① 可能表明创始人的信用记录有问题，需要进一步调查。任何没有偿还贷款或债务的证据都应被关注，但与此同时，这些证据也能解释或消除担忧。潜在投资者可能会需要一个解释，所以最好是找到原因，并且将其记录在案。

6. 法律问题。每位潜在创始人都应该说明自己当前或预期面对的诉讼。创始人不应隐瞒过去任何重大的诉讼，尤其是如果诉讼涉及创业活动、创业投资以及美国证券交易委员会（U.S. Securities and Exchange Commission，SEC）。这些法律问题都应被记录在案，并以清晰易懂的形式出现在每位创始人的信息中。

7. 犯罪情况。创始人应该披露任何可能影响公司和其他创始人的犯罪问题。过去的犯罪裁定是非常重要的，它会影响潜在创始人最终能否成为创始人。

8. 个人和家庭情况。每位创始人最终都要为自己的表现负责，而且由于其他创始人对他的期望很高，任何会影响创始人表现的问题都值得关注。个人问题从定义上看似乎属于个人，并且可能是敏感问题，所以在评估时必须小心谨慎。但最重要的评估因素是他是否具备成为潜在创始人的能力，以及他的家人（尤其是孩子）是否能承受创业带来的压力。创业压力包括巨大的不确定性、情绪起伏、工作的截止日期、长时间工作、低收入或无收入以及没有时间陪伴家人等。虽然

① 这只是我的观点。

压力主要会影响创始人，但是家庭里的孩子也会感受到压力，由于年龄小，他们可能不太理解这种压力。显然，有家庭的男性和女性对任何影响其家庭的压力都是最敏感的。潜在创始人必须有能力在公司得到投资前过一段没有薪酬的生活。这段时间是充满变化的，九个月到一年都没有薪酬也很正常。这对有些潜在创始人而言可能是个问题。创始人应该通力合作，确保每位创始人都能了解创业环境，并试图就每位创始人是否适合创业达成共识。

9. 就聘用的基本条款达成一致意见。在未来的公司中，任何职位都要考虑的重要因素包括职位名称、职责、报告制度、薪酬和股票所有权。所有这些都应该被讨论，以便每位创始人的预期都能得到其他创始人的理解。显然，如果分歧无法在创业初期解决，就可能不利于这个人成为未来的创始人。在某些情况下，一旦公司得到投资，这个人就可能会作为关键人物加入公司。

10. 创始人团队的化学效应。毫无疑问，创始人应该能够和睦地共事，以公正、不带过分情绪的方式解决问题。理想情况下，他们能够欣赏彼此，并建立和谐的工作关系，朝着目标携手前进。

在进行其他尽职调查活动的同时，潜在创始人（作为一个团队）对每位潜在创始人进行的尽职调查不应花费过多时间（最多 30 天）。因为只要花时间在一起共事，大多数因素都应该是已知或者可以被快速发现的。与此同时，其他涉及发现和书面文件的其他事项也在进行。显然，如果没有发现严重的问题，这一过程就将迅速向前推进，即使是小问题也应该在合理的时间（按照天计算）内以某种方式解决。

如果以后在无意间或通过背景调查发现了严重问题，时任 CEO 可以解雇违规的创始人（此时，此人可被视为一名员工），该创始人的股票可以由公司收购（详见第 3 章）。

正如前文所述，未来的投资者将会密切关注创始人团队，因此，创始人最好尽早审查团队成员的经历和能力。

技术能支撑公司的价值吗

技术是发明、创新和新的有用设备和服务的基础。新技术能够通过专利证券化等方式得到恰当、合法的保护。技术来自对科学方法、工程原理、生产过程、专业技能、知识和人类技能的新颖应用。对初创企业而言，发展技术能够使自己与现有的竞争对手形成强大的差距。技术也是评估初创企业投资价值的主要基础。

早期[①]的技术尽职调查应着重考虑以下两个因素。

1. 技术得到法律保障的能力。技术产权所有权的合法权利以以下形式表明：授予的非临时专利（优先位置）；专利申请（有可能在初创企业发展早期获批）；临时专利申请（仅为未来带来希望）。商业机密与专利结合可能非常有价值。然而，商业机密可能会被员工（现任或前任）无意或有意泄露，因此商业机密本身可能无法作为技术基础。

专利授予（可能是一个或几个创始人努力的结果）表明其获得了第三方（美国专利及商标局）的肯定，也就是说该项发明满足了新颖性和非显而易见性的要求，并达到了其他标准。专利也可以通过其他方式得到保护，尤其是许可协议。对希望在未来寻找专业投资的企业而言，我们强烈推荐授予专利。

正在申请的专利虽然尚未得到美国专利及商标局的正式授予，但也是有价值的，因为专利律师已经整理并提交了美国专利及商标局评审专利所需的文件。这些信息对潜在的投资者也很有用，他们将自己或在技术尽职调查助理的协助下判断新发明是否会获得专利。因此，创业者及其专利律师应该在开发专利申请时考虑到潜在投资者未来对专利的审查。理想情况下，申请专利既可以获得美国专利及商标局对发明的肯定，也可以提供关于潜在产品、市场和应用的关键数据，这些数据对早期投资者非常有说服力。这个过程很有挑战性，所以创业者应该向专利律师提供充足的有关技术、竞争者和专利研究的信息，这些信息最终会被潜在

① 需要提醒的是，在初创企业发展的初期阶段，创始人也在忙于评估自己以及潜在的产品和市场，而且他们会开始考虑商业模式和战略。本章提到的早期尽职调查旨在使最终的创始人明智地决定是继续前进还是停下脚步。

投资者掌握。然而，在这个早期阶段，创业者只需做那些能够让创始人团队感到满意的研究即可。

初创企业提出一个或多个临时专利申请可能会遇到很多有挑战性的问题。临时专利申请往往缺少细节信息（如背景、相关专利调查、市场信息等）和特性（尤其是权利要求书），这些信息可以在专利或正在申请的专利中找到。这些细节信息的缺少给专业投资者带来了很大的不确定性。虽然仅基于临时专利申请的专业投资可能会发生，但这将是非常困难或耗时的，而且肯定会导致估值缩水，这样的结果是创业者不满意的。

基于上述原因，虽然可以考虑其他形式的投资（如创始人、朋友和家人等），但创业者和创始人还是应该考虑等到专利获批后再寻找专业投资。专利获得美国专利及商标局的审批可能会花费两到三年的时间。

除了申请中的专利的实际状态，创始人团队还可以采取行动，对正在开发的技术进行尽职调查。从根本上说，创业者和创始人需要确保他们的技术和知识产权是独一无二的，也就是说，这些技术和知识产权是之前没有出现过的，没有任何人、公司、大学研究人员①获得过初创企业将涉及的领域的专利。一些对专利的尽职调查可以通过浏览美国专利及商标局的网站并进行搜索，以找到包含适用于初创企业技术的关键字或关键词的专利来完成。找到这种专利后应仔细阅读，保存主要参考性文件待进一步审阅。在专利研究方面所做的努力是有价值的，有助于揭示初创企业技术的情况。这些技术可能已经被别人申请了专利，或者理想的情况下，它们还没有被他人发现，也没被他人申请专利。专利也会显示发明者的信息（姓名）和所有权，例如，发明者可能是某家公司的员工，或者专利可能已经被转让给另一方。这些都是有用的信息，能够指导创始人团队。如果初创企业的专利律师可以参与其中，他就可以进行自由运营（freedom-to-operate，FTO）检索，以进一步明确现有专利领域的情况。

如果专利有效地包含了创业者的想法或专利目的，该专利就可以用来指导新

① 在大学的环境中研究之前的工作、发明和专利是很有挑战性的。最好从与创业者和研究部门网站有工作交集的大学开始，并且巧妙地提出教授和学生研究的问题。

思路和新研究，或者创业者也可以努力尝试从专利所有者那里获得此项专利或技术许可。

其他人申请中的专利（包括临时专利申请）是不会被发现的，因为专利申请在获批前是不会被公开的，因此，一定程度的风险暴露是不可避免的。

2. 技术保护公司所选市场的能力。创业者必须明确这样一种可能性，即现有或最终的专利地位能够保护或捍卫一个有价值的市场或细分市场。在这个市场中，初创企业希望为其客户和用户提供新产品和服务。众所周知，价值创造基于初创企业（通过销售产品和服务）产生利润的能力，投资者最终可以通过这种方式以股息或公司股票的大幅增长的形式得到回报。

考虑到技术能力是为了保护企业的目标市场不受竞争者的影响，初期的尽职调查可以使用互联网进行。创业者可以在互联网上使用合适的关键词进行搜索，以找到与初创企业处于类似领域的公司。了解其他公司正在做什么是竞争对手研究的一个方面，这对未来的营销与销售计划十分重要（详见第 4 章）。发现有很多公司（如竞争对手）提供的产品受多种技术或拥有不同规格和特点的技术的保护是很正常的。这也是有用的信息，因为这进一步定义了初创企业预期产品的特性，有利于在市场中获得重要优势。即使在技术尽职调查的早期阶段，这些信息也有助于追溯到已获批的专利或在研究过程中有用的信息。这项研究还应有助于指导初创企业研究专利的广义或狭义权利要求的发展。

上述做法被称为次要研究，因为它们依据的信息来自数据和信息的原始或“基础”来源。次要研究基于公开披露的信息，这类研究不可或缺，尽管不那么有效。

初步研究是通过直接与个人和机构沟通进行的。研究结束后，这些信息就成了未来公司的数据库的一部分。初步研究可以包括与他人在会议上的讨论、与他人的电话访谈和有价值的邮件往来等。

初步研究可能偶然会在竞争对手的员工与创业者之间进行，即使看似无关紧要的信息，当与其他来源的数据结合起来时也可能阐明重要的信息。

这类情报来源在军事中通常被称为G2[①]。所有公司，尤其是那些技术导向型公司，都应建议其员工关注竞争对手的行动、产品和产品说明书等。

政府机构和技术领域的管理者是很好的信息（当然不是涉密信息）来源，因为他们非常了解军事需求和技术方法，他们更愿意基于自己对可获得技术的持续观察和与利益兼容的军事机构进行的讨论来获得这些信息。与技术专家和顾问的讨论可以通过短期的咨询合同以正式或非正式的方式进行。这些技术专家通常都对市场了如指掌，并掌握着适用的技术。

其他个人和组织尚未公开的研究和活动会对技术投资构成威胁，这种威胁无法化解（直到很多年后被公开），因为相关信息在很大程度上无法用任何合理手段获得。

由于创始人对自己进行尽职调查的时间有限，所以早期针对技术进行尽职调查的目的并不是对市场进行全面分析（稍后并将在第 4 章中详细讨论），而只是确定初创企业的技术、发明和知识产权是否能够为公司的产品和服务打下基础。这些产品和服务的制造和销售可以获得利润，而且数量足够大，足以引起专业投资者的兴趣。

综上所述，对于“技术是否具有独特性和创新性，并且能够支持新产品和新市场的开发”这一问题的答案是肯定的，那么创始人的技术尽职调查的目标就实现了，他们可以继续对本章其余部分讨论的其他事项进行尽职调查。

市场是庞大且不断增长的吗

在关键阶段，也就是探索和技术开发阶段，创业者不太可能形成一份成熟的产品文档，也就是说，设计细节、预期成本和市场接受度都是推测出来的，并没有经过专门研究和开发的论证。就技术而言，这种技术或许存在多种潜在的应用，并且可能无法立刻明确知道应该首先开发哪种应用和市场。

① G2 是一个军事术语，指的是从外部来源（如对手和合作方）获得的信息和数据，用于指导进攻型和防御型战略和战术的制定。

创业者或许对正在开发的技术能够衍生出什么样的产品有自己的想法，但这种最初的设想不一定准确。通过尽职调查明确预期的目标市场不是最好的，对产品的最初设想必须经过大幅调整才能适应首选（备选）的目标市场，这种现象并不罕见。因此，目标市场和为该市场的客户优化的产品必须相匹配。对（合适的）产品与（合适的）市场进行匹配是良好的创业思维的核心原则。

与市场相关的尽职调查的核心问题是要确定市场（如目标市场）是否足够大且正在增长，是否能支持新的竞争对手（创业者的初创企业）的进入。专业投资者通常坚信，如果目标市场很大且在不断增长，初创企业的失误或错误就可以通过市场规模得到一定程度的补偿，而且这样的市场上可能会有一些大的竞争对手，它们并不屑于与一家小的初创企业竞争。而风投公司尤其喜欢支持那些将目标定在 10 亿美元而不是百万美元市场的公司。投资规模和专业投资者的兴趣与潜在技术所服务的市场规模成正比。

市场调查首先要根据从行业杂志、上市公司报告（如年报、季报等）、报纸和网络博客等获得的公开数据确定市场规模和增长率。调查人员还应关注市场最近的趋势（如下跌、快速增长和新趋势等）。这些信息虽然对确定公司可能从哪些领域中获利是必要的，却不足以确定公司的目标市场的规模和增长率。对于销售到一般市场的产品（服务），必须确定在该市场销售的每种产品（服务）类型的销量和价格。虽然次要研究可能有用，但创业者仍需寻找主要的数据来源。即使缺少数据且必须进行假设，最终的结果也应该是一个简单的表格，用以展示与产品类型相匹配的细分市场以及预测出的销量、单位定价和细分市场的总销售额。在创始人尽职调查阶段，只需要对公司最有可能进入的目标市场（如细分市场）及其规模和增长率进行初步评估。

创业者的目标是确定多个潜在的目标市场，这些市场的总体规模可能达到 10 亿美元左右。其中的一个目标市场最终将被选为进入市场，也就是在融资后最有可能产生利润的市场。最初的目标市场不必很大，但它必须是一个极有可能成功的市场。

产品是满足客户需求且具有竞争力的吗

新产品或服务是否被客户 / 用户“需要”在创业初期是不容易被评估的。创业者可以对正在进化的预期产品和现有产品及其服务所在市场的方式进行比较。如果初创企业意在用正在进化的产品服务于市场，那么就可以根据现有的竞争产品和初创企业的技术所带来的独特竞争优势对新产品的特性进行合理的预测。如果新产品是革命性的，那么就需要更多地依赖创始人的愿景和直觉。无论哪种情况，前文所提到的产品 – 市场表格都可以拓展为包括效益、设计特点、美观、性能改进、单位销量、单位销售价格等属性。

无论产品或服务是逐渐进化的还是革命性的，对新产品进行的创始人尽职调查至少都应该包括对产品①将如何被生产和 / 或其提供的服务的考虑。生产注意事项和制造成本由产量因素决定，这个过程需要解决的主要问题有：

- 产品如何生产?
- 行业的标准流程和设备是否令人满意，还是需要新的设备、流程和标准?
- 生产是否外包? 公司能否外包产品部件生产，自己进行组装?
- 生产是否有最好不外包的独特且需要保密的内容?
- 产品生产所需的材料和部件是否易于以合理的价格购得?
- 是否存在任何可能影响生产成本的供应限制或缺陷?
- 供应基础是否足以支持预期的产量?
- 是在本国内生产还是在海外生产? 是否存在与选定的生产地点相关的特殊成本因素，如运输、包装和其他等?
- 是否存在任何可能导致产品成本过高的生产问题?
- 是否需要现场服务? 公司会提供此项服务，还是将其外包?

创始人对公司预期产品和服务进行尽职调查的目的主要是发现有问题或有挑战性的生产因素，或需要进一步了解的异常风险。在创业初期发现这些问题有助于明确企业在后期发展阶段需要解决的关键问题。

---

① 如果公司主要以服务为基础，那么类似的问题就应该得到解决。

SWOT 分析

SWOT 四个字母分别代表的是优势、劣势、机会和威胁。SWOT 分析是一种通过了解影响战略决策制定的因素，来考察企业、项目或产品如何在某种环境中取得成功的方法。优势和劣势被视为企业的“内部”因素，而机会和威胁来自“外部”环境。从概念上讲，SWOT 分析[1]旨在帮助企业制定出在合适的细分市场中竞争所需的合适的策略。前文提到的尽职调查对进行 SWOT 分析非常有帮助，而且也是一种必要的准备。运用 SWOT 分析需要反思以及对竞争环境不带偏见的审视，这样才最有效。

根据我个人的经验，典型的初创企业在早期阶段了解 SWOT 分析的最佳方法是利用 SWOT 矩阵（如图 2-1 所示）所展示的假设分析。对初创企业而言，一些因素是无须多言的，如资本不足的劣势。最好是从分析那些明显的因素入手，因为这些因素基本适用于所有初创企业。然而，一旦完成分析，创业团队就必须审视他们面对的更多的实际情况，尤其当涉及高管层、技术、市场和产品时。

如果创业团队（在进行 SWOT 分析时）缺少重要的人（或许是最终的 CEO），那么恰当的做法就是将这种情况放在“劣势”一栏，从而立即提醒其他创始人，他们需要聘请一位 CEO。如果技术仍处在萌芽阶段，即没有获得专利，但可能正在申请专利，那么“优势”就是正在申请专利，相对应的“劣势”就是还没有获批的专利。从战略角度看，这应该向现有的创始人表明，初始融资或许只限于非专业投资者（详见第 9 章）。如果无法清楚地识别出细分市场，也就是说细分市场无法用一句话描述，也无法用属性来定义未来的一种产品，那么这对创始人而言就是一个危险的信号。这就意味着我们需要更多地考虑产品与市场的匹配。

即使高管团队经验丰富，进行 SWOT 分析也很重要，因为在战略制定的过程中，进行 SWOT 分析本身就需要自律。

---

① 战略分析有多种方法和工具。例如，宏观分析（politics，economy，society and technology，PEST）方法可以用于评估宏观环境因素；波士顿矩阵（BCG Matrix）常被企业用于制定战略；USP 理论要求向客户提出一个“独特的销售主张”等。SWOT 分析非常适合初创企业使用，因为它的理念很简单，依据的数据和假设通常是众所周知或者易于获得的。

优势	劣势
· 新技术获得专利1项，专利申请6项，临时专利申请 2 项 · 经验丰富的管理团队 · 行业内知名的 CTO · 技术数据表明解决方案是可靠和可行的 · 创新流程在生产中得到了验证	· 公司资本不足 · 公司在业务上没有成功的记录 · 团队缺少关键人物 · 产品尚未开发完成 · 制造被外包 · 没有建立品牌 · 在市场中没有名气
机会	**威胁**
· 用新的解决方案替换现有的解决方案 · 在北美地区的医疗市场中站稳脚跟 · 基于新产品获得战略客户 · 在北美地区获得少量客户，并证明交付能力	· 海外的竞争对手可能会降低现有解决方案的成本 · 大量潜在客户可能不愿意冒险与初创企业合作 · 生产迅速向海外转移 · 经济疲软，可能需要数年才能恢复 · 制造业不像软件行业和互联网行业那样吸引投资者

图 2-1　SWOT 矩阵

SWOT 分析的理想结果是更明确地界定了感兴趣的细分市场，更好地规范了产品属性，更准确地匹配了市场和产品。在这个阶段（创始人尽职调查），没有必要了解所有的细节，因为这将在后期制订营销与销售计划时完成（详见第 4 章）。SWOT 矩阵也可用于识别那些在商业模式和战略中发挥作用的重要因素。

最后，请记住，SWOT 分析只是一种工具，旨在帮助创始人在评估初创企业必须克服的可能障碍时坚持现实和务实的态度。

商业模式和策略

简单地说，商业模式描述了企业如何赚钱并持续盈利。也可以说，商业模式描述了企业将如何发展，以及如何向客户、员工和投资者交付价值。最终，商业模式的完整描述将属于商业计划的各种元素。在初创企业的成长期，商业模式不需要被充分拓展或贴上标签；然而，创始人需要了解他们的特定技术和产品将如何被开发和销售到他们选定的市场。

创始人应该了解他们如何看待自己的公司及其产品的竞争。例如，公司可以提供价值，并在提供以下几种价值主张的产品和服务的基础上竞争：

- 最低价格（有可接受的客户利益）；
- 最佳性能（价格最高）；
- 最大价值（基于整体利润）；
- 最新技术（性能优势）；
- 最具吸引力的设计（颜色和外观）。

在决定提供哪种价值主张时，企业应考虑所选择的细分市场的某些特征。例如，上述几种价值主张将与以下客户有关，如对价格敏感的买家、高端和富裕的买家、中等收入的买家、受技术影响的任何年龄的买家、任何年龄但肯定有孩子的买家。

这些价值主张和客户目标将使企业考虑如何组织各部门，以提供产品并赚取利润等相关问题。例如，对于上述价值主张，企业的重点可能是：

- 专注于低成本制造、采购和宣传，技术最不重要；
- 提高研发、工程和制造的成本，在高端杂志和电视上做广告；
- 平衡与技术、设计、制造、营销和销售相关的细节，所有这些都能被有效地组织起来；
- 重视尖端技术，严格保护知识产权，吸引年轻客户和较富裕的客户；
- 重视优秀的设计和针对年轻客户的营销。

初创企业瞄准的任何市场都有竞争对手。通过研究竞争对手的商业模式，创业者可以了解其他企业如何运用组织细节，从而使它们能够创造收入、利润，并且使客户满意。更深入的竞争者分析将在第 4 章介绍。创始人需要在创业初期时间和资源都有限的情况下了解竞争格局。

对竞争格局的分析和 SWOT 分析使创始人做好了定义商业模式和确定战略计划的主要因素的准备，分析首先会从描述设想的公司独特的竞争优势开始，创始人认为这些竞争优势会使初创企业获得成功（如比竞争对手表现好）。简单地说，独特的竞争优势就是初创企业相对于市场中的竞争对手所具有的独特优势。当然，独特的竞争优势和其他可能出现的战略行动仅能在创业初期预测；然而，合适的商业模式和战略规划可以使创始人给出令人信服的信息，投资者会在不久的将来读到或听到这些信息。

一旦明确了独特的竞争优势，创业者要做的就是考虑企业的其他组织功能，以及如何设计和实现这些功能才能支持可持续且独特的竞争优势。[①] 可持续的竞争优势为假设初创企业能够成为持久存续且有价值的企业提供了合理的基础。

就企业和其独特的竞争优势而言，可持续性包括为技术（和研发）、工程、制造、营销、销售（和物流）等职能部门提供支持性策略和计划。

职能部门需要的细节被确定为制订营销计划（第 4 章）以及撰写商业计划书（第 7 章）的一部分。对创始人尽职调查而言，了解未来的规划需求就足够了。

正如前文所述，创始人尽职调查的目标是确保他们已经发现了所有的重要问题并解决了这些问题，以及树立起进入成立公司的下一步（详见第 3 章）的信心。

① 虽然企业可能有很多独特的竞争优势，但这是不可预料的。

The Smart Entrepreneur

第3章

成立公司

假设第 1 章和第 2 章介绍的活动都已完成，并使初创企业的创始人感到满意，那么他们就可以着手成立一家公司，这是从第三方获得投资的必要的法律实体。公司可以在任何时间成立，尤其可以在很早的时候，但是从节约资金的观点来看，只有确信有能够盈利的业务时才更适合成立公司。

除非公司实体成立，也创建了普通股与优先股，使投资者有东西可买，否则投资者是不会投资的。除了考虑这些之外，还需要建立公司所必需的法律和行政体系，这些体系必须能够发挥作用，以确保投资者相信公司有适当的法律基础和行政管理流程，至少可以正常运转。

本章介绍了创始人应当具备的所有必要的法律和组织条件，以使公司更好地获得投资。

创始人协议

通常情况下，有相同想法和目标的人会因为一个好想法和一种信念聚在一起，这些想法和目标可能是一项振奋人心和有利可图的业务的基础。很多合作确实因此开始。但是，在创业初期，明智的做法是创始人先签署一份相对简短的法律协议，将创始人达成一致的重要条款确定下来。需要注意的是，如果创始人在创业初期不能就某些细节达成一致，那么让他们作为管理团队在一起工作的可能性就会大大降低。因此，创始人协议本质上是对未来高管团队的第一个考验。

创始人商讨的第一个问题是公司成立时的股权，也就是每人能得到的股权。

从表面看，股权往往都是被平均分配的。通常，一位或多位创始人会从事技术工作，并以他们的名义提交临时专利申请。或者，其中一位创始人可能被提名为企业负责人（有可能成为新任 CEO）。因此，社会上逐渐形成了这样一个共识，即为了分配股权，所有创始人都是平等的。

当然，公司可以只由一位创始人创立，他拥有 100% 的股权。这位创始人需要确定团队的核心成员，这些人在很多情况下可能被称为创始人，他们可能会放弃自己的部分股权，以换取其他人的服务和忠诚。如果唯一的一位创始人同时还是一个或多个专利申请或临时专利申请的核心技术人员，那么他 / 她作为多数股权所有者的权利就非常大。然而，创始人面临的挑战是如何分配适量的股权，以建立团队。只有一位创始人的公司不需要签订创始人协议。

在某些情况下，一位或多位创始人会为知识产权的形成和证券化提供知识产权和资金支持，每位创始人完全有可能在工作第一天就为公司贡献不同类型的价值。用初始股权分配来评估每一个特定贡献的价值就成了表面上平等的创始人之间的谈判主题。股权分配没有简单的公式或方法可循，仅是创始人根据每个人对自己价值的看法所能达成的共识。

与创始人股份（如普通股）息息相关的另一个常见问题是，随着时间的推移，这些股份将如何被持有和出售。创始人最常犯的一个错误是不将自己的股份（估值非常低，比如每股 0.00001 美元）与业绩和 / 或在公司工作的时间联系起来。很多小说的情节都是这样的：一位创始人在没有签署股权兑现协议的情况下获得了大量普通股的初始份额，但在为公司工作了一段时间后，他就提出了离职。剩下的股东需要承担成立公司的重担，他们最终不得不稀释自己的股权（以获得资金）。如果这位即将离职的创始人留在公司，他们就可以做更多的事情。这显然是不公平的，但更重要的是，这种情况会严重影响留下来的创始人。这个问题可以通过签署股权兑现协议得到解决。

股权兑现规定，创始人可以随着时间的推移而获得股份（最常见）或根据业绩获得股份（较少见）。考虑到创始人提供的服务，投资者应当为其提供一定的保障，一般要求在四年内获得股份，当然时间也可能更长，这取决于与投资者的谈判（详见第8章）。另一方面，如果创始人在公司成立之前花费了大量时间来开发知识产权，那么创始人可能就会对股权兑现期提出异议。这对投资者而言是个问题，这就是为什么我们建议尽早成立公司，并提出适当的股权兑现要求。创始人也可以就“至少在公司工作一段时间后才能兑现部分股权”或“只有取得了一定的成绩才能兑现部分股权”达成一致。例如，在兑现部分股权之前，可能需要对知识产权进行申请和转让。

专业投资者（天使或风险投资）提供的资金可能都会涉及讨论“加速”“触发”等法律条款（详见第8章）。创始人也可以在公司成立阶段讨论这些条款；然而，这时考虑这些条款为时尚早。在创业初期，一切从简，但你也可以与公司的律师商讨任何特定条款的适当性。

董事会席位也是创始人协议的重要内容。虽然大多数创始人都想成为董事会的一员，但并不是所有创始人都能仅凭其职位和头衔就轻松胜任董事的工作。创始人成为董事会成员的资格取决于预期贡献和相对持股比例。如果那些被董事会指定（或选择）的创始人（如CEO、CFO和CTO）的资历合适，就肯定有资格进入董事会。有时，资历稍欠的创始人也希望进入董事会，但他们的胜任能力可能会受到未来投资者的质疑。这一问题必须在创始人中间进行讨论，这可以让那些被认为没有资格进入董事会的创始人意识到自己未来的潜力。有时，创始人可以推迟做出这类决策，直到专业投资者有朝一日提出这个问题。董事会成员的人数应该是奇数，这样就不会出现平局的情况。在一个由创始人组成的董事会中，如果他们认为其中一位成员无法胜任工作，就需要讨论这个问题，并就在适当的时候选出一位外部董事会成员来取代该成员达成一致。

创始人讨论的另一个问题是每位创始人的职位、头衔和职责。职责通常将按照每位创始人最初获得的头衔确定，如CEO、CTO等。如果创始人资历不够或不具备担任更高职务的能力，就可能被授予较低的头衔。因此，如果创始人有资格担任财务总监，而不是CFO，那么最好就授予其财务总监的头衔。投资者一般都会理解并尊重创始人的决定。

股权、股权兑现和头衔/职位都是创始人协议的重要条款，还有很多其他决策都可以作为公司成立流程的一部分，而且理论上，很多决策点都可以作为创始人协议的一部分。然而，在公司成立早期，我们建议创始人尽量删繁就简，主要关注创始人之间真正关键的问题。由于创始人的意见可能会随着时间的推移而改变，我们建议公司成立的过程应顺利进行，以便无缝过渡到讨论公司的其他重要问题。

公司成立

公司注册成立（即成立公司的正式和法律程序）最好交给一位精通公司法，且充分了解公司早期事务的公司律师来处理。优秀的公司律师仅需少量费用就可以准备法律申请等事务，并对剩下的相关服务只收取定金，等公司获得第一笔投资后再向其支付。公司律师将指导创始人完成第一轮申请。下面让我们大概介绍一下这个过程。

以美国为例。公司的注册文件需要提交至公司注册的所在州，注册文件中应记录公司的正式名称和地址，并指明可向其送达文件的代理人。其他文件将提交至州政府。

虽然美国每个州都有自己特定的申请表和流程，但通常情况下，公司创办人行为说明书是公司创办人最初签署的声明。创办人指定了最初的董事会。这些文件也会被放在公司的备忘录中。

下一步是董事会会以书面形式同意根据州法律通过的各项决议，包括：

- 批准创办人成立公司，并指定董事会成员；
- 建立由公司秘书保管的公司备忘录；
- 通过公司章程；
- 董事会的规模；
- 任命高管；
- 管理者的权利；
- 股权；
- 发行普通股票；
- 股票的发行价格；

- 新成立公司的前期工作安排，包括商业计划书、知识产权以及其他自然资产；
- 指定代表公司的律师；
- 与董事和高管签订补偿协议；
- 授权制定聘用协议；
- 授权工作人员创建银行账户以及签署或会签支票等的授权书；
- 授权公司支付和报销公司成立的费用、代扣税款、设立会计年度等；
- 确定公司办公地点；
- 公司的一切活动都应以商业目标为前提。

公司章程描述了公司为规范自身行为而制定的规章制度。公司章程包括：

- 股东大会及其召开形式；
- 董事及其选举或卸任方式；
- 委员会与责任；
- 高管及其任命、权利和职责；
- 董事及高管补偿协议；
- 股票；
- 股东大会的公告和弃权声明；
- 一般事项。

还有一些重要的法律问题也必须在公司成立之初尽快处理，如知识产权转让必须通过确定临时和非临时专利申请及其发明者以及美国专利及商标局的专利号来正式确定。知识产权将成为公司最重要和关键的资产之一，必须严格管理，以确保所有创始人都能够推动公司向前发展，并最终获得融资。

公司必须与每位创始人（和员工）签署关于不外泄公司机密信息的协议，以及关于发明转让和仲裁的协议。创始人所主张的任何知识产权都必须披露。

需要考虑的一个重要因素包括创始人（和员工）过去的经历，因为他们可能涉及前公司的机密信息、技术和可申请专利。现代雇佣协议包含一项不外泄之前雇佣关系中的保密信息，并确保这些信息不被透露给当前雇主的条款。如果两家公司因产品和市场而关系密切，那么雇用另一家公司的员工，尤其是关键员工时就必须由公司律师仔细审查，以降低任何与机密信息泄露相关的潜在风险。

创始人需要讨论的一个重要问题是创始人去世将对公司产生什么影响。大多数创始人会将其股权转给妻子、家人或其他继承人。人们担心的是，公司失去了已故创始人的贡献，没有任何继承人能够继承其技能和知识。此外，新的家族股东由于持有大量股权而拥有相当大的表决权和其他权利，将可能影响公司的发展方向。这可能是一个非常棘手的问题，尤其是当创始人与家庭成员之前就有分歧时。

对公司而言，好的股权兑现政策是保留公司在多种情况下的股权回购权，尤其是当员工离职以及某位创始人去世时。回购权（又称反向特别保护权）会随着时间的推移而减弱，在股权全部兑现后终止。回购限制了继承人对已故创始人曾经持有的公司股份的所有权。虽然继承人凭借继承和兑现的股权拥有投票权，但他们没有进入董事会或担任高管的权利，除非他们通过对公司的相对所有权来获得这些权利。考虑到未来专业投资者及其顾虑，创始人可能会考虑限制这些股权兑现条款，因为他们认为这些条款对其他创始人是公平和合理的。这些问题及其与公司章程和股权兑现的关系应当与公司律师进行讨论。

创始人考虑的另一个重要因素涉及兑现股权的税收处理。在美国，通常情况下，以低于其公平市场价格的价格购买的股票所产生的收益被美国国家税务局（Internal Revenue Service，IRS）视为收益。由于股票可以随着时间的推移而逐渐变得更有价值，因此可以对收益征税。由于初创企业的股票不具有流动性，创始人不能直接出售股票来履行他们的义务。此外，美国国家税务局在股权兑现限制到期前不会将股票视为已兑现。这为创始人带来了困扰，但幸运的是，有一种方法可以规避这些潜在的不利税收影响。

这个例外是 83（b），它是美国《国内税收法典》（*Internal Revenue Code*，*IRC*）第 83 章的一部分。83（b）条款忽略了股票的兑现限制，因此，买入价格和公平市场价格其实是相同的，因此没有收益，也就不应当对收益征税。当股票被同意进行兑现后，创始人有 30 天时间进行投票。如果不这样做，可能就会给公司的创始人带来毁灭性的后果。我们建议创业者最好咨询其公司律师，并提交 83（b）投票文件。

创始人股份的价值极低（如每股 0.00001 美元），这反映了公司的新生价值。这些股票是非流通且无价值的股票，然而一旦公司开始积累自己的知识产权和人才，其价值就会水涨船高。根据美国《国内税收法令》（*Internal Revenue Tax Code*）409A 规定，如果股票期权的行权价格低于公平市场价格，那么期权兑现时的差价将被视为收益，从而对创始人产生不利的税收影响。这就是为什么创始人应该在创建资产和初创企业价值增加之前购买并分配创始人股份。

美国《国内税收法令》409A 的主题是介绍确定公平市场价格的方法，包括各种安全港规则，如果企业合理使用这些规则，就可以将不合规的举证责任转移给美国国家税务局。安全港规则是法令或法规的一项条款，它规定了某些行为不违反标准或美国国家税务局规则。409A 条款中定义的三种安全港方法分别是：（1）非流通初创企业；（2）任何 / 所有股东买卖协议中使用的具有约束力的条款；（3）独立评估。对一家刚起步的公司而言，在资产积累之前，非流动性准备金能够抵偿创始人所支付的低股票交易价格。与涉及税收的其他事情一样，创始人应当咨询公司律师和 / 或税务律师，确保以最大限度地减少税收问题的方式对待创始人股份。

有一种特殊的股票被称为创始人优先股，它能够帮助创始人持有一部分（通常低于 20%）股票，供将来转为优先股，这些优先股将在未来某一轮融资中出售给风投。这为创始人带来的好处是，创始人能够以未来某一轮融资的价格出售自己的一部分股票，从而避免出现创始人试图以优先股价格向优先投资者出售普通股的问题。投资者可以通过从创始人那里购买优先股而不是普通股来获利。这种操作必须在公司成立期间完成。

董事会

董事会的作用在于与公司高管合作，提高公司的价值，并维持、保护和提高股东的价值。董事会还应当努力确保公司按照董事会的治理政策和内部控制的要求，以道德和合法的方式行事。

董事会的权力、责任、义务和活动在公司章程中都有明确规定。董事会成员最初都由创始人担任，然而，并非所有创始人都需要在董事会任职，正如前文所述。

当董事会规模较小（小于五人）且由两三位创始人和一两位外部成员组成时，董事会的运转会比较顺畅。由于大部分董事会成员都来自创业团队，这保证了董事会的决策符合创业团队的意愿。一旦公司获得了专业投资，来自创业团队的董事会成员的数量就会减少，从而使投资者获得对公司更大的管控权。

在选择外部董事会成员时，不能仅凭他们已经与一位或几位创始人建立了友谊。一位优秀的外部董事至少应该满足以下一个或多个标准：（1）具备行业知识，或在公司目标市场中有一定人脉，因此有可能建立起重要的战略合作关系，进行早期销售；（2）具有很强的业务能力和商业敏感度，人脉广泛，有利于战略业务开发、融资和与公司成长相关的其他事项；（3）为公司注入大笔投资，有参与其他初创企业的良好资质。换句话说，外部董事应该能够增加价值，并且至少能为初创企业贡献最低程度的时间和精力。

外部董事会成员不能与公司有利益冲突，如为竞争对手公司工作或有家庭成员在竞争对手公司工作。他们必须签署保密协议和竞业禁止协议，并且以完全专业的态度代表公司处理一切事务。

尽管一般都是由 CEO 担任董事长，但由外部董事会成员担任董事长也是可以的。这可能取决于外部董事会成员与 CEO 之间的经验和知识的相对水平以及 CEO 的管理能力。理想的董事长人选是一个精力充沛、目标明确且能够从战略高度推动公司发展的人，他还应是一个能产生影响的人。如果董事长有担任董事长的经验，能够有效地管理董事会活动，并以有利于公司的方式领导董事会成员，公司就将受益无穷。由于董事长是由董事会成员选举产生的，因此在公司成立初期，董事会中的大多数创始人决定了董事长人选。在后期阶段，投资者将在董事会中占大多数，并将通过选举决定董事长人选。

董事会召开会议的时间和地点将以方便董事会成员为前提来确定。在公司发展的早期阶段，活跃的董事会可能每季度召开一次会议，而那些敷衍了事的董事会一年只开一次会。开会频率和董事会的目标是由 CEO 推动的，或者是由董事长以合作的方式推动的。

董事会会议是正式会议，所以，重要的讨论和决策都要被适当地记录下来，同时要避免泄露敏感信息。董事会会议将按常规流程进行，但不应过分受到正式规则的限制。会议通常以保密的形式召开，如果没有按照此规定召开，就必须与公司律师讨论，因为法律在某些情况下是具体的，而在其他情况下则是不明确的。

董事会成员要坚持签订补偿协议，这在公司章程中有明确规定。补偿协议保护董事会成员不承担因他们代表公司进行决策而产生的责任。然而，只有当董事以诚信和公司利益最大化为前提行事时才能获得补偿。董事和高管保险可能且经常是公司为董事会成员提供的另一层保护。董事会成员必须遵守两项法律原则，即注意义务和忠实义务。公司律师保留标准的补偿协议，这些协议经常被专业投资者查验，以确保董事会成员得到了最大程度的保护。

为了补偿董事会成员为公司付出的精力和时间，在早期阶段，他们获得了股权奖励；在后期阶段，他们获得了股权和现金。任何时候都需要支付费用。公司提供给董事的股权数量在后期由投资者决定，但在早期，股权数量取决于 CEO 和 CFO 的决策。从股权规划的角度来看，人们可能会将最初的董事会视为公司内部的关键人物（但不是创始人或任何管理者），然后在必要时进行调整，以确保董事会成员的水平。他们会为公司投入多少时间通常没有具体说明，主要取决于他们的意愿。他们的价值在于其专业能力和积累的知识，而不在于投入了多少时间。

董事会有责任聘用和解雇高管，尤其是 CEO 和 CFO。董事会还将决定薪酬（股权、现金和福利），并通过定量方法（如财务报表）和定性方法（内部口头和书面沟通）监督高管的业绩。高管层的工作目标虽然由双方共同决定，但这些目标通常是商业或竞争因素所必需的。

董事会还会在战略方面指导公司（与高管团队合作），并处理那些与建立战略合作关系和寻找重要市场机会有关的重要问题。通常情况下，董事会和 CEO（可能还有高管团队的其他人）每年都会制订一份战略计划，然后提交董事会批准。该战略计划包括对风险和机会、重要战略目标、所需资源和财务目标的评估。

重要的是要记住，董事会不参与公司的任何运营；相反，其工作是监督高管团队和公司业绩。董事会还将从法律和合规角度监督公司的运营，审核资本支出、预算、薪酬和财务报表（如纳税申报单等），以及完成CEO或董事会成员交予的特定工作。

董事会另一项重要的工作内容是制定与投资者的沟通策略。为了避免投资者产生误会，公司信息最好有单一来源（CEO）或者两个来源（CEO和董事长）。沟通最好定期且及时进行，并通过适当的方式告知投资者公司的经营状况和业绩，否则可能会引起投资者的疑虑。

在公司发展初期，CEO和董事长应建立起董事会所需的基本管理流程，以更好地支持CEO的工作，并为公司增加价值。他们需要考虑的因素包括：

- 公司治理实践与政策；
- 所需建立的委员会，常见的常设委员会可能包括审计委员会、高管薪酬委员会、预算委员会等，而特设委员会（临时）可能用于解决具体问题，如修订公司章程、特殊战略机会（如合并）、物色新任CEO等；
- 向董事会成员分配资源和数据；
- 对董事会工作的指导和监督；
- 董事会薪酬；
- 公司发展后期，投资者将根据自己的经验来完善董事会的实践和政策；
- 顾问委员会。

人们对顾问委员会存在种种疑惑，主要是关于它的作用和责任。在大多数情况下，顾问委员会是一个由外部顾问组成的组织，其存在与否完全由CEO个人自行决定。与董事会不同，顾问委员会不需要为自己向CEO或公司提出的建议承担法律责任，这种法律责任的缺失有时会促进有益信息的健康和自由交流。顾问委员会既不会取代董事会，也不会与其竞争。合适的规模是三到五位成员。

成立顾问委员会的目的是提供特定领域的建议和知识。例如，一家主要从事金融服务的公司的顾问委员会可能希望成立一个由在会计、法律、汇率和国际金融等方面具有特殊技能和知识的人组成的财务顾问委员会，而科技公司可以寻找那些在技术、产品设计、制造等相关领域具有丰富经验和背景的人组成技术顾问委员会。理想的顾问委员能够为公司提供相关领域的经验和知识支持，帮助公司在未来或下一阶段实现发展。高管团队挖掘有相关经验的人的能力是很有价值的。

顾问委员会成员不应仅仅被视为无偿顾问；相反，他们应该能够凭借其经验、知识、技术和能力等对公司产生影响。由于没有报酬，他们用于履行职责的时间往往很少，对于他们唯一的要求通常是保持与其他人的联络，并在其专业领域提出特别的建议。作为顾问委员会成员，他们可能需要与 CEO、CTO 或 CFO 就特定问题在电话中沟通，这些问题需要他们直接回答或者在很短的时间内提供答案或思路。顾问委员会成员可能会花更多的时间来处理更大的问题，他们通常会组成团队，以减少单个成员的工作量。

顾问委员会没有特定的规则或工作流程。他们通常不需要召开正式会议，但还是会召开年会和晚宴，以表达感谢、增进友谊，同时听取 CEO（和其他高管）概述公司的战略规划和与咨询相关的需求。

和董事会一样，顾问委员会成员也可以因其贡献和价值获得公司的股票期权作为补偿。大致情况是，顾问委员会相当于四分之一位核心成员，但这在很大程度上取决于要求他们做什么。如果希望他们做很多事情，那么就应该相应增加补偿；如果公司对他们有额外的要求，需要他们投入大量的时间，那么就应该考虑支付补偿（除了股票期权）。

顾问委员会成员不得与公司存在利益冲突，所以必须做好签署保密协议和竞业禁止协议的准备。他们的服务期限由双方共同协商决定。一个可更新的特定短期“标准”条款对公司和顾问委员会成员而言可能都是最好的方法，这样 CEO 就能灵活地决定成员的去留问题，也能够随时间的推移改变顾问委员会的具体属性。

能够成为顾问委员会成员的人是或应当是那些对商业或技术感兴趣、愿意贡献他们独特的建议，并最终希望成为成功企业的一分子的人。除非有正当理由，否则顾问委员会成员的候选人不应该包括家庭成员或任何与公司有情感或经济利益关系（股票期权除外）的人。

顾问委员会反映了CEO和高管团队的需求，其做出贡献的能力直接取决于他们在这一关系中付出了多少努力。只有CEO和高管团队充分参与和支持时，顾问委员会才能充分发挥他们的能力，否则，其潜在价值就无法得到体现。

高管团队

高管团队由这样一群人组成：他们是公司的最高管理层，日常负责管理公司运营的各个方面，并且拥有董事会和/或股东代表公司行事的权力。

主要高管人员的头衔和描述如下。

CEO：向董事长和董事会汇报工作。负责执行董事会的决策和决定，对公司具有完全的运营控制权和责任。其他所有高管都要向CEO汇报。

CFO：向CEO汇报工作，并定期或根据要求向董事会汇报工作。负责收集、组织和分析财务数据，并按照准则编制报表和预算。税务事宜以及遵守美国证券交易委员会和美国国家税务局要求的相关事务是CFO的职责所在。

COO：根据CEO的意愿，COO有多种不同的角色，即COO负责处理与营销、销售、工程和生产相关的运营事务，以及CEO希望其处理的其他工作。COO分担了CEO的很多工作，让CEO有更多时间进行战略性思考，并更好地与投资者、媒体和公众沟通。

CTO：负责技术方面的工作，需要与职能部门（如研发、工程、生产、信息技术等部门）合作，在新产品和新技术研发方面发挥领导作用。

还有其他一些高管，如首席信息官（CIO），主要负责管理IT部门；首席风险官（CRO），主要关注创收、保持盈利等。高管头衔可以由CEO和董事会协商确定，如首席愿景官（CVO），其主要任务是为公司建立并维护愿景。

“总裁”“秘书”或“财务主管”等是企业治理文件或政府文件中经常出现的术语，用于定义职位，这些头衔必须属于公司的某一位高管，并向政府说明，以履行职责、承担责任。总裁是最高头衔，通常由CEO担任，代表公司处理与国家和法律诉讼有关的事务。总裁也可以通过董事会的选举由他人担任。无论何种情况，总裁都是董事会成员。

财务主管通常由 CFO 担任。在任何方面，财务主管的角色都与 CFO 相同。

秘书由一位高级管理人员担任，他负责确保公司各事项符合法律法规要求，并与董事会合作，以确保董事会在法律范围内运营。秘书还要负责股东注册并与其沟通，确保股息按时发放，并维护公司备忘录。这一职位通常也被称为公司秘书。

副总裁（VP）向 CXO① 汇报，不过小公司可能不喜欢使用 CXO 这种命名方式。在公司初创期，公司可以使用 CXO 这样的命名方式，但是这不是必须的。

然而，公司在初创期通常会存在一个重要问题，那就是并非所有的创始人都有资格担任 CXO。一般而言，让一个资历不够的人担任 CXO 不是明智之举，这会让投资者质疑董事会的决策能力。在很多情况下，创始人会在不组建董事会的前提下使用 CXO 的命名方式为自己设置职位和头衔，而董事会应该拥有最终的决策权。但在初创期，股权（如创始人拥有 100% 股权）持有人与董事会之间的关系往往会存在问题，因为部分董事会成员可能不愿意坦率地表达自己的想法。我们希望创始人选择的董事会（或顾问委员会）成员是那些在解决诸如选择高管层等问题时诚实、坦率和行为得体的人。

明智的创始人在考虑创业团队成员能否胜任高管职位时，既应当积极听取他人意见，也要有自己的想法。如果创始人有资格担任 CXO，那么这个人就应该成为一个好选择。当公司有优秀的 CEO、CFO 和 CTO 时就会特别受益。公布一些重要职位和头衔也是非常可取的，以表明创始人意识到了这种人才空缺。

如果一个人并不完全符合职位要求，就可以为其提供更合适他的头衔，如临时 CXO 或代理 CXO。这种称谓传递的信息是，尽管目前拥有该职位的人可能并不完全符合职位要求，但他有足够的能力，直到找到更合适的人选或随着时间的推移，他能够胜任该职位。同时，这还向投资者传递了一个重要信息，即创始人有自知之明，以及他们知道自己是否适合管理公司。重要的是，投资者对创始人团

① CXO 中的字母 X 代表了未知。——译者注

队的任何负面想法或担忧都将立即烟消云散。

高管团队成员需要签署保密协议和竞业禁止协议，还应在公司成立初期签署雇佣协议，其中规定了薪酬和发放时间、股票期权和福利等。高管团队成员还应当与公司签署补偿协议，并确保公司提供了董事与高管保险。

股票类别

创始人是其成立的公司的第一批股东。他们所持有的股票通常被称为创始人股份，属于普通股。普通股代表了创始人清偿（偿还）优先债权（有担保和无担保债务、优先股、其他债权等）后剩下的股份。当涉及出售公司和交易其股票时，普通股股东总是最后获得支付。

创始人股份最大的优势在于定价。由于初创企业的价值几乎为零，因此每股价格非常低（如每股 0.0001 美元）。例如，如果创始人最开始持有 400 万股，其购买成本只有 400 美元。当然，创业者都希望未来这些股票的估值较 0.0001 美元能够大幅提高，从而能提供巨额资本收益。

公司将在首次董事会上讨论普通股，董事会会批准普通股的每股定价和总发行数量。普通股的所有权以证券的形式被记录下来。证券是法律文书的一种，规定了股东所持有的股份数量和面值，即设定价值或面值。

普通股持有者可以在年度股东大会或董事会公布的其他特定时间根据他们所持有股份的比例投票。只有董事会批准，并且在其他股票持有者（如优先股）依照协议获得股息后，普通股持有者才有权获得股息。普通股通常也被称为有表决权的股票（与优先股相反，除非协议中有规定，优先股可能没有表决权）。

如果创始人愿意，那么他们可以签署协议，允许公司在满足或不满足某些条件（如员工离职）的情况下，以原始价格回购创始人的股份。这种股票通常被称为限制性股票，用于保护公司和其他创始人不受那些过早离职或表现不佳而被董事会撤换的创始人的影响。另一个与这种股票购买协议相关的常用术语是“回购权”，其他术语（如“股权兑”“加速”“控制权变更”等）通常会出现在限制性股票协议的条款（详见第 8 章）中。限制性股票的股权兑现需要缴纳税款，因此，接受限制性股票股权兑现的创始人或员工应当与他们的税务顾问和公司律师仔细研究其价值所在。在公司成立初期，创始人应当解决这些问题，而且他们也可能希望在创始人协议中解决这些问题。

员工能够通过员工持股计划（employee stock option plan，ESOP）获得普通股。该计划本质上是一个退休计划。在员工持股计划中，员工可以获得普通股，但是必须在一段时间内获得（通常为四年，但法定的最长期限为六年）。员工持股计划是美国国家税务局承认的退休计划，在已归属股票被卖出之前无须缴税。董事会决定股票价格，这种价格通常被称为执行价或行权价。员工持股计划是在公司成立后一段时间内建立并正式形成的，以使公司价值适当高于创始人股票的价值。最初的员工持股计划通常会维持相对较短的时间，以奖励核心管理者或其他在公司成立初期加入的人。在接下来的几年中，公司可以制订一个新的员工持股计划，将股票以更高的价格分配给员工，以反映公司更高的价值以及继续奖励在后期加入公司的员工的需要。

有一个问题始终困扰着那些以一定价格兑现了一些股份又想要离开公司的员工，那就是他们要在离职后很短的时间内购买这些股份。如果公司仍处于初创期，股票的最终价值就可能存在很大的不确定性。如果公司无法继续经营，并且无法保证创始人或员工顺利地离开公司，那么这些股票就可能一文不值。总的来说，这是离职员工的问题，而不是公司的问题。实际上，如果员工离开时决定不行使他们的交易权利，公司就可以不必分配这些股票。

如果员工确实行使了其获得和已授予的期权，那么他们就能获得股票（和证券）。如果股票的市场价格超过了期权价格，就将产生税收影响。和往常一样，你仍需要咨询你的公司律师。

员工还可以以限制性股票授予的形式获得奖金补偿，但这些股票只有在满足一定条件时才能转让，如继续在公司任职或实现了特殊的目标。这种奖励与员工持股计划不同，其目的是激励员工。员工是否承担税要根据股票是否在行权一年内（短期）出售（在这种情况下，收入被视为常规收入）或一年后（长期）出售。

顾问和其他与公司没有直接关系的人员可以获得非法定期权。非法定期权类似于普通期权，不同之处是在行权时，净收入（行权价格与公平市场价格之差）将被视为一般应纳税所得额。股权兑换和后期的出售也可能会产生资本收益（包括短期和长期收益）。

创始人一般会建立公司的资本结构，如为普通股（创始人和员工持股计划）配置、为首轮投资者提供优先股（第一轮通常被称为优先 A 轮）和为创始人提供优先股。创始人的优先股使创始人有权将部分普通股配置（通常为 10% ~ 20%）转换为优先股（也可以由未来投资者购买和持有）。这允许创始人以优先股的价格出售他们的一部分股份。此举受到了投资者的欢迎，因为这就允许投资者可以从创始人手中购买公司正在出售的同类优先股。①

创始人管理投资者利益的另一个非常有用的工具是认股权证。权证是一种证券，赋予其持有者以特定价格在一定时间内购买股票的权利。认股权证的价格通常很有吸引力（低于标的证券的价格），并可能允许投资者以美元成本平均价格来计算股票的价格。认股权证通常在公司初创期被用于鼓励早期投资者投资并承担更多风险，这可以通过有效降低所持总股份的定价（通过直接购买优先股和认股权证）来平衡。关于认股权证在战略规划和资本构成表中的应用将在第 8 章中详细介绍。

优先股是另一种主要的股票类别。普通股与优先股有一些重要的区别。优先股持有者没有投票权（签署协议的除外）。有时，我们会使用“可转换优先股”这一术语，这种形式的投资赋予持有者（通过期权）在特定日期后将优先股转换为普通股的权利（除非协议不允许）。优先股对投资者而言有诸多好处，如它通常具有以下权利、特权和优先权：

- 以优先股数量的倍数（如二倍或其他任意倍数）转换为普通股；
- 公司破产时的知识产权；
- 清算权，即允许优先股投资者在出售公司或资产时优先获得回报；

① 例如 Orrick, Herrington & Sutcliffe 有限责任合伙公司就使用这种形式的股票。

- 反稀释权利，赋予优先股持有者通过授予额外低价股份来维持其原始股份所有权的权利；
- 先于他人支付股息，包括普通股持有人；
- 董事会席位；
- 共同出售权，即允许投资者在其他人出售股票时出售其股票。

专业投资者往往寻求优先股，并通过他们制定的协议管理这些优先股（详见第 8 章）。

简单回顾一下，在创始人及其公司律师考虑外部投资之前，他们需要创建的重要协议包括：（1）创始人协议；（2）关于创始人股份的限制性股票协议；（3）创始人优先股；（4）员工持股计划；（5）认股权证；（6）用于吸引外部投资的优先股。

The Smart Entrepreneur

第4章

制订营销与销售计划

任何企业的利润都来自产品和服务的销售。实现销售要通过营销过程来接触并说服客户购买企业的产品和服务。总之，营销和销售是所有企业最重要的活动。本章主要介绍了如何制订营销与销售策略和计划。

营销与销售计划的基本原理和重要性

一旦确定了公司的技术与竞争基础，并完成了临时专利申请，创业者可能就会迫不及待地开始撰写商业计划书，并将此作为第一要务。当然，商业计划书是与潜在投资者开启谈判的关键文件，它的完成似乎预示着启动业务所需的投资实现了证券化。然而，商业计划书需要有可靠的利润、销售和净利润预测来支持。对利润和销售的预测来自对目标市场的详细分析，以及确保利润和销售所需的战略。净利润由对所有相关财务因素[①]的分析确定，并在财务报表中报告（详见第5章）。

营销与销售计划中的假设和结论都需要对数据进行合理的挖掘和分析来支持。制订营销与销售计划所需要研究的支持材料[②]往往数量很大，商业计划书根本容纳不下，而且如果在商业计划书中出现，可能就会分散人们的注意力。因此，我们往往需要一份单独的营销与销售计划。

---

① 如销售、净利润、销售成本、运营成本、产品成本和税金等。

② 支持材料包括市场数据、竞争产品和公司的数据、相关文章、技术性能数据等，基本上包含了所有能够支持企业预测销售的数据。

营销与销售计划描述的是一个连续的思维过程：从相关事实和数据（与市场、产品和竞争对手有关）到识别和选择适合公司部署的战略。在营销与销售计划和商业计划书中，主要结论将使用表格和图表的形式总结在几页纸上。商业计划书会引用营销与销售计划，并在需要的时候提供给投资者。营销与销售计划和商业计划书都被视为机密文件，只提供给重要的潜在投资者。

创业者可能往往低估了撰写一份合适的营销与销售计划所需付出的努力，也可能没有进行充分的考虑。除非你是一位有营销和／或销售背景的创业者，否则，充分准备营销与销售计划对你而言可能是一项挑战[①]，但你也可以做到。但是，在营销与销售计划还没有完成制订时就开始撰写商业计划书将是一个错误。为什么？因为除非有支持营销与销售计划的关键基础，否则很难（虽然并非不可能）撰写出合适的商业计划书。

营销与销售计划应该是创业者最先开始准备的重要文件，因为它需要较长的时间来进行研究和分析。营销与销售计划中得出的销售预测能够对初创企业的初始估值起支持作用，并会被投资者仔细审视。创业者必须仔细思考策略、战略和预测的关键因素，并使之合理化，以使任何对销售进行的预测都是可靠的。此外，关键的早期利润最终取决于营销与销售计划最初的效力及其执行情况。创始人还需要通过向投资者展示他们对市场、产品和竞争对手有足够的了解，足以制定出可持续的策略来提高他们的可信度。

竞争分析和竞争对手研究

那些紧跟本书介绍顺序的创业者已经完成了竞争分析的初始构建模块，即SWOT分析（详见第2章）。初步的SWOT分析能够帮助创业者意识到进行更全面的竞争分析的必要性，如下文所述。

竞争分析的重点是发现初创企业及其产品和服务可能具有优势的因素，并加以利用。每家初创企业都至少有几个重要的竞争对手，所以，了解竞争对手的产

① 制订营销与销售计划需要综合考虑本章提到的多种因素，尤其是企业类型。例如，B2C企业依赖于对客户行为的深入理解，B2B企业则需要完全理解如何完成复杂、多层次的销售。

品及其营销、销售和分销的方法是至关重要的第一步。

获取竞争对手信息最有效的方法是从与企业所属领域相关的公共来源收集信息（如次要研究①）。有多种来源可供创业者选择，例如：

1. 报纸、商业杂志等；

2. 互联网资源和竞争对手的官网②；

3. 会议或贸易展览，包括会议记录；

4. 专业技术协会发表的技术论文；

5. 美国政府资料来源（如人口普查数据、经济报告和历史记录等）；

6. 上市公司的年度股东报告，这些报告根据公司的相关要求可以免费获取；

7. 邓白氏公司（Dun & Bradstreet，D&B）的信用数据；

8. 标准费率与数据服务（Standard Rate and Data Service，SRDS）公司提供的有关生活方式的信息；

9. 美国证券交易委员会公开的公司信息；③

10. 尼尔森（Nielsen）指定市场区域（designated market area，DMA）的电视收视统计；

11. Hoover's④ 提供的企业信息（需要收费）。

另一类次要研究通常被称为“逆向工程”。在这种研究中，研究人员通过获取（当然要使用合法手段）和拆解竞争对手的产品，以了解其使用的技术、可能使用的材料和工艺以及设计细节。一旦完成拆解，就可以估算生产成本，同时还要识

① 另一种类型的市场研究被称为初步研究，包括问卷调查、焦点小组和访谈等。初步研究成本较高；然而在某些情况下却很合适，如为了支持销售预测，可能需要获得关于客户和用户需求的信息以及客户接受度的证据。

② 竞争对手的官网通常都有有用的技术和产品数据。

③ 上市公司的公开信息通常包括对市场、产品、竞争定位、市场规模等信息的详细描述。定期季度报告（被称为 10-Q）和年度报告（被称为 10-K）可以在美国证券交易委员会的网站和数据库中查询。

④ 邓白氏旗下公司。

别并了解竞争对手的产品中可能受一项或多项专利保护的部分。通过咨询第三方签约制造商，创业者也许能够确定竞争对手供应链的核心成员，同时进一步细化对生产成本的估算。

其中一些数据在营销与销售计划中很有用，可以提供初创企业感兴趣的市场的背景信息。但最主要的是，竞争分析的重点是竞争对手及其竞争产品，以及它们的市场定位。我们之前收集的市场数据足够为考虑本小节中提到的其他关键因素提供数据支持。

在整理收集的数据时，我们需要建立信息表格，表格的行标题为属性，列标题为竞争对手名称。例如，我们要分析产品属性，行标题可以是（产品的）重量、规格（体积）、性能参数、成本和其他特征和优点。列标题可以是已知的竞争对手和初创企业的名称。如果初创企业的产品（或服务）有优势，就可以标记（如高亮）相应的单元格，劣势以不同的颜色标记。优势可以成为初创企业发展其独特竞争优势的关键，而劣势必须仔细研究，并开发减轻其影响客户决策的方法。减轻影响可以通过纠正不足、调整成本、设计合适的营销信息等方式实现。

还可以建立捕捉市场信息（如市场份额、销量和单价等）的其他表格，以揭示每位竞争对手如何参与市场。在几乎所有的情况下，适当的分析都将揭示竞争对手选择如何在市场中竞争。例如，有的企业通过提供低成本（且低性能）的产品系列获得了巨大且领先的市场份额，而有的企业的市场份额可能很小，但其产品质量上乘、设计独特，目标人群具有针对性。至少在初创企业的产品上市之前，了解相关数据有助于创业者了解市场是如何细分的。

如果初创企业的产品似乎没有竞争对手，那么列出目前市场上的客户如何解决它们的问题以及初创企业的产品和服务想要解决哪些问题就是比较合适的做法。换句话说，每家企业都有必须被识别和了解的竞争对手以及有竞争力的解决方案（产品和服务）。

一般来说，收集和研究的数据越多，就越有能力进行竞争分析，以确定初创企业的产品是否适合整个市场。理想情况下，初创企业能够发现一个新的利基市场，在这个市场中，其“新技术”产品具有独特的竞争优势，并可以被销售。竞争分析是初创企业战略和营销与销售计划的一个基本方面。它应该引导创业者找到那些使企业独一无二的产品和属性，这些独特的属性将使初创企业有能力在其选定的市场中吸引更多的客户。

产品定价通常基于对竞争对手产品的定价、质量和潜在性能问题进行分析和评估来确定。这种市场 – 产品分析应当严格进行，并由企业的营销与销售团队完成，即使该团队只有你和你的联合创始人。产品定价应当根据产品在一定范围内的销量来确定。显然，产品的定价将受到市场和细分市场中的竞争对手的限制。产品定价应该是一个很难让投资者质疑的数字。

我们建议创业者最好制作一份单独的名为“市场研究与分析”的支持性文档。这份文档中收集和记录了所有与市场和竞争对手有关的数据，并应当完全真实。为什么？因为你希望与投资者一起使用它来验证产品定价以及你对产品在细分市场中的销量的预期。它不需要很长或很详尽，但应该有重点和参考性。有了这样一份文档，你在投资者心目中的可信度就将得到大幅提高。你可以使用它进一步说服投资者。投资者可能会自行对文档进行尽职调查，以确保你的数据是正确的。

基于通过竞争分析和竞争对手研究获得的新信息，我们应该回顾一下之前介绍的 SWOT 分析。企业的优势和劣势（内部因素）以及机会和威胁（外部因素）都应该被重新评估。优势和劣势很容易分析，机会似乎也很明显，但发现更多的机会是值得期待的。

然而，特别需要引起重视的因素是威胁，它们往往容易被忽略。如果初创企业进入市场，竞争对手会怎么做？如果它们为了保持市场份额而降低产品价格，并影响初创企业的利润创造和竞争能力，会发生什么？初创企业将如何应对？这些都是非常重要的问题，需要在初创企业的发展初期就找到答案。创业者明白，如果面对竞争对手的价格战而贸然降价，就可能对自己的财务绩效产生明显的影响，从而影响企业的价值。最好制定一种有效的营销策略，让客户只想要初创企业的产品。类似的问题都应在营销与销售计划中得到考虑和解决。

客户 / 用户需求

客户是购买产品或服务的个人或公司，而用户是实际使用产品或服务的个人或公司。对于 B2B 公司而言，它们必须同时考虑客户和用户的需求；而 B2C 公司最关心的是其用户，因为用户可能直接从公司或通过分销渠道和零售商购买公司的产品。用户会决定一件产品是否提供了令人满意的消费体验，做出购买决策的客户可能会因为产品价格适中或购买了一件环保产品而感到满意。客户与用户的区别可以从家长（客户）为儿童（用户）购买了一个新玩具的例子看出。家长可能会考虑安全因素（没有小零件或是否使用了含铅油漆）、成本（不太贵）、体验（寓教于乐），而儿童会玩玩具，并决定这个玩具是否提供了令自己满意的体验。当然，客户通常也是用户。

初创企业应将关注焦点从技术层面转移到客户和用户的需求上，并为他们提供（生产、销售和交付）产品。实现这种转变的一个方法是简单地“生产它，并假设它能够吸引客户”。遗憾的是，这种方法往往没什么作用。当初创企业最终为客户和用户生产并交付了正确的产品时，它们已经花费了大量的时间和金钱，也可能错失了机会。

企业要想成功，最好的方法就是了解客户和用户的需求，并开发出合适的产品或服务。客户和用户的需求都必须得到很好的理解，并转化为企业能够持续向大量客户（如目标市场）销售的产品或服务。营销和销售的目标是了解客户，从而为合适的市场生产合适的产品。

如果初创企业正在为现有市场提供改进了技术的产品，那么要了解客户和用户就应当通过仔细研究现有市场及其客户和用户来实现。这样，初创企业就能更好地了解客户如何做出购买决策，以及用户希望满足的是什么。新产品会给客户带来新问题，而确定这些新问题的唯一方法就是找到客户并提出问题。这种确定客户和用户需求的方法有时被称为客户需求分析或客户之声。

客户需求分析和客户之声的目标都是了解客户和用户的期望、偏好、喜欢和不喜欢。这种初步研究通常是在设计工作开始前，通过焦点小组[①]或对潜在用户进行访谈来开展的，甚至可能使用竞争对手现有的产品或服务作为参考。焦点小组还可以在产品设计的早期阶段使用模型、图片、原型或颜色等收集客户和用户的看法。最迫切的需求是确定构成目标市场成员的客户和用户的需求。这些需求可以根据相对重要性进行优先排序，一些需求被划分为优先级或重要级，而其他需求的级别则较低。通过让客户和用户用他们的语言来表达自己的需求，企业可以获得巨大的价值和丰富的洞见。

客户需求分析和客户之声等活动的结果是根据人性化界面更好地定义产品需求。人性化界面是产品设计的关键部分，对必须面对产品的客户最重要，但它在不同程度上适用于所有产品和服务。需求中的人性化界面要素会与很多产品的定性和定量特性相结合，最终形成的是那些将用于产品设计和生产的产品需求。

了解客户和用户的需求将使企业更好地了解市场和利基市场。目标市场和利基市场是市场细分的结果，我们将在下一小节中讨论。

市场细分和产品差异化

市场细分的目的在于将大市场细分为较小的市场（如目标市场或利基市场），这些市场由具有相似的需求、购买习惯和人口特点的客户和用户组成。对市场进行细分既有助于企业设计营销策略，以建立消费意识（第一步）和购买偏好（第二步），也可以指导企业针对每个目标市场设计产品和服务。B2B 公司瞄准的是这样一些客户（如其他公司），它们购买产品和服务作为其最终生产、销售和分销给其客户（用户）的产品的供应链的一部分；而 B2C 公司则直接与它们的销售和分销渠道进行合作来服务其客户和用户。

我们可以通过不同维度对市场进行细分，如人口、地理环境、消费心理[②]、企

① 焦点小组和访谈都必须从那些被认为最能代表初创企业感兴趣的目标市场的客户和用户开始。焦点小组通常用于协助产品开发、发掘客户和用户的需求和预期、设计营销信息以及获得新创意和见解。一些营销专家公司可以组织焦点小组，而且互联网上有一些以吸引目标市场中的人加入焦点小组为目的的网站。

② 消费心理指的是人们的兴趣、生活方式、活动、态度、信仰、价值观和观点。

业统计学（firmographics）[①]、用户偏好的特性（低成本、高性能等）、广告宣传（电视、网络、邮件等）、用户喜欢的购买方式（零售店直接购买、网购、手机购物等）、用户每天用于购买的时间以及购买地点（如可以通过电话区号进行划分）等。

可以用于市场细分的变量似乎是无穷的，变量越来越多导致市场细分的粒度越来越细。充分定义利基市场所需的粒度取决于分析和高管层决策，但大量小利基市场的发展导致了更复杂的营销与销售策略，并增加了产品设计和工程需求的数量。

合理划分的市场细分必须是合理同质化的，且要有足够的规模，使在这个市场细分中销售的产品和服务能够贡献重要的销量和利润。当然，什么更重要取决于企业的具体情况及其目标。同样重要的是，为市场细分过程选择的参数是可测量的，并且随着时间的推移，这些参数能够保持合理的一致。企业可以使用一种被称为“营销组合”（marketing mix）的技术对每个市场进行细分，以创建认知度和购买偏好。当然，拥有明确的利基市场可以使企业有效地锁定客户和用户。

一旦大市场被细分，我们就可以将其中一个或几个利基市场设定为目标市场。此后，初创企业必须基于自己的技术和产品所提供的竞争优势，集中资源来满足目标市场内客户和用户的需求。目标市场必须有足够的规模（用户数量和销售收入），让企业能够证明客户将购买自己的产品和服务。初创企业最开始的目标市场应该是那些最有可能实现有意义的单位销量、利润和盈利的市场。获得客观的销售额有利于向投资者证明，企业至少拥有足够的产品－市场匹配度以及有效的营销与销售策略。

市场细分的另一方面是产品差异化。产品差异化是指将企业的产品或服务与其他企业的产品或服务区别开来的过程。产品差异化的目的是使客户或用户更清楚地评估每位竞争对手的产品，并对一位竞争对手的产品形成偏好。当然，初创企业很可能进入一个也许已经存在竞争对手和产品的市场（或市场细分），且竞争对手和产品已经被目标客户和用户所熟知，因此它们需要投入精力，让自己的产品脱颖而出。它们面临的主要障碍是要克服目标市场中固有的偏见和偏好（如习惯），通

---

① 企业统计学指的是为了市场细分而对组织的特征进行研究。典型的数据包括标准产业分类代码（standard industrial classification，SIC）代码、地理位置、规模、员工及其数量、组织结构、经营原则和目标市场等。

常这种偏见和偏好的影响深远，甚至可能被初创企业的高管层低估或忽略。

产品差异化涉及两个需要考虑的因素。第一个要考虑的因素是基于初创企业的产品和服务的独特性，产品如何能够在目标客户和用户心目中占有一席之地。我们将在后面的内容中分别讨论。

第二个需要考虑的因素是如何将利基市场中的客户和用户需求转化为产品属性，如性能要求、设计预期、价格敏感性和品牌认知度等。产品差异化为产品设计过程提供了至关重要的帮助。转化过程可以从更新在研究和分析过程中完成的信息表格，并完善对所选目标市场的客户和用户的了解开始，之后再以一种迭代的方式完成。展示产品属性的表格不仅可以用于更明确地定义初创企业希望其产品和服务具备的属性，而且提供了一种方法，来比较新兴企业与其竞争对手在产品所提供的属性和优势等方面的异同，以确定这些属性是否合适和足够。这个过程的结果通常被称为产品－市场匹配，虽然概念听起来很简单，但实际执行起来很有挑战性。

在实践中，涉及竞争分析、客户想要什么和需要什么以及市场细分的竞争分析和竞争对手研究应在同一时间段内完成，数据和判断应以迭代的方式不断得到完善，为一个或多个目标市场提供所需的产品－市场匹配。这个过程是一个研究、分析和发现的过程。

正如前面所解释的，焦点小组可以通过在产品设计开始前提供指导来协助完成产品－市场匹配过程。最初的设计概念、概念验证模型和原型产品版本都可以由焦点小组评估。关键在于，客户和用户与正在开发的产品之间的持续互动非常有益。基于焦点小组以及对技术和产品属性的考虑，初创企业应该很快就能发现自己的优势，并建立产品和服务的独特竞争优势。

最终，产品和服务将被客户和用户购买、使用和评价，它们必须被精心地设计、生产和运输，为客户和用户带来完美的消费体验和高满意度。如果初创企业想要成功，就一定要实现这样的目标。

市场细分和产品差异化对于确定为选定的目标市场提供的产品的属性和优势

至关重要。差异化有助于区分竞争对手，而且通过帮助客户和用户对初创企业产品和服务的不同属性、优势和独特性形成偏好，可以有助于减少利基市场中的竞争。理想情况下，一些属性（如价格）就变得没那么重要了，而且在某些情况下，更高的价格甚至可能增加新产品或服务的吸引力。

产品定位和企业定位

市场细分、产品差异化和定位是密切相关的三个概念。定位，无论是针对产品，还是产品背后的公司，都与感知有关。感知与客户或用户如何解读和内化他们收集的关于一款产品、一家公司或一个品牌的信息有关。一个经典的例子是“coke”这个单词，它指的是很多公司生产的碳酸饮料。当有人提到“coke”这个词时，大多数人都会想起某个特定品牌。这种想法在客户或用户的头脑中形成并停留的方式说明了感知的基本原则。感知会随着时间的流逝而变化，但通常情况下，即使存在其他信息，最初的印象也仍然很强烈。我想起了这样一句话：“你再也没有机会留下第一印象了。”

随着时间的推移，当企业及其产品向客户和用户展示其价值时，感知就会形成。通常，这就是品牌成功的原因，因为在很长一段时间内，很多客户和用户建立并保持了对品牌的感知。然而，初创企业自身或其产品不具备悠久的历史，因此需要通过适当的营销活动以及对产品和公司的定位陈述，帮助其客户和用户形成最初的感知。

定位陈述要集中展现客户和用户通过使用产品或服务所意识或感受到的优势。优势不仅可以是功能性方面（如性能或设计）的，而且可以是情感（如最新或最热门的移动设备）或实用性方面的。一旦确定了这些优势，我们就可以为产品、服务、品牌或企业创建一份定位陈述了。

定位陈述一般由以下几个要素组成：

- 目标客户或用户；
- 需求或机会描述；
- 产品名称；

- 产品类别；
- 关键优势和购买理由描述。

思考产品或服务在客户和用户心目中最理想的形象是很有用的。理想的情况是，初创企业能够根据优势找到合适的信息和文字，清晰地将自己与竞争对手区分开。在探索产品或服务潜在的定位陈述时，最好使用公式化的方法。当然，焦点小组可以而且应该对产品定位陈述进行评估。

现在，定位陈述被企业用于表述其在潜在的客户或用户心中的目标定位，而不必遵循某个公式。定位陈述可以用来表达企业希望被感知的“希望”，期待它能够满足客户和用户的期望。例如，看看以下四家在豪车业务方面竞争的车企的定位陈述：

- 梅赛德斯·奔驰：世界上独一无二的汽车；
- 宝马：终极座驾；
- 奥迪：我们愉悦全世界客户；
- 雷克萨斯：追求完美，永无止境。

这些定位陈述简明扼要，易于记忆，而且几乎瞬间直击人心，每一句都给读者留下了独特而深刻的印象。

对于尚未销售产品或服务的初创企业而言，通过信息传播影响客户和用户的感知是非常重要的。我们将在下一小节介绍本小节和上一小节所介绍的内容是如何帮助创业者制定适当的营销策略和方式的。

营销策略和营销方式

市场营销策略属于高层次计划，涵盖了企业获得客户、保证销售收入的主要活动和要素。图 4–1 中展示了制定营销策略和确定营销方式的流程。

本章前文所介绍的研究和分析过程有助于初创企业充分了解直接影响营销策略和方式制定的内外部环境。

作为下一个任务，创始人需要专注于使命宣言。使命宣言简要地表述了企业

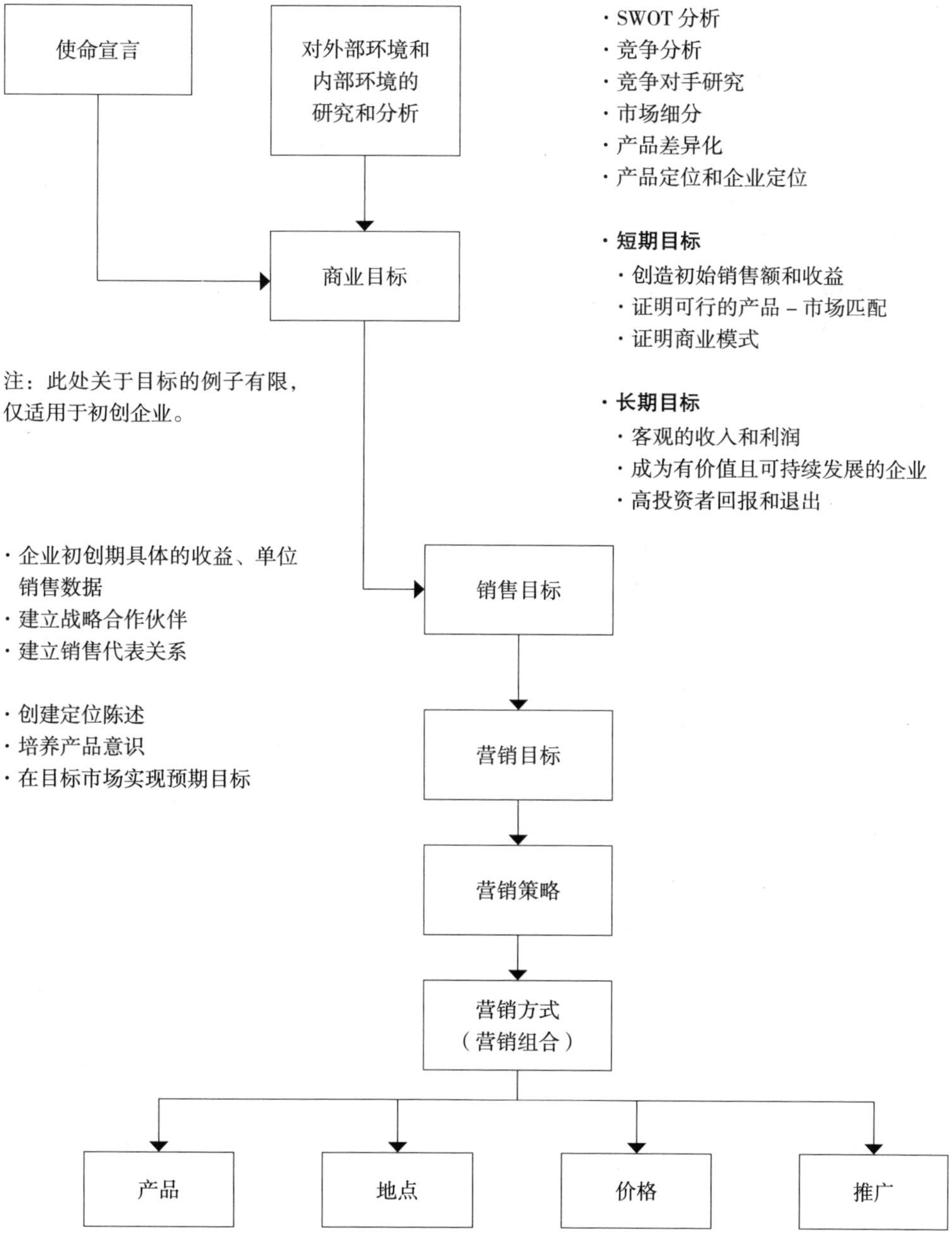

图 4–1 制定营销策略和确定营销方式

存在的意义，为企业提供了哲学基础和指导。它应该由能够激励创始人和员工的原则和激情陈述组成。我们将在第10章详细介绍如何撰写使命宣言。为了制定营销策略，使命宣言不需要最终确定，后期还可以进行润色；相反，创始人需要明确重点，并据此制定商业目标。由于市场营销计划需要与企业的使命保持一致，并为其提供支持，因此，明智的做法就是撰写一份成熟的使命宣言。

短期目标可能根据企业期望获得的投资数额而有所不同，也就是说，那些已经制订了需要大量投资的商业计划的初创企业在设定短期目标时需要更加积极主动。目标的数量应该为3 ~ 5个。

在任何阶段，长期商业目标都应当与企业在未来5 ~ 7年内的预期相符合。

长期目标通常包括销售、净利润、投资回报率、市场份额等，并辅以建立合作伙伴关系、开发新产品、开拓海外市场等其他目标。后一类比较宏观的目标旨在为企业提供提高销售和盈利能力的途径。

销售目标的制定需要根据企业的商业目标而定。典型的销售目标集中在销售收入、销售成本和产品利润率的创造上，其范围从识别新客户和在特定时间内产生收入到建立适合产品和服务的销售和分销渠道等。对初创企业而言，确定一个合理的销售目标非常重要，因为投资者对企业的看法和预期是由企业选择的数字决定的。如果企业的商业目标是激进的，那么相应的销售和营销目标就应是激进的。

确定了销售目标之后，企业就可以确定营销目标了。营销目标通常聚焦于为企业的产品或服务创建有说服力的信息，并将这些信息传播出去，以及识别出最终可能购买产品或服务的客户和用户。更高层次的营销目标聚焦于能够有效锁定的客户和用户的数量（通常用目标市场中客户和用户总数的百分比表示）。

目标应该使用SMART方法来创建。SMART方法用于建立一个具体（specific）、可衡量（measurable）、可实现（achievable）、现实（realistic）和时间具体（time）的目标。当使用SMART方法为企业层面或部门层面设定目标时需要考虑以下几个要素。①

① 同样的方法也适用于为企业的职能部门和部门内的员工设定目标。

1. **具体的**。这通常要求使用数字来精确定义业绩目标和预期结果。这时可能涉及使用定性的表达方式，如“在18个月内建立战略合作伙伴关系”。目标只有被记录下来才会明确预期结果。

2. **可衡量的**。企业需要一种收集数据和信息的方法来抓住目标的本质。财务报表可以追踪资金的流向和使用情况。大多数其他目标都可以通过书面描述及时追踪成功与否。

3. **可实现的**。目标必须是可实现的，这意味着它们必须由企业高管以现实的方式设定，而且必须获得执行部门的管理者的理解和认同。

4. **现实的**。高管和有执行权的人应就以下内容达成共识，即确定了合适的资源，并且这些资源将用于实现企业目标。

5. **时间具体的**。确定何时实现目标，并使用具体日期表示。

商业目标、销售目标和营销目标应当相互协调，也就是说，营销目标能够直接支持销售目标，而销售额目标能够直接支持商业目标。这种协调为资源的合理分配以及不进行效率低下的生产提供了更大的保障。如果应用得当，它就有助于降低在所有层面上实现目标的成本。

理想的市场营销策略包括建立有意义的合作伙伴关系和同盟，这些合作伙伴和同盟可以为企业提供进入目标市场的途径，并可能提高产品或服务的销量。这意味着高管团队需要建立起战略营销和销售合作关系，促进市场渗透和销售，即使这些销售由于需要补偿合作伙伴（例如支付一部分利润以更快地进入市场）是在产品利润较低的情况下完成的。建立营销和销售合作关系通常不是一朝一夕就能完成的，所以最好尽早发现潜在的合作伙伴，并建立起潜在的合作关系。如果一家大公司有潜在的合作意愿，那么初创企业的目标就是以尽可能优厚的条件来获得这个机会。

战略伙伴关系为初创企业提供了巨大的价值，但不应假定一定会建立起这样的关系。因此，初创企业需要以营销方式为关注点来制定营销策略。无论是否有战略合作伙伴，营销策略都应包括确定目标市场和选择营销方式，这通常被称为市场营销组合或 4P。

如图 4-1 所示，营销组合的四个组成部分是产品（product）、地点（place）、价格（price）和推广（promotion）。营销组合是为了完成任务而采取的具体行动。如下所述，营销组合的每个组成部分都要被仔细考虑，以确定其影响目标市场组成部分和成本的能力。

1. 产品。这一部分聚焦于为每个选定的目标市场设计、构建和提供产品，以及提供独特竞争优势所需的产品特性和属性的标识。这一环节的关键因素被称为产品差异化，我们已经介绍过了。

2. 地点。这一部分指的是如何将产品从其生产地运输到客户或用户的所在地。有以下多种方式可供选择。

（1）使用美国邮政服务（United States Postal Service，USPS）、美国联合包裹运送服务公司（United Parcel Service，UPS）、联邦快递（FedEx）或其他专业运输公司直接从初创企业的制造工厂运输出来。

（2）通过零售商或批发商：初创企业可以把货物送到它们的仓库或销售点。

（3）通过互联网：利用在线零售商向客户销售和分销产品。

3. 价格。简单地说就是产品和相关服务的售价。由于价格是客户和用户做出消费决策的一项重要考虑因素，因此需要被格外关注。如果产品质量相当，低于竞争对手同类产品的定价可能就会使初创企业的销售额增长，但这种定价也有可能引发价格战，并侵蚀初创企业的利润。这种方法通常被称为渗透策略。如果初创企业的产品有望为目标市场提供前所未有的好处，因此其产品定价就可以高于竞争对手的定价。这种方法被称为吸脂策略（skimming strategy）。采用何种定价方式由 CEO 和 CMO 决定，最好是基于前期进行的市场调查来决定。

4. 推广。推广是指组合使用广告、个人销售和促销，旨在确定企业定位，并向目标市场传播其产品的优势。广告既可以发布在杂志和互联网上，也可以直接邮寄。个人销售或直接销售是指企业的销售代表（内部成员或与销售代表组织）和客户选定的联系人之间的人与人的接触。当然，对 B2B 公司而言，它们必须付出巨大的努力来寻找并联系到企业内部同意交易的人，而这往往是一个难题。而B2C公司面临的难题是，它们必须到达的潜在用户可能以数百万计算。推广还包括考虑宣传和公共关系的角色，以及加入多种形式的社交媒体。推广资料[①]也被视为推广方式的一部分。企业还需要考虑技术支持、服务合同、担保、客户支持等问题，并制定合适且兼容的解决方案。

图4–2展示了一组相互协调的商业目标、销售目标和营销目标。需要注意的是，制定涉及时间（或日期）的目标需要制定一个时间表，以协调销售、营销、生产和工程等部门的相关活动。这些目标还与财务计划（详见第6章）有关，因此需要协调，特别是在最终确定营销和销售计划、财务计划和商业计划时。在实际应用中，营销目标应包括对营销组合中的每个组成部分的适当陈述。

商业目标	销售目标	营销目标
在24个月内实现盈亏平衡的年化收入	在24个月内实现450万美元的年化净销售额	通过关键宣传信息，使目标市场上的受众达到100万人 将10%的潜在客户转化为客户 三个月内将客户需求数据提供给设计制造部门 九个月内完成对选定的目标市场的初始β测试

部门	目标
设计制造部门或面向制造的设计（design for manufacturability，DFM）	六个月内完成设计和制造 实现40美元的目标产品成本
生产部门	八个月内提供用于β测试的产品 12个月内完成第一批产品 第二年生产50 000个

注：其他目标未在表格中说明。

图4–2 协调一致的目标

高管团队应仔细考虑商业目标、营销目标和销售目标。如果这些目标过于激进，那么执行成本就会增加，企业就需要更多的投资。如果目标设定过低，投资

① 推广资料包括营销手册、产品数据表和技术说明书、销售演示以及企业和产品的介绍视频等。

者可能就会对企业失去兴趣，因为企业需要很长时间才能成长为利润丰厚且有价值的企业。从这个意义上说，设定目标是一个不断优化的过程，这个过程对初创企业的运营具有重要意义。

如图 1–2 所示，制订企业营销与销售计划是一个迭代的过程，以确定企业的盈利能力。高管需要确定这种能力是否足以保证企业获得投资。他们可以对营销与销售计划的目标进行调整，而且如有必要，调整可以在财务计划中得到体现。

表 4–1 中展示了三种不同产品的营销组合的例子，其中两种产品是消费产品，另一种是工业产品。在实践中，营销组合所展示的产品、地点、价格和推广的细节信息将更加精确，并且包括定量的描述。

表 4–1　　营销组合举例

目标市场	产品	场所	定价	推广
移动技术设备目标市场 #1 市场规模：百万美元	通用塑料 四种颜色 黑 / 白 低性能 IC 功能较少（实用主义）	亚洲市场 销售和分销合作伙伴（零售商） 直接从制造地出货 在线销售（销售合作伙伴）	单价低于 200 美元 最相似竞争产品价格的 1.2 倍	广告（电视） 店面促销 青年杂志
移动技术设备目标市场 #2 市场规模：100 000	特殊塑料 颜色：金色和银色 高性能 IC 较多功能 可定制	美国市场 仅供互联网销售 品牌店	单价为 400 美元	奢侈品杂志 店面促销
工业设备 市场规模：数百家 B2B 公司	标准模型 三个版本 高性能 使用寿命长	直接从美国出货	50 万美元	直接销售 直接邮寄 网络通知

确定营销组合的目的在于明确要使用的策略，这些策略能够对利用最少成本建立客户认知度和偏好的最佳方式进行评估。当然，营销组合可能并非最佳方案，所以需要不断调整。

营销组合用于指导初创企业在获得投资后需要实施的具体行动。一般来说，产品行动属于设计制造和生产领域；地点行动往往更具战略性，必须与运输分销和销售计划相一致。价格是一个战略问题，既需要高管团队仔细监督，也需要营销和销售团队的投入。

推广行动包括广告和促销等。例如，在投放广告前首先要选择适合的杂志，确定广告的内容以及广告投放的频率。

包括参加展销会在内的推广行动需要具体说明展销会的名称、地点以及所需的推广资料。营销组合的“推广”部分涉及很多细节工作。实施营销组合所需行动的财务影响（预算）可以在营销与销售计划以及财务计划中得到体现。

综上所述，市场营销策略包括以下几个方面：

- 目标市场的确定；
- 目标的选择与一致性；
- 营销组合（如策略）的优化；
- 营销与销售计划中的行动记录和财务计划中的行动预算。

在制订营销与销售计划的初期，营销行动的细节往往是缺失的，而且根据初创企业获得投资的时机，这些细节甚至可能不会被写入营销与销售计划。然而，为了制订财务计划，企业需要估算成本。如果时间允许，企业可以定期更新营销与销售计划，以说明具体行动及其成本。从这个意义上说，营销与销售计划是不断更新（和完善）的。一旦获得投资，企业就可以根据营销与销售计划来制订经营计划和确定预算了。

营销由创建产品和品牌的认知度、向潜在客户和用户发布消息和信息、培养客户的品牌偏好、帮助销售部门完成销售目标并获得客户和相关收入等活动构成。它能够帮助企业瞄准目标市场中那些可以被转化为客户和用户的个体。

最终，营销与销售策略（也称为进入市场策略）必须能够为企业及其产品和服务带来可持续的竞争优势。

由于营销与销售计划是概述企业战略思路、支持财务预测的重要文件，因此应当尽早开始准备，并在制订财务计划和商业计划时被密切关注。

销售策略和销售方式

销售策略是一个高层次的计划，涵盖了创建一个实现了购买的客户、个人或企业所需要的主要行动和要素。销售策略是从之前设定的销售目标演变而来的。

销售策略是以竞争和竞争对手分析、市场细分、产品差异化、定位和商业目标为前提制定的。制定营销与销售计划中的销售策略的工作最好交给一位在销售方面有丰富经验的高管（或许是一位创始人）。

图 4–3 概述了一种制定销售策略的方法。图中用阴影标出的行动是与图 4–1 中展示的市场营销策略相关的行动。

销售渠道可以分为以下几种。

1. 直接销售。当企业希望由自己的销售团队直接与客户交互时就可以使用直接销售。直接销售也被称为个人销售，既可以在人与人之间进行，也可以在人与企业之间进行，还可以通过电话或电子邮件等其他媒介进行。这种销售渠道可以为企业提供其客户和用户最直接的信息，在产品价格较高或客户数量较少时最有用。

2. 非直接销售（销售代理和生产代理）。为了与指定区域中的潜在客户建立联系，企业往往会聘请销售代理和生产代理等组织[①]。它们不拥有或占有产品。

销售代理（或销售代表）已经与那些在初创企业业务的相关领域有需求的企业和人员建立了联系。销售代表负责开发潜在客户，有时也负责合同谈判事宜，这些服务对于初创企业而言都是很有价值的。鉴于销售代理的背景和能力，它们通常只需要很少的培训。由于销售代表也会销售其他公司的非竞争产品和服务，因此他们在初创企业的产品上花费的时间和精力会减少。

销售代理的报酬是佣金，不过企业有时也会支付一些费用来激励销售代表的工作。通常，企业必须通过各种补偿方案来鼓励销售代表进行推销和销售，

① 在 B2B 公司中，这通常指的是决策单元，它包括用户、买家、决策者和其他人（如看门人或有影响力的人等）。大公司有完善的内部流程来评估产品和服务，以及决定是否购买。这些流程被称为决策过程。决策单元和决策过程都是构建销售流程时需要考虑的重要因素。

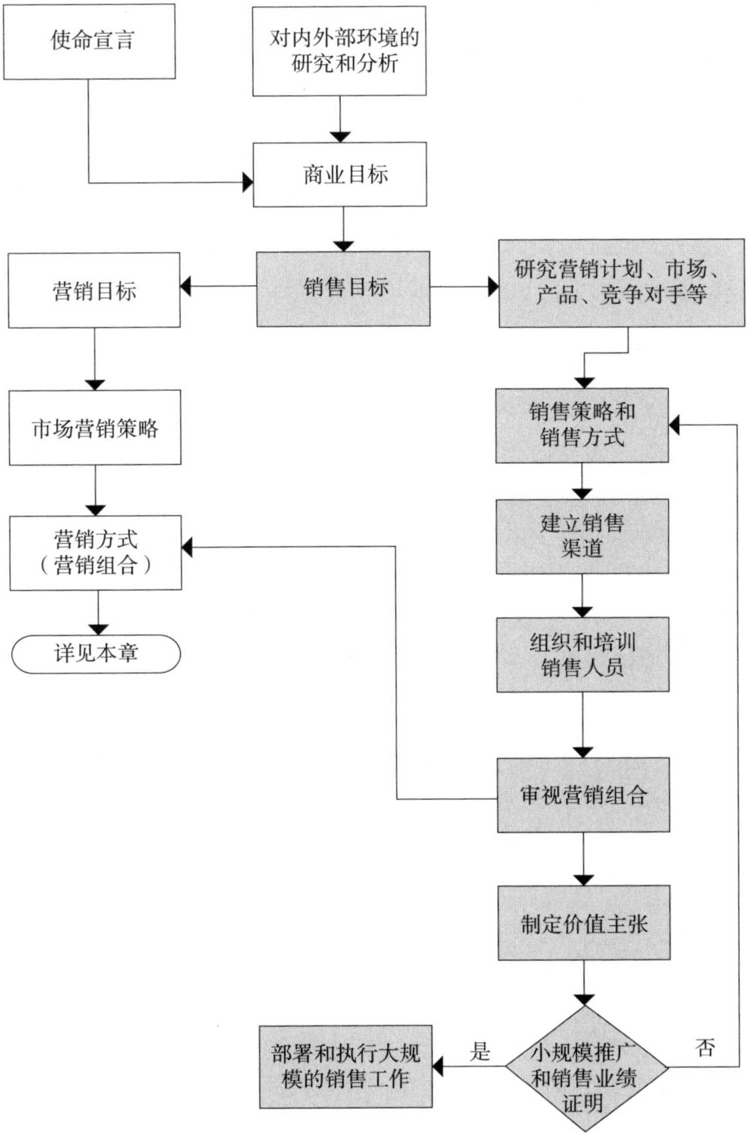

图 4–3 制定销售策略，确定销售方式

这些补偿方案也成了初创企业的一项成本。当初创企业的销售团队刚刚成立或人员不足时，或一款产品或市场刚刚出现，需要进一步探索和研究时，或当直接销售团队在较小市场中无法发挥其功能时，销售代理或生产代理都是非常有用的。

3. **多层次销售**。也被称为多层次营销。这种销售渠道会根据销售人员自己完成的销售或其招募的人员所完成的销售情况来给予销售人员报酬。这种销售渠道饱受争议，因为它能够利用销售人员的优势，通过推广昂贵的培训和书籍等来代替对最终用户和客户的实际销售。

4. **电子商务**。这是一种通过互联网和相关计算机网络来买卖产品和服务的零售方式。电子商务可以通过多种界面完成，包括个人电脑、手机、平板电脑和类似的电子设备。交易通过使用信用卡、借记卡等使资金在零售商和企业之间流转进行。一般来说，电子商务销售渠道对产品信息和数据的要求较低。

企业如何构建和管理销售渠道取决于要销售的产品和服务的类型和数量，及其与客户的偏好和期望的一致性。在选择渠道合作伙伴时，企业要根据对客户偏好、预算计划和销售目标的分析做出决定。企业在选择销售渠道战略时应考虑的因素有以下六点。

1. **产品**。成本相对较高的复杂产品（如工业产品）以及采用了复杂的数据管理平台和决策单元的企业需要一支直销团队将信息传递给决策单元。另一方面，如今的消费产品通常是通过网络进行销售和分销的。

2. **市场规模**。电子商务可以很好地服务于由数百万潜在买家组成的市场，这些潜在买家都有类似的需求。如果市场只有数百位买家，企业就可以选择使用直销团队为买家服务。

3. **市场细分**。由多个目标市场组成的市场具有相似但不同的需求以及不同的价格点，最好的策略是在高端市场或高价产品市场使用直接销售，在中端市场使用非直接销售（如销售代表），在低端市场使用电子商务。这种战略尤其适用于那些通过大型零售商、中型专业零售商和在线分销商来销售其产品的企业。

4. 营销和销售预算。预算有限意味着企业应当组建一支非直接销售团队，以备不时之需。另一方面，如果销售策略是通过合作关系（该战略由高管团队制定）来保证大批量销售的，那么企业最好尽早组建一支直销团队。有一部分决策是基于现有预算做出的。企业要对直销团队成员进行培训，使他们能够抓住那些不涉及高层合作伙伴关系的机会。

5. 销售成本。每一种可用的销售渠道都有相应的成本，不仅仅是销售人员因为努力工作而获得的佣金。销售代理公司在很大程度上是根据是否实现销售而获得报酬的；而直销团队在其成立初期可能会获得股份作为奖励，之后还会获得销售佣金。

6. 高管团队的专业能力。高层管理者可能对直接销售或非直接销售更有经验。因此，他们接下来可能选择围绕一个短期策略以快速创造销售，之后再更换成一个更优化的渠道策略。

如何组建营销部门和销售部门是一门学问，但也可能受到这些部门的管理者的个性影响。营销与销售计划可能会介绍营销和销售组织，尤其当创始人基于自己的经验而对此有独到见解时。例如，如果两个部门都有各自的管理者，那么CEO可能就要参与进来，以解决他们的意见分歧。两个部门有各自的管理者可能会有好处，因为可能会产生不同意见的碰撞。另一方面，虽然两个部门有不同的管理者，控制权是分散的，但本质上，两个人都要对销售事务负责。这些问题是否要在营销与销售计划中解决取决于高管团队。

销售团队的详细信息包括所需的区域销售人员的数量（每个区域至少一名）、销售代理工资，以及也需要在初创企业中任职的区域总监。此外，如果电子商务是重要的销售渠道之一，那么该渠道就需要有自己的管理者。营销与销售计划可能不会详细讨论组织问题，却应该考虑企业应该如何构建其指挥和控制因素。

营销与销售计划的培训计划是基于渠道战略制订的。当然，内部销售人员必须了解营销与销售计划以及企业的商业目标、营销目标和销售目标。同时也要建立并向员工解释核心的销售信息，包括价值定位[①]。

销售团队中资历较深的成员将负责编制和收集培训资料[②]，并培训渠道成员。渠道组织和成员都应是合格的销售专家。

从销售的角度看，营销活动与销售策略的相互作用应该是协调一致的。如图4–3所示，营销负责人和销售负责人及其团队都要对营销组合进行审查。我们应该认识到，营销人员通常与销售人员有着不同的心态。销售人员是客户导向的，事事都从实际出发；而营销人员倾向于以分析和数据为导向。销售人员是营造关系的好手，懂得运用语言和文字信息。他们心态的差异可能会使营销组合发生变化，在理想情况下，这些变化是以友好的方式完成的。

最初可能（也可能不是）由营销部门制定的价值定位可能会经过销售部门的审视和评价，尤其是在与客户发生直接接触后。价值定位和营销组合都是动态变化的，是对目标市场如何反应的响应。销售人员尤其会关注价值定位，因为它对销售策略很重要。

从本质上讲，价值定位是一种简单的陈述，可以由销售人员向潜在客户传达。它简洁地明确了企业（或产品）为客户提供利益或有价值的东西的承诺。当然，价值定位是基于早期完成的营销分析来确定的，并由销售人员完善，以体现他们与客户直接接触的经历。企业的产品如何与竞争对手的产品区分开？客户的购买原因是什么？这些问题的答案成了价值定位的本质。

在执行销售策略的过程中应有效地利用销售方式。由于销售策略依赖于理想的营销组合，因此销售策略和营销策略是相互影响的。为了清晰起见，识别潜在客户，让他们了解企业的产品或服务，并在客户心中建立对这些产品和服务的偏好，这些都被视为“对外”营销的一部分。对外的努力主要依赖于营销的努力，旨在为销售寻找合适的线索。

① 从本质上说，价值定位是客户从收益中减去成本后所感受到的价值。

② 培训资料包括技术和产品的背景资料和教程，以及提供的销售材料（如讲义、小册子、样品等，以及与公司营销和销售信息一致的演示材料）。

与销售部门合作的营销的“对内”部分将使用销售部门需要的信息和销售资料来达成交易、获得客户。销售方式用于将潜在客户转变为客户。销售人员经常自己去寻找并开发潜在客户。对企业而言，研究哪里有潜在客户以及如何发现潜在客户很重要。这就是为什么销售职能部门要专门从销售工作中收集数据，以便了解实际销售流程的情况。[①]

销售方式由销售团队及其成员的日常活动组成。其过程十分简单：接触潜在客户，向他们介绍关键信息（包括企业的价值主张），听取他们的意见并做出回应，引导潜在客户进行购买，达成交易并执行能够确保新客户收到产品或服务的企业内部活动。销售人员经常提到的销售漏斗包括寻找客户、对客户进行评估、提出建议和实现交易以获得客户。营销活动能够为这个过程提供支持，特别是在发展潜在用户和帮助销售团队对他们进行预估时。

营销和销售工作的结果最终将以关键绩效指标（key performance indicator，KPI）的形式被记录下来，而且正如图 4–3 所示，还应该有一个反馈循环环节。这样，随着时间的推移，企业就可以不断完善销售策略和方式，以提高业绩。

综上所述，销售策略应包括：

- 渠道策略的选择；
- 销售职能的组织；
- 销售团队的培训；
- 营销组合的优化；
- 价值主张的确定；
- 销售执行（方式）和细化，直至成功。

销售预测

商业计划最薄弱的部分就是对销售收入的预测。投资者有充分的理由对销售

① 客户关系管理（customer relationship management，CRM）是企业的一项重要职能。先进的软件程序可以使数据收集和后续分析更有效率，更具成本效益。客户关系管理应计入初创企业的成本预算。

数据进行仔细分析，并仔细研究这些预测背后的理由。如果创业者无法充分解释或证明将如何完成销售，那么投资者就有可能减少投资。如果缺少良好的营销与销售策略和计划，创业者通常就会被认为没有为捍卫自己的商业计划做好准备。

任何初创企业都会简化销售预测，它们采用的方法是用目标市场的规模乘以企业预估在最初阶段和一段时间内能够达到的渗透率①。这种方法注定会失败，因为还没有一种合乎逻辑的可以把假设的市场渗透率与实际情况联系起来的方法。例如，当市场营销组合的预算增加一倍时，市场渗透率将如何变化？渗透率也会翻倍吗？这种自上而下的方法，以及其他直接根据市场规模得出销售预测的方法都是无效的，也被投资者不屑。市场渗透率应该是由一种自下而上的方法自然产生的数据。我们将介绍一种自下而上的方法。

初创企业在发展业务和获得投资的正常过程中都将经历几个不同的阶段。在真正将产品卖给早期客户之前，销售是不存在的，只能想象。如果初创企业在获得专业投资之前设法实现了销售，那么这就可以作为证明其具备发现商业机会的能力的证据。现有销售总是预测销售收入最有力的基础。如果企业还未实现实际销售，那么任何以实际订单或购买意向书形式存在的待完成销售就是最有价值的证据，可以作为进行销售预测的基础。其他有兴趣或意愿购买的证据可能来自潜在客户的需求，尽管对销售预测而言，这是一个问题更大且非常有限的基础。

对于没有上述任何销售证据的初创企业而言，它们需要结合有关市场的可信数据以及如何将潜在客户转化为客户的假设和判断来预测销售收入。投资者仍会仔细审视这些假设和判断，但这些假设和判断更有道理，经得起考验。因此，销售预测将变得更可信，降低投资者减少投资的可能性。这为创业者提供了一条争取更高的投前估值的捷径。

表 4–2 展示了一种自下而上地预测销售收入和关键指标的方法。

---

① 简单地说，渗透率是初创企业的客户占细分目标市场的客户数量的比率，用百分比表示。渗透率也可以用于确定可服务市场（served available market，SAM）和总可用市场（total available market，TAM）。可服务市场是指初创企业的销售渠道实际到达的客户数量，总可用市场是指产品（或服务）在较大市场中的所有客户总数。

表 4–2 **销售流程的关键指标**

指标		
市场渗透率	11%	5%
客户获取成本	4.48 美元	16 393 美元
推广计划的成本	500 000 美元	4 000 000 美元
目标市场规模	1 000 000	5000
预期读者数量	111 600	244
推广		
转化率	6.0%	1.0%
有效的潜在读者	1 860 000	4400
1 号杂志		
潜在读者到达数量	500 000	20 000
频次（次数 / 年）	12	12
2 号杂志		
潜在读者到达数量	500 000	50 000
频次（次数 / 年）	50	4
个人销售		
转化率		10%
有效的潜在读者		2000
每年每人的接触数量		10
销售人员数量		200
信息渠道		
推广计划的重要指标	到达率、频率、推文等	到达率、频率、销售代表或销售代表组织的数量
推广	电视广告、社交媒体、促销	商业杂志、直邮、技术数据
交易类型	B2C	B2B
销售渠道	零售商店、网络销售	销售、销售代理
市场	消费产品、移动设备、书籍和媒体等	工业设备、服务、软件

如表 4–2 所示，从底部开始，右边的两列展示了两种不同的销售渠道。其中一个渠道是 B2C，在目标市场中，广告和社交媒体在创造客户认知度方面发挥着关键作用。另一个渠道是 B2B，个人销售至关重要。当然，表格中的数据只作为示例，不涉及任何特定的企业。

关于个人销售（营销组合的一个部分，被称为“推广”）的使用，关键指标包括高管有正当理由提出的项目，如销售代理的部署数量，而这只是将每个销售代表组织中的销售代表的数量简单相加的问题。

为了达到这个例子的目的，假设可用的销售代表的总数是 200 人，那么每位销售代表就拥有 10 位有效的潜在读者。

通过对潜在的有代表性的企业进行调查，前面的每一个项目都很容易确定。初创企业可以在早期规划中进行这些调查，以选择适合的销售代理组织。加深颜色的单元格（6.0%）是这部分表格的主要假设，它是对有多少有效的潜在读者将能够被转化为客户的预估。

同样，推广也被分解为到达数量（阅读该杂志的潜在读者数量）和频次（出版周期），以确定广告的曝光数量和有效的潜在读者数量。表格中加深颜色的单元格（1.0%）也是对有多少有效的潜在读者将能够被转化成客户的预估。这两处加深颜色的单元格驱动了销售指标的计算。

需要注意的是，乍一看，关于潜在读者转化率的两种假设都是有问题的，就像自上而下方法中对市场渗透率的假设一样。然而，事实并非如此。转化率是一种可验证的假设，也就是说，只要企业制定了一项推广方案①，它就可以对该方案进行跟踪，以确定该方案成功与否及其转化率。

对推广方案进行调整可以提高转化率，而且随着时间的流逝，转化率将会提高。那时，企业发现了最佳的推广方案，并可以扩大活动的规模，从而更好地支

① 推广方案可以有多种形式。对应不同的媒体、广告和地区，它有不同的命名方式。推广方案主要包括广告和个人销售，但它们可以被“定制”成任何形式，以促进销售。在实践中，专业营销公司和广告公司会使用各种复杂的方法来分析客户的数据和反馈，然而，即使是相对简单的方法也可能相当有效。

持营销与销售计划，并最终实现更多的销售。企业最好尽快发现最有效的推广方案。

我们沿着表 4–2 垂直向上观察，可以根据这些假设计算出一些关键指标。预期读者数量就是前面讨论的基于各种因素所获得的客户数量的总和。目标市场的规模已经通过前期的市场分析得知（在一定程度上是精确的）。根据预期读者数量与目标市场规模的比值就得到了市场渗透率。每项推广方案的成本可以通过一张详细的电子表格（我们没有展示）进行列举。成本估算将包括推广方案的所有相关内容，无论是广告、推广，还是两种方式的结合。客户获取成本（以美元为单位，按每一位客户计算）是通过一种简单的方法计算的，前提是成本已经确定，预期读者数量已经被估算。每家企业都不一样，因此表 4–2 可以根据需要进行调整使用。

这种方法为销售流程提供了客户数量、客户获取成本和市场渗透率等关键指标。在企业实现首次销售之前，为了实现市场营销与销售计划的目标，每项推广方案的转化率都可以基于以下几点进行预估：

- 高管团队的经验，尤其是他们在营销与销售方面的经验；
- 公共资源，特别是那些研究新产品使用率或市场导入的公共资源；
- 类似行业或企业的历史数据，这些数据可以通过面试销售人员获得；
- 企业感兴趣的领域的外部专家。

使用自下而上的方法的结果是，用于计算关键销售指标的数据大多数都来自市场研究和市场营销组合决策，它们都具有真实性，从而减少了人们对投机假设的依赖。

如表 4–3 所示，销售预测是基于对上述讨论的相同考虑做出的。这种销售预测是建立在市场营销组合中真实的推广活动的基础之上的。营销组合中的推广也被称为推广组合，包括广告、促销（折扣、优惠券等）和个人推销。在表 4–3 中，我们假设企业在第一年没有销售收入。关于表 4–3 所示的销售预测，还有一点需要注意的是，通过广告获得的销售额在总销售额中只占很小一部分。这并没有错，因为广告不仅能够为销售团队提供潜在客户，而且可以推动销售进入内部订单接收流程。

表 4-3 预估销售收入

	第二年第一季度	第二年第二季度	第二年第三季度	第二年第四季度	第三年	第四年	第五年
代理组织的数量	1	3	8	12	16	25	30
每家代理组织的销售代表人数	8	8	8	8	8	8	8
销售人员的总数	8	24	64	96	128	200	240
每位销售人员接触的读者数量	20	20	20	20	20	20	20
有效的潜在读者	160	480	1280	1920	2560	4000	4800
转化率（%）	2.0	3.0	3.5	3.6	3.8	3.8	3.8
客户获得数量	3.2	14.4	44.8	69.12	97.28	152	182.4
销售代理组织的销售额	160	720	2240	3456	4864	7600	9120
1 号杂志到达客户数	50	51	52	53	54	55	56
1 号杂志的出版周期	12	12	12	12	12	12	12
1 号杂志的转化率（%）	0.5	0.5	0.5	0.5	0.5	0.5	0.5
客户获得数量	3.0	3.1	3.1	3.2	3.2	3.3	3.4
2 号杂志到达客户数	20	20	21	21	22	22	23
2 号杂志的出版周期	12	12	12	12	12	12	12
2 号杂志的转化率（%）	0.6	0.6	0.6	0.6	0.6	0.6	0.6
客户获得数量	1.44	1.5	1.5	1.5	1.6	1.6	1.6
来自广告的销售额	222	226	231	236	240	245	250
总销售额	382	946	2471	3692	5104	7845	9370

在任何情况下，从销售成本的角度来评估如何最有效地销售不仅是非常有价值的，而且是十分必要的。如果推广活动进行到足以对其进行评估的程度，企业就应当考虑对这些活动进行调整，以提供一种更好的方法（如具有成本效益的方法）①。正如我们将在第 5 章中介绍的，销售预测变成了财务报表的一部分。财务报表还展示了推广方案的成本等内容。

理论上，对转化率进行假设是可行的，高管团队也能够解释这些选择。②随后，

① 在本书中，推广方案是营销传播（marketing communication，MARCOM）工作的一部分。营销传播包括促销、销售资料、广告、公共关系、贸易展览、宣传材料、品牌、包装、社交媒体线上活动和客户服务。营销传播被视为市场营销组合中的推广元素。

② 在实践中，每一项推广方案都必须与那些与推广活动密切相关的购买联系在一起。当推广方案很复杂时，这可能很难实现。然而，如果推广活动仅有几项方案构成（通常会在新兴企业成立初期出现这种情况），那么确定转化率的能力就会很高。

企业可以调整其营销与销售策略及其隐含成本，以得出合理的销售额水平。对第三方投资者而言，合理的销售额水平就是根据当前假设得出的看似合理的销售额。

制订营销与销售计划

如图 1–2 假设的初创企业发展的时间线所示，营销与销售计划应当在企业成立后不久就开始制订。当然，创业者和投资者在初创企业诞生之初就已经开始思考市场和产品了。然而，初创企业需要对营销与销售计划进行有序的研究和分析，并从战略角度对该计划进行思考，这些很容易在几个月的时间里完成。由于营销与销售计划是将商业目标转化为实现销售所必需的市场营销策略的关键文件，因此企业必须不吝花费时间，对其进行完善[①]。

在企业成立初期，营销与销售计划应该包含对其主要内容的概述，即简单概括 SWOT 分析的结果、对市场规模进行量化、对战略要素的思考等。这份概述大约有一至三页，旨在与创业团队（如创始人）的其他人分享，以交流思想和丰富创意。这份概述也有助于将营销策略与商业目标的其他重要方面联系起来。没有必要匆忙形成一份正式的文件。

营销与销售计划的目录应该在很短的时间内（大约一个月）完成制定。尽管目录的形式可以根据营销和销售部门主管的喜好确定，但是请记住，很多投资者都会查阅目录，以对那些待商定的战略和计划形成自己的初步想法。鉴于此，目录最好以精彩故事的形式搭建，这个故事应该按照从一般到具体的逻辑展开。目录的标题和副标题应该概括基本的研究和分析的结果，并陈述主要结论，其中包括战略要素、重要的实施方式和销售预测。

图 4–4 展示了目录（分别是目录的第一页和第二页）。一旦完成了目标大纲，随着特定信息的出现，营销与销售计划的细节就可以被合并到每个部分中。首先，可以大致列出每个部分要讨论的主要事实和结论，然后再组织这些内容，并润色文字。

① “完善”是指基本的研究和分析已经基本完成，逻辑严密的销售策略已经形成，可以可靠地证实所做的销售预测。

机密

目 录

机密

营销与销售计划 3/31

图 4–4 营销与销售计划目录

执行概述是对营销与销售计划的主要结论的简明总结，它是在营销与销售计划基本完成时编写的。它可能只有一页，也可能最多两页。它是为那些没那么多时间来阅读营销与销售计划的人（可能是投资者）而写的，因此必须被仔细编写，并且重点明确，即初创企业将如何遵循其与客户的愿景，向客户提供独特的竞争优势，并随着时间的推移提高销量。营销与销售计划一旦完成，就不难从中挑选出编写初稿时关注的 8~12 个重要结论。执行概述还应包括预期产品和销售的摘要。

以上目录示例提供了一种情景分析，并对蕴含商机的市场和趋势进行了分析。选定的标题是为了提供一个不需要额外解释的陈述。当然，目录内容还是给出了解释。从这个示例的篇幅可以看出，冗长的解释是不需要的。

我们只需要提供简明的事实性陈述，用相关的公共信息和数据加以证实或证明即可。从第三方获得的支持性文件可以在脚注中标明，或在需要时提供。第一部分记录了创始人和高管团队完成的研究。

接下来的部分是对营销机会的分析，这是基于 SWOT 分析进行的。营销与销售计划的这一部分可以借助已完成的分析手段，提供研究与事实之间的逻辑联系。同样，标题旨在用几句话来传达主要结论。

营销与销售计划的下一部分介绍了企业的产品目标，包括销量（销售的单位总量）和产品利润（百分比）。这些都是初创企业希望实现的目标，它们可以为企业制定营销目标、市场营销策略、营销组合和销售计划提供依据。

接下来的部分是市场营销策略的基础，包括目标、战略和市场营销组合。需要注意的是，图 4–4 所展示的目录只是示例。每个创业团队都可以选择其认为最需要重视的主题（如小节标题）。如果创业团队已经成功地建立了重要的合作伙伴关系或找到了重要的分销渠道，那么就应该将这些内容放在目录中更明显的位置。

营销组合是营销与销售计划的主要部分（在图 4–4 所示目录的 31 页中占了 9 页）。营销组合描述了企业为了实现营销与销售目标而采取的具体策略。营销组合的每个组成部分中都有相关的行动和策略，它们应该在适当的时候被确定并执行。例如，当产品完成生产并供销售时，广告就可以登场了。因此，企业必须制定并协调不同行动的时间表，实现产品的成功首秀，使产品以一致的方式销售和交付。最初，虽然企业选择的营销策略仅仅是计划，但仍要理性思考，为获得投资而努力。

销售计划讨论的是企业将要使用的策略的主要内容，最终将形成销售预测，并被纳入商业计划书。商业计划书将包括对营销与销售策略的重要解释，但这些解释都是简明扼要的。营销与销售计划中会提供具体的解释。商业计划书中的销售预测应该与营销与销售计划中的销售预测相一致。当然，销售收入也要与财务计划的相一致。

毫无疑问，销售和收入数据是最难确定和维护的重要数据。如果企业有之前的销售数据或意向书作为参考，那么就会容易得多。

关于产品销量，企业的目标是确定最“可信”的数据。如果销售预测（在单位总量方面）过高并难以置信，企业的信誉可能就会受到严重影响；如果销售预测过低，投资者可能就会降低对企业的估值，不利于获得投资。正确的数据应该是逻辑支持的最大可能数值。

销售预测也可能会成为投资者讨论和争论的焦点，但只要进行了仔细的分析和计划，创业者就可以使自己变得更强大，更具说服力。当涉及投资时，投资者可以提供涉及不同程度所有权的协议，具体取决于企业能否成功地实现销售并获得收入。这就使创业者具备实现商业计划和财务报表中承诺的销售和财务绩效的能力变得更为重要。

如第 5 章所述，根据销售预测进行的模拟将作为评估风险和所需投资的一种方法。创业者应该从一个高但可信的收入和销售数据开始。

营销与销售计划接下来的部分将展示营销和销售活动的预算和时间表。这些都是营销与销售计划的重要组成部分，不应被忽视。预算是根据营销组合的具体内容制定的，可以非常详细。最初，预算可以基于构建营销组合的方式来制定，例如，表 4–4 展示的是推广组合的预算。

表 4–4 **推广预算案例**

	每季度支出（美元）					
类别（按照目标市场划分）	第 2 年 第一季度	第 2 年 第二季度	第 2 年 第三季度	第 2 年 第四季度	第 3 年 第一季度	第 3 年 第二季度
营销资料						
销售手册						
技术数据表						
背景资料						
网站						
初期构建						
创新						
维护						

续前表

	每季度支出（美元）					
类别（按照目标市场划分）	第 2 年 第一季度	第 2 年 第二季度	第 2 年 第三季度	第 2 年 第四季度	第 3 年 第一季度	第 3 年 第二季度
公关计划						
软文						
目标电视频道的投放						
目标商业杂志的投放						
贸易展会						
国内						
当地						
媒体计划						
电视						
广播						
报纸						
杂志						
直接营销						
邮件						
电子邮件						
社交媒体						
季度总成本（美元）						

初步估计可以列入时间表以反映优先次序。之后随着财务计划变得更加确定，这些数字可以通过从各种媒体获得的特定数据（如与频率和广告长度相关的成本）来细化。

表 4–5 展示了编制营销与销售计划的时间表。当然，每家初创企业都是不同的。编制营销与销售计划的时间表只是为了说明各项活动的顺序，可以先从大纲开始，直到营销与销售计划变得非常具体和详细。不是每件事情都需要马上就做。

表 4–5 **编制营销与销售计划的时间表**

营销与销售计划制订的各阶段	月份			
主要组成内容的大纲	2			
形成目录		3		
增加小节内容的解释			4	
营销与销售计划的初稿和终稿				5
推广预算（粗略）			4	
推广时间表				5
推广预算（最终）				5

现在就是以一种非常可信的方式来制订营销与销售计划的最佳时刻。即使营销与销售计划（以及财务计划和商业计划）被“最终确定”，随着投资者提出问题、高管层给出适当的回答，它们也仍然可以被持续更新，并变得更加精确。

营销与销售计划的最后一项内容是评估和管控营销与销售活动策略的方法。企业需要对每项推广计划进行跟踪，以综合考量产出（开发的潜在客户、获得的客户、销售等）和成本。社交媒体的跟踪（如点击量）也是那些依赖社交媒体的初创企业的一种重要方法。

评估和管控还会延伸到对销售团队的评估，无论是内部销售团队，还是销售代理公司。产品接受度可以根据客户的反馈进行跟踪。在任何情况下，市场营销组合的每个组成部分都需要被追踪和评估，并随着对其有效性的了解而改变。营销与销售计划的篇幅应当与商业计划书的相同，如果需要也可以更长。营销信息的来源可加在附录或另附文档，但应该方便投资者查看。

营销是初创企业的一项重要职能，也是一种很难形成连贯的策略和计划以实现销售的职能。

正因为如此，如果初创企业缺乏具有丰富市场营销和销售背景的创始人，那么它们就最好去寻找一位能够制订强大的营销与销售计划的创始人或高管。

The Smart Entrepreneur

第5章

制订财务计划

如果你足够幸运，在你的团队中有一个懂财务的人，那么开发完整的财务数据的障碍就很容易被克服。如果像大多数早期的创业团队一样，你错过了未来的CFO，那么你可能就要在没有此人专业指导的情况下开发财务信息和进行财务预测了。在任何情况下，一套完整的财务报表能更好地为企业服务，并使投资者更容易进行投资。本章致力于帮助创业者编制稳健且令人满意的财务报表来支持商业计划书。

财务报表所需的数据

财务报表是在一笔潜在交易（如投资）之前准备的一组财务图表和数据。初创企业的预计财务报表旨在模拟企业在发展的现阶段（此处假设公司处于种子期或初创期）完成投资交易后的预计财务状况。

对于尝试获得资金的初创企业而言，合理地编制一套财务报表所需要的很多东西都是推算出来的，也就是说，这套财务报表是由无数独立的数据组成的，其中很多数据必须基于创业团队的知识和研究来估算或假设。而成熟企业的财务数据都不是假设的，因为它们有实际销售订单、发票和已确认费用。需要注意的是，与基于实际数据的财务报表相比，预计财务报表和商业案例（计划）的可信度自然会大打折扣。创业者面临的挑战是如何以一种可能具有最高可信度的方式开发预计财务数据，从而防止或阻止投资者可能希望申请的最高折扣。

从根本上说，财务报表至少应该包括以下三个表格。

- **资产负债表：**基于资产、负债和所有者权益，即时显示企业的财务实力；
- **收益表（或损益表）：**显示企业的长期盈利能力，包括收入、成本和净利润；
- **现金流量表：**显示一段时间内外部来源产生或消耗的现金在何处被分配或使用。

虽然这三个基本的表格是必不可少的，但在实践中，尤其是对于初创企业而言，很多内容还需要细化。特别是，由于财务计划中的任何项目都没有或只有有限的预先证据，所以必须对每个项目都进行研究、记录，并将其保存在适当的财务数据表的适当单元格中。稍后，我们将详细介绍如何做到这一点。现在，以下列出的数据可以罗列在文档中和纸上，直到可以编制综合财务报表。在一段时间内，财务数据和预测是需要详细列出的，第一年可以按月列出，其后年份可以按季度列出。

初创企业的财务工作必须自下而上地开展，也就是说，从最容易了解和验证的内容开始，到某些最难以验证的内容（如销售预测）为止。财务数据最好按照以下顺序积累，这个顺序有助于在积累财务数据的同时保持团队内部的动力。

1. 按职称 / 职位划分的各工作类别的薪酬。

2. 人工间接费用：

（1）社会保障；

（2）医疗保险；

（3）牙科保险；

（4）其他福利（视力保险、残疾等）；

（5）联邦失业税（Federal Unemployment Tax，FUTA）；

（6）其他国家税收和保险，如美国加利福尼亚州的就业培训税、工人赔偿和失业保险等；

（7）假期；

（8）病假。

3. 行政和杂项费用，如：

（1）员工通信费用；

（2）会计费用；

（3）保险费用；

（4）商业和许可费；

（5）UPS、联邦快递等邮费。

4. 设施费用，包括：

（1）租金；

（2）水电和通信费；

（3）计算机和软件；

（4）打印机、复印机和传真机等；

（5）办公用品。

5. 其他费用，如：

（1）关键人物保险；

（2）产品责任保险；

（3）财产保险；

（4）董监事和高级管理人员责任保险；

（5）过失与疏忽保险。

6. 每个部门的研发和工程费用：

（1）租金和水电费（如果第 4 项中不包括）；

（2）计算机和软件许可；

（3）分析、测试等使用的专用软件；

（4）实验室的材料和用品；

（5）不被视为资本支出的设备；

（6）许可证和地方法规遵从费用；

（7）危险废物处置的费用。

上述项目根据业务类型而有所不同。然而，在大多数情况下，只需稍加努力就可以轻松查明和确定上述费用。与项目 1 至项目 6 相关的成本通常由 CEO 和 / 或 CFO，或在 CEO 或 CFO 指导下的其他高管进行分析。

接下来是人员需求，具体如下。

7. 人员配置计划：按头衔 / 职位、职能要求所需的员工类型，以及一段时期内（最多五年）的需求数量。

人员配置计划应由 CEO 与团队其他高管共同制订。人员配置计划旨在确定必须填补的重要职位，按照部门和活动规划人员编制，并组建团队，以在有效利用现有资金的同时实现前期确定的目标。

关键人物，主要是部门主管（副总裁级别），通常是先于其他人被聘用，因为他们将在企业中起领导作用，并为企业提供重要的早期规划。在聘用其他员工前，他们凭借其自身的教育背景、技能和能力也能够高效地完成部门的任务。高管也有机会根据企业布置的任务和 CEO 的要求来组建自己的员工团队。

然而有时候，一位关键技术人员可能先于部门主管被聘用。例如，如果 CEO 决定企业发展初期的重点工作是开发知识产权和研究，那么这就需要技术人员。CEO 可能会认为，在聘用部门主管前，他可以直接指导这位关键技术人员的工作。这种做法不仅可以减少企业在发展初期的开支，而且为 CEO 留出了挑选和聘用合适的高级部门主管的时间。

费用项目 1 至项目 6 通常被视为“固定”成本，因为它们一般不会随时间变化或变化非常缓慢，且对企业经营活动水平的依赖度较低。当然，每个成本要素中都存在一个“可变性”要素，即引入外部资源的时间会发生变化。例如，当企业刚成立时，租用场地可能会根据可用资金发生变化。然而，根据定义，可变成本要素是指随企业活动水平而变化的成本要素。例如，随着销售额的增加，生产也必须增加，必须保证有更多的材料，必须购买更多的设备等。

以下项目 8 至项目 10 的数据要求都与企业生产产品、营销和销售所需的基础设施的成本要素有关。研究这些数据时需要关注细节，因为决策取决于产品的规格、性能要求和与企业发展阶段相适应的生产要求。通常，研发、生产和制造团队会致力于获得它们所需的数据。

8. 部门和项目相关费用包括以下两项。

（1）每个职能部门在实现部门目标时都需要支持，在与其他部门合作时也可能需要支持。一般来说，支持是以人（如人力资源）或支持性资源（如软件、计算机硬件、专用测试设备等）的形式出现。人力资源需求会在人员配置计划中有所体现。其他资源需要被仔细确定，其成本也需要被认真研究。

（2）资源需求是在 CEO 授权和支持项目（或由多个相互关联的项目组成的计划）的背景下确定的。即使企业处于初创期，CEO 也应该要求部门领导以提交正式计划和需求的形式定义项目或方案，来行使他对资源的控制权。然后，CEO 可以验证这些工作是不是必须的，是否支持企业目标，是否在规模、成本、及时性和现实性等方面都是合理的。这些计划和要求不需要太宽泛或冗长（在企业初创期可能只有两到三页）。

9. 厂房和资本支出包括以下两项。

（1）确定要购买或租赁的设备，以及生产产品所需的厂房和设备的购置成本。

（2）折旧是税法中的一个复杂领域，最好交给专业人士（如注册税务师、注册会计师等）处理。然而，为了节省成本，企业可以参考税务局有关折旧和摊销的说明，以协助开发用于规划的财务数据。折旧是非现金支出，在产生利润时更重要。

10. 营销与销售费用包括以下两项。

（1）支持营销和销售活动所需的费用应记录在案，并纳入年度经营数据。

（2）关于营销和销售费用的具体内容详见第 4 章。

以下两项，即项目 11 和项目 12 与待售产品和提供的服务有关。最终，企业需要对收入进行预测，对销售额进行估算，这就要求对产品和服务进行定价，对销量进行估算。同时，制造部门需要根据销量来确定产品的成本。

永远不要使用现有细分市场规模的百分比或竞争对手的产品销售额来预估收入和销售额。你和投资者都应该认识到，企业渗透市场和制定销售目标的能力实际上取决于产品的竞争定位（客户感知价值和定价）和企业自身（企业支持产品和继续经营的能力）。基于细分市场规模百分比来预测收入和销售额不仅是无用功，而且会给创业团队带来非常严重的负面影响。

相对来说，以下两项需要大量的研究和探索工作。由于投资者经常会花大量精力调查和查询这些因素，因此你需要对估计 / 假设进行详尽的研究，并辅以尽可能详细的支持内容。请记住这个简单却非常有用的原理：细节 = 可信性。

11. 收入预测根据以下要素进行（按优先次序）。

（1）显示了定价、数量、条款和条件、客户等信息的已确认的销售订单。这些销售必须与商业计划书中确定的行业、市场和目标市场的销售预测密切相关。

（2）显示了潜在销售条件和条款的意向书（letters of intent，LOI）。意向书可以用来争取战略合作伙伴，其中买方规定如果条款都得到满足，他们就将确定所购买的产品的规格和要求。

（3）管理层对产品（或服务）定价的预估，尽可能通过以下方式证明。

①与竞争产品相比。竞争对手的定价和对相关价值的认知。

②实现市场渗透的愿望。更激进的定价将可能更直接地带来销售，实现市场渗透。

③购买量（如果适用的话）。购买更多产品或服务的客户可能希望获得折扣。

④业务类型，无论是 B2B，还是 B2C。例如，B2B 客户可能也希望获得维修、退货等方面的支持。这些需求将体现在商品成本中，特别是人员方面。购买量通常更大，折扣幅度也更大。而 B2C 客户的购买量可能较小，而且可能只会获得零售折扣。

⑤销售成本（cost of goods sold，COGS），由制造部门根据预期销量范围提供。详见项目12。

（4）涉及销售预测的销量预估可以根据以下内容进行。

①销售部门领导的意见。这个人在密切关注企业的主要市场的同时，形成了自己有价值的洞察，并能够给出建议。他的联系人也可能在帮助预测销量方面很有价值。

②通过对目标客户进行访谈和问卷调查以及解决数量和价格问题而进行的初级市场研究是非常有用的。

③二级市场研究，包括研究竞争对手的以下方面：

◆根据公开数据确定的市场细分、销量、价位；

◆主要竞争对手的数量及其在同类产品中的销售情况；

◆你的产品与竞争对手的产品在性能、设计、外观等方面进行比较的结果；

◆ SWOT分析。

12. 销售成本分析，分析时需考虑以下因素。

（1）生产所需的原材料和供给，以及从多家制造商或供应商获得的批量价格数据。

（2）为生产产品和提供服务而投入的劳动。需要注意的是，有些人员可能参与那些与直接生产产品无关的其他活动。用于非生产活动的劳动力“分配”需要与用于生产产品的劳动力“分配”区分开。为了对销售成本进行财务预测，可以对其进行估计。

（3）制造设备、运费、包装等间接费用也可以适当地被划分至非直接非生产类别，否则，这些费用会成为制造费用的一部分，并应计入销售成本。

13. 税收影响以及与折旧、利息和净营业亏损相关的因素也应在预估损益表中说明。在解决以下具体的复杂问题时可以咨询专业人士（如注册税务师、注册会计师等），以获得具体指导。

（1）累计亏损；

（2）资本设备折旧；

（3）利息支出；

（4）国税；

（5）地方税收；

（6）净营业亏损的税收抵免。

一旦上述 13 项基本信息得到确认，企业就可以编制财务报表了，尤其是经营成本、损益表、现金流量表和资产负债表。

图 5–1 完整地展示了一家企业的财务状况，其中包括数据和财务报表。我们可以看出，财务数据中包含了大量相互关联的数据。

完整的财务报表可以被放在商业计划书的附录中。预计财务报表是作为一份单独的高度机密文件编制的，除非（或直到）投资者明确表现出投资兴趣，否则一般不会给管理团队以外的任何人看。

对于商业计划书而言，典型的做法是提供从损益表、资产负债表和现金流量表中收集的重要财务数据的摘要。这就使商业计划书能够在较短的篇幅里包含必需的财务数据。摘要还可以包含 CEO 和 CFO 认为与特定商业机会相关的任何附加信息，如资本设备购买，这些购买一般都会投入大量资金。

商业计划书可以包含一套简略的财务报表，但无论如何，报表数量都不应超过三或四页（如商业计划书有 25 页）。收入计划、损益表和资产负债表都可以放在商业计划书中。

综合性预计财务报表

完整的财务报表应被放在单独的文件中，并标明机密。这份支持性文件可以放在商业计划书的附录中。商业计划书被称为机密信息备忘录，这是银行或投资公司在兼并和收购（并购）业务中经常使用的术语。

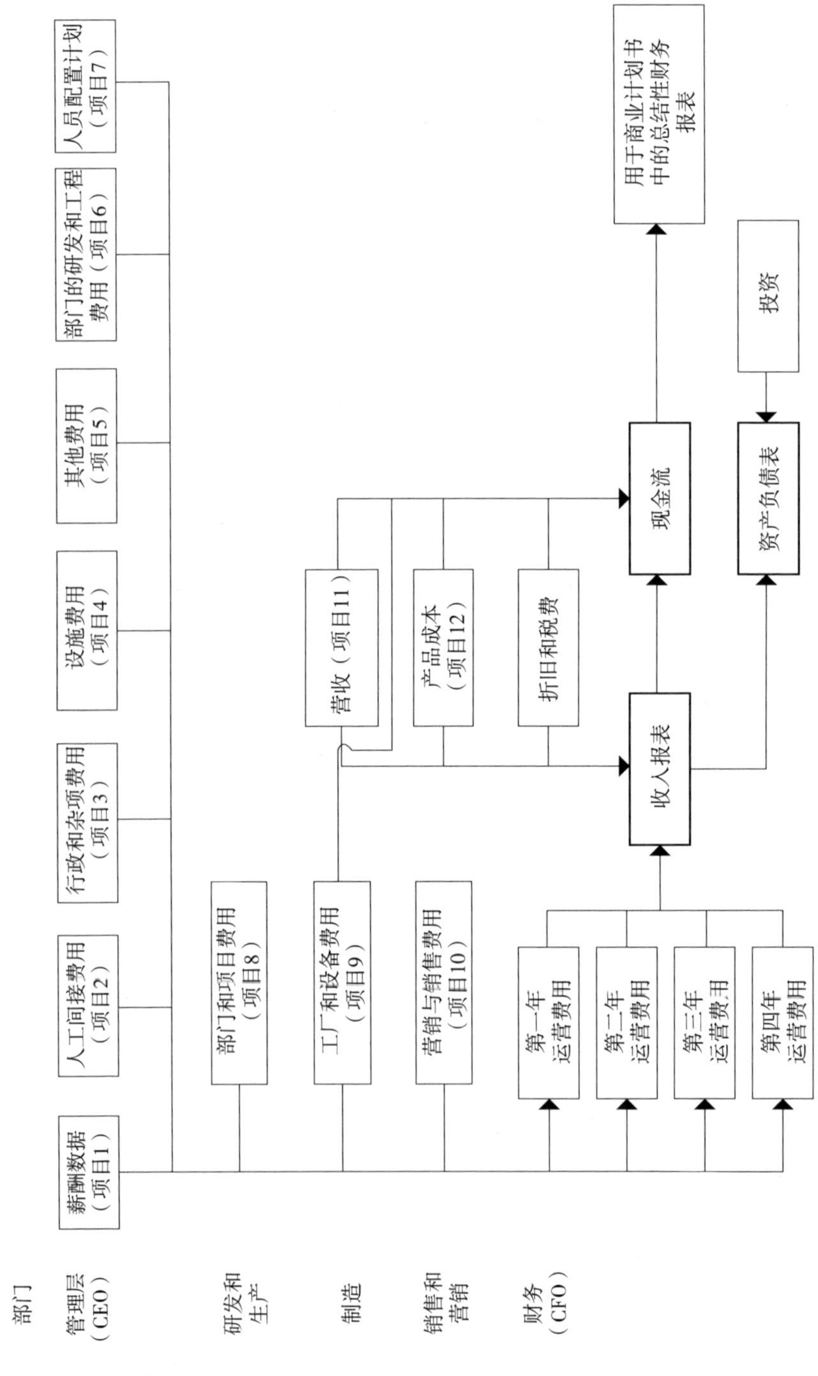

图 5-1 财务报表及其关系图

注：括号中的数字指上文中的分项信息。

预计财务报表的封面示例如图 5–2 所示。请注意，首页上应该有一份免责声明。这里给出的是一家股票公开交易并受美国金融业监管局（The Financial Industry Regulatory Authority，FINRA）监管的公司所使用的封面示例。免责声明的法律术语被称为谨慎提示（bespeak caution）①。建议你咨询公司律师，以便为自己的商业计划书找到最好的免责声明。

保密

公司标识

附件A：保密信息备忘录

预计财务报表

根据美国《1995 年私人证券诉讼改革法案》编写的“安全港”声明：本文件中的某些陈述和预测属于美国《1995 年私人证券诉讼改革法案》中的“前瞻性陈述”范畴。本文件中的信息包含“前瞻性陈述”，可通过前瞻性术语的使用（如“认为”“预期”“可能”“应该”“大约”“到目前为止”“预计”等）来识别，或考虑到这些前瞻性陈述所涵盖的未来成果将会实现。这些前瞻性声明将涉及大量已知和未知的风险、不确定和其他因素，可能导致公司实际的业绩和成就与上述前瞻性声明所表达或暗示的任何未来业绩和成就不相符。仅提醒读者不要过分依赖这些前瞻性声明。投资者在决定投资本公司股票前，应慎重考虑上述信息、本文件中包含的信息以及可在 www.sec.gov 上获得的公司文件。

第 1 版

2013 年 9 月 3 日

财务报表 1/21 页

图 5–2 预计财务报表的封面

① “谨慎提示”警告投资者，所谓的软信息（预测、预估和估算等）可能不会严重误导投资者。软信息必须有谨慎的措辞，也就是说，实际结果或事件可能与招股说明书或报告所提供的内容不同。

虽然对财务报表的编制方式没有明确的要求，但最好在第二页上写出简介，并列出文件中包含的具体的财务报表的清单。与企业财务状况相关的关键问题可能会在商业计划书中有所提及并给予解释，但这些关键问题也可能会在由 CEO 和 CFO 确定的财务计划中再次出现。

例如，使用 Excel 编制的电子表格应该按照上一小节中介绍的顺序进行准备。由于商业计划书的格式是 8.5 英寸①×11 英寸，因此财务附录也应采用相同的纸张尺寸。Excel 表格中的页边距应该为 1 英寸。

“综合”这个词在本文中用于表示电子表格程序能够使用单元格引用来收集和执行对其他单元格的操作。这种能力允许电子表格按照会计行业使用的标准做法来正确地处理数字数据，并构建财务电子表格。准备一套综合性财务电子表格的工作最好由一位会计经验丰富且精通电子表格软件（如 Excel）的人员来完成。

使用电子表格将为创业团队节省大量时间。所有必需的公式都可以内置在电子表格中，并为创业者突出显示可以输入的字段（如，驱动电子表格计算的假设），而且如果需要，所有字段都可以被修改（如，未受保护的单元格或公式）。在一套完整的财务报表中还有一些其他表格，本书中并没有详细介绍，读者可自行了解。

每个电子表格都可以通过以下简单的步骤粘贴到财务附录中：

- 突出显示要复制和粘贴的单元格（如“Ctrl+C”）；
- 在 Word 文档（财务附录）中的“粘贴”选项卡上执行“选择性粘贴”；
- 在下拉菜单中选择“图片（Windows 元文件）”，然后点击“确定”。

众所周知，人们可以轻松更改和操作电子表格程序（如 Excel）中的单元格来获得想要的效果。电子表格操作简单是投资者对创业者的任何财务预测都持批评和怀疑态度的主要原因之一。另一方面，一套精心准备的财务报表，加上逻辑性强、正当和合理的财务假设可以大大减轻投资者的怀疑和恐惧。财务报表附录的最后一个重要组成部分是财务假设。

---

① 1 英寸≈ 2.54 厘米。——译者注

财务假设及其正当理由

假设使财务电子表格中使用的数据得到了确认和合理化。如果没有完整且翔实的假设清单，就不应该向投资者提供商业计划书和相关的财务报表。假设是向投资者和潜在合作伙伴说明创业团队为验证企业的财务数据和财务状况所付出的努力的绝佳方式。

在商业计划书的附录中列出的财务报表定义了商业目标。虽然投资者可能认为这些数字不重要，尤其是产品销售和收入数字，但你肯定会努力寻找证据来支持这些数字。你在这方面做得如何将决定你最终保留多少股权。

图 5–3 至图 5–6 展示了采矿业某些企业使用的一些假设。与商业计划书的其他部分一样，财务假设应易于阅读和理解，并在适当的时候包括支持性的表格和数字。在本质上，这些假设显示了研究和分析的结果。财务假设的真实性、逻辑性和分析的可证明性越强，财务报表（连同商业计划书）就越有说服力。

上一小节中描述的项目 1 至项目 6 是最容易识别、量化和验证的。它们主要由固定成本构成，而且构成了企业的基础架构，几乎不随销售和生产水平而变化。请务必酌情保留财务假设背后的“文件”，以防投资者可能要求进一步查看。

项目 7 通常由 CEO 制定，并根据需要进行调整，以便在后期分配基础设施和人员费用时与销售和收入预测相适应。

项目 8 部门费用和项目 9 厂房和资本支出是由研发和制造团队制定的。财务假设应该被清楚地记录，并用于支撑财务报表。在很大程度上，这些数据是在经过适当的调查和研究后确定的。然而，重要的是要确保设备适合未来预期的生产需求。虽然技术人员不太擅长熟练地记录他们的工作，但重要的是创业团队中要有人负责假设的准备工作。这样，这些假设才能清晰、完整地被记录，并适合投资者阅读。

项目 10 营销和销售费用应该具有从营销与销售计划中提取的适当的假设。

机密

公司标识

关于财务预测的几点说明

一套完整的财务报表由各种表格组成。

表 A–1

1–1　从其他相关表格中提取的数据。

表 A–2　预估资产负债表

2–1　**应收账款。**假设是收入的 6%。该公司预计，通过直接购买或谈判达成协议，有望在 30 天内获得浮选金精矿。然而，预计正常的处理周期将在 1 至 5 天的时间内将浮选浓缩物转化成金银金银锭。鉴于这种快速转化，管理层认为可以假设 A/R 接近于零。所以，出于财务预测的目的选择了 6%。

2–2　**库存。**假设是收入的 1%。由于浮选金精矿处理时间短，本公司基本上没有或只有少量库存。一些设备将用于储存处理化学品和备件。鉴于这种情况，管理层认为 1% 的库存是合理的。

2–3　**应付账款。**假设是总利润的 6%。该公司预计，通过直接购买或谈判达成协议，有望在 30 天内获得浮选金精矿。然而，预计正常的处理周期将在 1 至 5 天的时间内将浮选浓缩物转化成金银锭。鉴于这种快速转化，管理层认为根据总利润确定的 A/P 更具代表性。所以，出于财务预测的目的选择了 6%。

2–4　**应计费用。**假设是总利润的 6%。

表 A–3（a）、表 A–3（b）、表 A–3（c）、表 A–3（d）经营第一年至第四年的固定成本

3–1　**人员成本。**根据表 A–10 的员工人数数据和表 A–9 的薪资数据计算。

3–2　**出差及营销费用。**根据管理层的预估。

表 A–4　收入预测

4–1　**收入。**该公司的收入基于以下假设：该公司将购入专门的设备，将浮选金精矿加工成由金和银组成的高纯度冶炼用黄金。加工设备（最初可移动）和之后固定的两台设备将由公司运行和制造。生产能力来源于其他电子表格中提供的数据。众所周知，形成一个或多个合作伙伴关系或成立合资企业可能会改变固定设备的数量、规模和时间安排，但无论在哪方面，公司都希望实现生产能力是现实的问题。

财务报表　　　　1/5 页

图 5–3　财务假设（第 1 页）

机密

公司标识

4–1.1 **黄金回收率。**该公司的首席科学官（Chief Scientific Officer，CSO）根据之前对该过程的直接经验做出估计。

4–1.2 **银可回收金属。**该公司的 CSO 根据之前对该过程的直接经验做出估计。

4–1.3 **银的定价。**2008 年 6 月 25 日，银的市场价格为每盎司 16.67 美元。银价变化受包括石油价格波动在内的多种因素的影响。管理层认为将价格定为当前银价的 95% 是合理、保守的。

4–2 **银回收率。**该公司的 CSO 根据之前对该过程的直接经验做出估计。

4–3 **过滤产品。**该公司已经对三个主要市场的收入进行了估算，但仍需要在第二年获得更完整的营销数据来验证预测。

表 A–5 预估现金流量表

5–1 从其他相关数据表格中提取数据。

表 A–6 公司设备费用

6–1 管理层基于美国加利福尼亚州旧金山湾区的一般预期费用进行预估。

表 A–7 研发费用

7–1 **研发费用。**该公司的 CSO 根据以往对该过程的直接经验做出估计。

图 A–8 直接人工间接费用预估

8–1 **直接人工间接成本预估。**根据美国加利福尼亚州的休假津贴以及湾区员工通常期望的假期进行预估。

表 A–9 薪资假设

9–1 **人事和薪资。**必要时由管理层决定，以保留公司所需的高素质人才。

表 A–10 员工数量

10–1 **人员。**支持公司发展所需的职位和招聘这些人员的时机是根据管理层的经验以及制造、生产、营销、销售、业务发展和管理工作（包括财务管理和专业建议）等方面的需求来确定的。特定人员的任期取决于公司的发展情况和可用资金的数量。

财务报表 第 2/5 页

图 5–4 财务假设（第 2 页）

机密

公司标识

表 A-11　厂房和设备资本支出

11-1　**初级采矿企业。**根据拜访几家初级采矿企业的估计，它们倾向于提供浮选金精矿，一般在 1 吨 / 月至 2 吨 / 天之间。目前有大量的初级采矿企业，假设其中有五家工厂可以与一家试点工厂可以进行现场作业。10 家企业可以向该公司出售浮选金精矿，这需要运输这些企业的大中型固定厂房。

11-2　**主要采矿企业。**根据对几家主要采矿企业的拜访，明确它们购买公司产品的意向。目前有多家主要采矿企业，假设其中有 10 家工厂可以以 4 吨 / 天或 120 吨 / 月的速度处理现有的浮选金精矿。

11-3　**浮选金精矿的重量（吨 / 批）。**批量处理单元的规模是公司根据其对移动或固定工厂处理少量浮选金精矿的现有技术和设备的了解而确定的。

11-4　**设施费用。**根据公司管理层在与熟悉矿石加工设备的矿山操作人员讨论后的意见决定。

11-5　**工厂启动成本。**根据公司管理层在与熟悉矿石加工设备的矿山操作人员讨论后的意见决定。

表 A-12　从实验室过渡到试制工厂的费用

12-1　**直接劳动消耗（月）。**该公司的 CSO 根据之前对该过程的直接经验做出估计。

12-2　**直接采购成本。**该公司的 CSO 根据之前对该过程的直接经验做出估计。

12-3　**其他直接成本。**该公司的 CSO 根据之前对该过程的直接经验做出估计。

12-4　**资本设备成本。**根据新设备和 / 或处于条件状态的现用设备（包括用于服务 ICP-OES 的辅助工具和设备）定价。定价需获得公司 CSO 的认可。

12-5　**咨询费。**外部顾问曾在约翰霍普金斯大学与该公司的 CSO 一起工作，拥有对研究有价值的知识和技能。

12-6　**规模化。**该公司的 CSO 根据之前对该过程的直接经验做出估计。

表 A-13 产品成本预估

13-1　**浮选金精矿中的金含量。**浮选金精矿的精度因矿而异，一般在 4 盎司 / 吨至 10 盎司 / 吨不等。6.2 盎司 / 吨被视为该公司希望处理的最低量。

财务报表　　第 3/5 页

图 5–5　财务假设（第 3 页）

机密

公司标识

13–2 **金的定价。**2008 年 6 月 25 日，黄金的市场价格是 886.20 美元 / 盎司。金价的变化受多种因素的影响，其中包括非常不稳定的石油价格。管理层认为将金价定为目前市场价格的 95% 是合理、保守的。

13–3 **浮选金精矿的购入价格。**根据与初级采矿企经营者的非正式讨论，管理层认为，对于相对“清洁”（无汞污染）的黄金矿石，可以以最高 95% 的成本购买浮选金精矿，而对于汞污染的黄金矿石，则可以以占黄金含量市场价值 70% 的成本购买浮选金精矿。黄金含量由采矿人员通过测试来确定。管理层认为近况的含金量为 85% 是合理保守的值。

13–4 **氰化钠（NaCN）单位成本。**基于管理层的非正式调查。

13–5 **浮选金精矿中的氰化钠含量。**基于实验室的初步观察。

13–6 **氰化钠潮解。**该过程造成的化学物质潮解由管理层预估。

13–7 **氯化氢含量。**基于实验室的初步观察。

13–8 **氯化氢损失。**基于管理层的非正式调查。

13–9 **形成提取方案。**该过程造成的化学物质损失由管理层预估。

表 A–14 未使用或保留成本

表 A–15 研磨费用

15–1 **磨机费用。**管理者预估可能会在加工有问题的矿石的过程中获得磨机费用。马斯顿（见表 A–15）根据一个简单的公式给出了 24% 的费用。该公司还聘请了一位顾问，与矿山经营者商讨出了至少一种矿主收取金矿石加工费用的方案。最上面表格中展示的数据和信息是于 2006 年 1 月收集的。数据显示，清洁的金矿石的磨机费用为 21%，这与马斯顿提供的数字非常接近。2008 年更新了各项影响因素后，清洁的金矿石的磨机费用变为 17%。数据的更新基于采矿行业的实际情况，也就是说，汞污染的金矿石的磨机费用可能为 30%。

财务报表 第 4/5 页

图 5–6 财务假设（第 6 页）

用于确定收入的财务假设，即项目 11 是财务报表中最重要的部分之一，实际上，它也是整个商业计划最关键的部分之一。当然，收入主要取决于产品（或服务）的销售。如果销售预测无法实现，企业的生存就可能会受到威胁。投资者将密切关注这一领域的假设。严谨合理的假设会使重要的投资者产生更大的兴趣；而缺乏支持的假设则会降低投资者的兴趣。投资者往往会低估销售预测，他们会假设实现任何预期的销售都是极不可能的。在很大程度上，他们是正确的。

项目 12 销售成本是由生产团队制定的，这通常需要大量的研究、思考和分析。生产产品有多种方式，从有组织的方式（如购买设备、人员招聘、生产流程开发等）到完全外包（即由另一家公司承包生产该产品）。因此，产品如何生产、如何提供给客户以及如何在所属领域获得支持都具有重大的战略影响。在企业发展初期，生产环节可能适合被外包；而事实上，直到可以评估产品的市场接受度和企业的生存能力，在此之前，投资者可能更喜欢选择节省资金。无论决定采取何种战略方法，与产品生产相关的成本，包括设备、人员和材料的所有基础设施都必须被确定并记录下来。当然，假设也必须像以前一样，以投资者容易理解的方式记录下来。

与商业计划书一样，财务预测会随着越来越多的信息得到确定、假设得到修正而随时发生变化。财务假设列表是追踪过去和当前财务假设的好方法。随着商业计划书版本的变化，财务报表和假设的版本也应该做相应的修改，从而实现一一对应。

总而言之，假设必须合乎逻辑，并尽可能基于实际的事实数据，不给投资者留下产生争议或展开谈判的余地。

随着用于编制财务报表的假设的完成，预计财务报表也就完成了。它可以被保存在商业计划书的附录中。然而，这个附录是一个单独的文件，并不会附加在商业计划书中。如前所述，商业计划书将包含财务报表的简明版本。预计财务报表只向那些表示要继续评估的投资者披露。是否披露预计财务报表将取决于企业的 CEO。

财务绩效建模

对 CEO 和 CFO 而言，一套完整的综合财务报表是一个强大的工具。它是一种动态工具，因为当假设发生变化时，财务报表也会随时更新，以确定新的预期业绩。如果企业被认为没有实现预期的业绩（无论是净利润还是对投资者和创业团队的价值），那么企业就可以改变用于确定财务预测的假设和相关因素，直到实现令人满意的财务绩效。这可能意味着人力资源发生了变化（如人员数量、职位类型等），或生产团队通过进一步分析调整了销售成本，或通过改变营销与销售计划的策略要素而提高了销售预期。

对财务报表进行“修补”是不可避免的。如果要对有关企业经营能力的问题做出诚实的回答，就要由 CEO 和创业团队以诚实的态度完成这件事。“诚实”这个词意味着，CEO 和高管团队必须实事求是地做出假设，而不是为了获得预期的结果而忽视它们，特别是当现有的证据表明出现了不同的，甚至可能是不太有利的假设的时候。

从某种程度上说，无论出于何种目的，CEO 都会满意于财务情况足以支持商业计划书的撰写。这些综合财务报表使 CEO 和 CFO 能够在某些假设可能发生变化时研究企业和财务绩效将如何变化。例如，由于种种原因，产品的销售情况可能不如预期。如果产品的销售额是预期的 50%，这会对企业有何影响？如果销售额是预期的 150% 呢？如果销售成本比预期高 25% 呢？或者需要更多的销售人员呢？实际上，任何场景都可以使用综合性财务报表建模。

在运用综合财务报表前，CEO 有必要确定已售出产品数量的盈亏平衡点。盈亏平衡点是指既不会给企业带来利润，也不会造成亏损的产品销售水平。待售产品数量的盈亏平衡数量（Q）可以从以下公式得出：

Q = 固定成本 / 毛利率

其中，

毛利率 = 单位销售价格 – 单位销售成本

产品销售收入和其生产成本之间的差额被称为产品利润或毛利率。这是一个需要了解的重要数字，因为其数值经常被用作衡量业绩的指标。利润率可以用绝对值表示，也可以用最常用的销售额百分比表示。

CEO 通过待售产品数量的盈亏平衡数量可以了解到财务报表所反映的实现预期财务绩效所需的销量。这种盈亏平衡的概念可能应用于整家企业，可以通过改变单位产品销量，直到实现零利润来实现。CEO 通过毛利率可以了解到可用于销售的产品的净盈利能力。盈亏平衡和毛利率是 CEO 和 CFO 在与投资者谈判时要掌握的重要数据。

不难看出，收入、销量和销售成本是紧密相关的。如果不能以合理的方式对它们进行调整，以产生可接受的毛利率，那么企业可能就会出现问题。

财务绩效的模拟可以通过两种不同的方式进行。使用第一种方式时，我们可以假设销售成本在可产生利润的产品的数量范围内是合理和准确的，待售产品的数量是变化的，以实现以净利润或净利润百分比（利润 / 收入）衡量的财务绩效目标。使用第二种方式时，为了实现预期的财务绩效，我们可以使用理想的单位产品销量来确定目标销售成本。无论使用哪种方法，最终目标都是随着时间的推移“量身定制”产品的销量、定价、销售成本和基础设施成本，从而确定企业实现盈亏平衡所需的投资。

财务模型还包括很多其他因素。例如，CEO 寻求融资时的资本市场情况会影响投资成本（就股权而言）。如果投资者提出了更高的要求，可能就会促使 CEO 重新评估财务报表中使用的假设，以减少对资本的需要。如果资本市场处于活跃时期，CEO 可能就会基于更激进的商业计划书和财务计划来寻求更多的融资。

The Smart Entrepreneur

第6章

机会评估

任何一家企业的价值，无论其是否有收入，都是通过两个或两个以上有意愿的群体基于众多因素进行协商而决定的。[①] 对于未实现收入的初创企业而言，确定其价值是一种挑战，因为各方可能对价值都有截然不同的看法。对投资者而言，当务之急就是平衡可感知的风险与其投资目标和“参与其中”的愿望之间的关系；而对创业者而言，他们的动力是获得投资，以开启创业之旅。

当然，投资者希望在不影响创始人积极性的前提下，尽可能多地获得初创企业的股权。创始人要尽量保留足够的股份，在保持自己对企业的控制权的同时，让挑战变得更有价值，直到他们找到其他人来专业化地管理这家新企业。因此，创始人为获得所需投资而放弃多少股权是所有初创企业的核心问题。

在与潜在投资者进行谈话之前，创始人和高管团队需要对初创企业的估值以及他们自己对初创企业的合理估值有很清楚的了解。本章将分别从创业者和投资者的角度对估值进行介绍。

现金流贴现分析

现金流贴现（Discounted Cash Flow，DCF）分析是一个财务方面的概念，用来说明未来在对设备、业务、抵押合同、债券和股息等的投资中所获得的现金流价值。现金流贴现分析也经常被用于评估和比较不同的潜在项目，每个项目都有

① 对于那些未实现收入的企业而言，影响价值的相关因素是潜在的未来收益和股价的增长，而现有企业的价值将根据其收入、净利润、资产、负债、专利、固定资产（如设备等）来确定。

自己独特的投资和回报。在对初创企业进行估值时，虽然这种分析方法简单易用，但也有局限性，我们将对此进行解释。然而，了解现金流贴现分析对创业者而言非常重要，因为它提供了一种量化的、基于财务准则的新风险估值方法。

在了解现金流贴现分析之前，我们先解释一些术语。首先，现金流贴现的核心概念是通过分析一系列未来的自由现金流①来确定其当前的价值。这与将钱存入银行，并随着时间的推移提取利息（银行账户的余额将随着时间的推移和利率的提高而增加）的概念完全相反。对于现金流贴现而言，我们使用了“贴现率”这个术语。贴现率与利率类似，但贴现率用于将未来价值（future value，FV）“贴现”为现值（present value，PV）。

考虑到现金流会随时间变化，甚至可能从负到正，然后再变回去，我们就用净现值（net present value，NPV）来说明现金流的变化。贴现率（i）、PV 和 FV 之间的关系可以用以下公式表示：

$$FV=PV\times(1+i)^n$$

其中，n 代表利率或贴现率对应的周期数。例如，利率为每年 10%，为期 5 年（n=5），PV 为 100 美元，那么 FV=100 美元 ×（1+0.61），即 161 美元。如果为期 5 年，FV 为 161 美元，贴现率为 10%，那么现值就是 100 美元。

表 6-1 展示了另一个现金流贴现分析的例子。表中列出了某企业从第一年到第五年每年的自由现金流。利用上述公式能够计算出每年自由现金流的 PV，然后求和。贴现率为 27% 时，净现值为 0。选择其他贴现率，或高或低，净现值都会或高或低。当选择的贴现率使净现值为 0 时，这个贴现率被称为内部收益率（internal rate of return，IRR），这是专业投资者用来衡量投资业绩的常用术语。例如②，27% 的内部收益率是天使投资者和风投公司所做的投资组合的共同目标。当然，一些被投资企业可能会成功，但其他很多企业都可能在不同程度上失败。

---

① 自由现金流是一个财务术语，一般由利润加上折旧和摊销，再减去营运资本和资本支出的变动来确定。

② 这个例子暗示着，投资者不仅进行了一项投资（并没有展示）来抵销第一年和第二年的负现金流，而且还获得了之后几年的正现金流。在现实中，正现金流将用于扩大业务、为投资者发放股息以及其他有益的活动。投资者将在未来退出时获得回报。

表 6–1　现金流贴现与净现值

内部收益率	年末的自由现金流（单位：千美元）				
27%	1	2	3	4	5
自由现金流	–400	–150	26	400	800
第 0 天现值	–315				
第 0 天现值		–93			
第 0 天现值			13		
第 0 天现值				154	
第 0 天现值					242
净现值	0				

表 6–1 进行的分析省略了投资或企业的终值。终值也被称为剩余价值或续营价值，是企业在一段时间结束（通常是专业投资者退出）后接下来若干年的价值。剩余价值表示企业将继续为投资者以外的其他各方产生现金流收益。

由于初创企业将在未来几年中处理较大的自由现金流，因此终值及其计算方式非常重要。在专业投资者持有五年[①]后，被投资企业在未来几年仍可能保持较快的发展速度，这对企业的终值也有很大的影响。

幸运的是，有一个简单的方法可以计算出企业的终值：终止年的自由现金流（又被称为收益）乘以假设的价格 / 收益（price–to–earnings，P/E）比率（即市盈率）。假设的 P/E 比率是根据属于相同或相似行业的上市公司的可比市盈率得出的，并可以根据多种竞争和经济因素进行调整。例如，如果一家初创企业的自由现金流收益在第五年时预计是每年 80 万美元，在市场或行业中竞争的企业的市盈率为 12，那么企业估值在第五年时预计为 960 万美元。这时，我们假设初创企业已经上市。

表 6–2 展示了企业终值是如何通过贴现而得到现值的。风投公司对发展前景良好的公司经常使用的贴现率是 50%。很明显，终值的确定是对潜在盈利机会的投前估值的一个重要方面。

① 典型的投资者会在五年至八年退出。

表 6-2 现金流贴现与终值

贴现率	年末的自由现金流（单位：千美元）					P/E=12
50%	1	2	3	4	5	终值
	–400	–150	26	400	800	9600
第 0 天现值	–267					
第 0 天现值		–67				
第 0 天现值			8			
第 0 天现值				79		
第 0 天现值					105	1264
净现值	1123					

表 6–2 显示，该初创企业的净现值为 112.3 万美元。如果投资金额为 55 万美元[①]，那么投资者所有权（在后续几轮投资没有任何稀释复杂性的情况下）将为 33%（550 000 美元 /1 673 000 美元）[②]。在本案例中，估值中并没有包括资产（如设备、设施和现金）的价值，但在实际情况中会将资产的价值包括在内，尤其是当现金数额较大时。

现金流贴现分析的假设准确性取决于驱动计算的自由现金流假设的准确性（当然，还有贴现率）。对于一家初创企业而言，如果不重视净现值（即企业估值）计算的敏感性，很可能就导致对机会的投前价值给出有误导性的结论。创业者还应该记住，尽管现金流为正，但终值才是初创企业净现值的主要组成部分。产生正现金流的年份较少，越不利于企业缓慢发展正现金流。这正是为什么“获利时机”和收入增长率对企业和投资者如此重要。

虽然专业投资者对未实现收入的企业使用现金流贴现分析法存在争议，但这种方法还是被经常用于对各种销售和费用场景进行的敏感性分析。现金流贴现分析还可以与其他方法一起使用，对未实现收入的企业进行大致估值，我们将在下

① 第一年和第二年的负自由现金流之和。

② 在这个例子中，企业维持了正现金流，为回报等待五年的投资者获得终值的 49%，假设这发生在投资者出售其在公司的权益时。

一小节进行介绍。专业投资者还有很多经验法则，他们可能会仔细研究各种估值方法，试图“划定”初创企业的估值范围，为最终决策和出价做准备。

专业投资者的视角和方法

专业投资者在初创企业估值方面有着丰富的经验。虽然他们经常使用定量方法（如现金流贴现）和我们介绍过的很多其他方法，但他们也会使用一些简单的方法对那些未实现收入的企业进行估值。我所听过的最简单的方法正如一位风险投资家所说：“你们两个家伙加上一份信得过的商业计划书就值 200 万美元。”这个结论是在一番电梯游说和五分钟的谈话之后得出的。投资者可能认为他听到了一些有价值的内容，尽管没有人会将这句话当成承诺。这位投资者使用的经验法则就是一种简单的方法。

基于我刚才讲的故事和网上可以查到的相关信息，我们不难想象一个有专利支持的伟大创意，加上一支由三四位具有专业技术的高素质成员组成的创业团队和一份可靠的商业计划书就可以获得 300 万至 400 万美元的投前估值。我有理由认为这些“快速”估值方法对于大多数初创企业而言是合理的。当然，如果一个机会的价值仅仅建立在优秀创始人人数乘以 100 万美元的基础上，那么只有在那些参与其中的专业投资者进行了大量的尽职调查之后，这个机会才能得到验证。对那些缺乏经验的创业者而言，这种简单的估值方法有助于他们在对商业机会进行更认真的评估之前树立信心。

除了运用经验法则，投资者还依赖于他们所在行业的历史数据。例如，2012 年，在投前估值为 270 万美元的情况下，平均天使投资额为 341 800 美元。另一项有可靠来源的数据汇总了 783 项交易，其结果显示，2011 年和 2012 年，初创企业的投前估值均为 250 万美元。另有一些数据显示，处于种子期和创业初期的企业的投前估值约为 260 万美元。一项针对互联网、数码媒体、软件等行业的初创企业的天使投资和风险投资的调查显示，2011 年，它们的投前估值为 380 万美元，而根据 2012 年的 61 笔交易来看，这一估值的中值为 460 万美元。很明显，这与市场和行业的特殊情况有关。启发式方法（或称经验法则）提供了与天使投资或风投公司记录的实际投资相匹配的投前估值。

尽管有上述投前估值的平均数据，但出人意料的创意将获得优于平均的估值和投资。对处于早期阶段的企业投资[①]（和估值）也表现出很大的差异，这取决于市场和行业、被投资企业提供的产品和服务的相关性，以及本小节介绍的很多其他相关因素。

数据显示，对于处于初创期的企业的投资低至4.3万美元、高至3000万美元不等，这说明创业者不应该认为自己会受到数据或平均情况的限制。

除了现金流贴现分析法，还有一些其他的定量分析法。风险投资法（venture capital method，VCM）是一种相对简单的定量方法，经常被专业投资者用于估值。风险投资法关注的是企业在预期退出时间的净收入终值和所属行业及其竞争对手的市盈率估值，然后基于选定的贴现率计算现值。这种方法与我们在上一小节介绍的方法相同：

投前估值=[行业市盈率净利润（税后）]的净现值

净现值取决于投资者选定的贴现率。对于处于种子期的初创企业而言，60%的贴现率并不罕见，因为这代表投资者希望在五年内获得10倍的回报。一家更成熟的初创企业在计算净现值时可能会使用40%的贴现率（即三到四年内获得五倍的回报）。随着企业发展成熟，并证明自己的风险越来越小，就有可能以较低的贴现率获得后期投资。

毫无疑问，风险投资法将受到所选贴现率的影响，因此这种方法通常使用"标准"利率，投资者也有根据其他因素（如他们的直觉、机会受市场的欢迎程度、与感知"风险"因素相关的"贪婪"因素和投资者之间的竞争等）对估值做出调整的权力。

专业投资者还可以研究初创企业对年末收入的预测，并用这个值（毛收入）乘以与新的风险投资机会相匹配的市场和行业中当前竞争对手的收入乘数。如前文所述，终值折现返回当前时间。因此，

投前估值=[(收入乘数)× 毛收入]的净现值

① 为了分类，我们认为一家初创企业将经历种子期、初创期和接近盈利的成熟期。

一些投资者使用的其他方法依赖于对某个关键要素的绝对货币价值的分配，如管理团队或 CEO 的素质、创意的受欢迎程度、已经获得或正在申请的专利、概念验证装置和工作原型以及董事会的能力等。投资者可以选择自己认为最能代表企业投前估值的因素，并设置一个金额。投资者选定因素并设定金额后，只要将它们简单相加就可以得到投前估值。

Berkus 估值法①为管理团队、创意、产品原型、董事会以及产品的发售和销售这五个要素设置了从 0 到 50 万美元不等的价值。在使用这种方法时，未实现收入的初创企业的最高估值为 250 万美元。

计分卡估值法（Scorecard Valuation Method，SVM）认真研究了对目标细分市场中未实现收入的企业进行的投前估值，并根据以下七个关键指标（七要素的权重如下所示）进一步调整中位数数据：

- 创业者及其管理团队的能力（30%）；
- 机会的大小（25%）；
- 产品和知识产权的实力（15%）；
- 竞争环境（10%）；
- 营销 / 销售 / 合作伙伴（10%）；
- 是否需要额外投资（5%）；
- 其他（5%）。

计分卡估值法使用的是一种 +/–0/– 的定性方法体系来评估任何特定要素对最终选定的指标数值的影响。

还有很多估值方法，它们的主要目标都是帮助专业投资者，尤其是天使投资者，不在与现行标准不成比例的投前估值和投资的情况下做出投资决策。对创业者而言，了解这些方法很有用，尤其在当估值问题最终有望得到讨论时。

综上所述，专业投资者会使用各种定量或半定性的方法对处于种子期的企业

① Berkus 估值法于 2009 年在美国得克萨斯州举行的天使基金协会（Angle Capital Association，ACA）领导人工作坊中首次被提出。著名的天使投资人戴夫 · 伯克斯（Dave Berkus）对其进行了完善。

和初创企业估值，如启发式（经验法则）方法、市场或行业的投资可比性、预估的企业终值净现值[①]和个别风险要素估值。

创业者不需要为估值问题伤脑筋，特别是当他们认真编制了一套完整的财务报表，并进行了下一小节所介绍的分析时。

初创企业的创业价值评估

当我们完成了第 5 章介绍的一系列财务预测，我们就可以使用现金流贴现法计算出初创企业的净现值。图 6-1 展示了一份可以整合进现金流表的 Excel 表格。

P/E@8

根据财务预期日期　2014 年 9 月 18 日

退出年：5　　退出季度：4　　估值为 ×1000 元

年	第一年				第二年				第五年			
季度	1	2	3	4	1	2	3	4	1	2	3	4
EBITA	−505	−463	−326	−227	−400	−151	−13	290	653	1356	1812	2553
终值	0	0	0	0	0	0	0	9287	20 895	43 392	57 984	81 709

注意：第三第四年数据省略以显示更明晰。

投资		
股票销售	2134	
融资（净）	2072	
成本 @3%	62	
总融资需求	2134	
	第 0 天融资	投前估值
撤资时估值	81 709	
撤资时企业净估值	8168	6034
投资净估值	2134	
投资者所有权	26%	
投资者乘数	10	
年回报率	59%	

图 6–1　利用现金流贴现法进行投前估值表

① 在尽职调查的过程中，投资者可能会审视创业者的财务计划，并认真研究假设、计算和预测，从而自己确定初创企业的现金流产生能力和终值。

在实际应用中，以财务预测为基础的任何结构和假设的变化都将立即反映在初创企业的净现值上。如上一小节所述，企业终值是基于风险投资法计算的。为了说明这一点，我们假设初创企业希望进行一次投资以实现盈利，而且不存在分期投资的问题（详见第 8 章）。

假如在对创始人（尤其是 CFO 或主管财务架构的人员）进行了真实且适当的尽职调查后完成了财务计划，那么使用现金流贴现法和对终值（在假定投资者退出时）的预估就可以为初创企业提供一个可靠的估值。这种净现值的计算方法以及所有支持性的财务报表都仅供企业内部使用，不应向投资者公开。

出于对企业的投资定位的考虑，销售预测增加一些是合理的。

例如，可以选择 25%① 作为贴现率来计算可能得到的最大的合理估值，以充分期望投资者最终会稍微降低对销售额的预期。这种净现值的计算方式以及调整后的营销与销售计划、财务计划和商业计划书都可以向投资者公开，并被视为“基础”。

投资者可能会要求创业者提供销售收入减半时的估值。所有创业者现在都应该知道，这样做的影响是企业的终值和净现值可能会大幅减少。这种假设虽然在投资者看来非常谨慎，但却将创业者置于不利地位，因此，要想回到创业者认为的合理估值就很难了。

除非营销与销售计划能够为销售预测提供强有力的支持，否则要根据净现值计算和财务架构来进行估值是非常困难的。因此，从战略角度看，销售预测最好是基于营销与销售计划，而不是商业计划书（商业计划书仅是一份总结）中的数字进行。

制订营销与销售计划必须经过充分的研究和准备，而且创业团队必须认真对待此事（如讨论其有效性）。向投资者解释营销与销售计划并不意味着他们会接受这些数字，但至少能够防止他们对销售预测失去信心。在最终的分析中，创业团

① 这种对销售预测的调整会影响终值，并且可以通过多种方式实现。例如，通过适当延迟首次销售（以避免不确定性）和前几年的销售增长来弥补。这一特定的假设将提高估值，也将提高对初始投资的需求。

队可能会再次根据营销与销售计划，以 25% 的销售折扣作为妥协与投资者进行谈判。当然，这是一种理想的情况，但如果销售预测被预先设定为最高的合理值，那么即使 50% 的销售折扣也是可以承受的。

这种方法很有希望（理想情况下）帮助创业者回到或接近自己最初的定位和最好的预测。按常理，创业者不应该承认自己有任何"操控"数字的行为，但简单地假设自己能够适度地超出内部预测却有助于创业者确定自己的定位。定位场景的提出是为了帮助创业者获得公平合理的估值意见，当然，投资者会有不同的观点。请记住，投前估值最终是通过谈判确定的。所有这一切都与定位有关。

估值指引

创业者应该意识到，投资者必须通过他们的内部流程才能决定（1）是否参与企业的发展；（2）是否对投前估值有意见；（3）所需的投资。然而，投资者通常在没有完全公开他们所使用的方法和流程的情况下就得出了一个估值。

假设企业面临的机会非常吸引投资者，营销与销售计划、财务计划和商业计划都经过了充分的考虑，那么接下来依次要考虑的就是以下三个对估值至关重要的定量要素：

- 基于投资者目标现金回报率的贴现率；
- 投资者想要退出时的预期自由现金流【或净利润或息税折旧摊销前利润（EBITDA）】；
- 基于预期现金流和市盈率（或收入乘数）的终值。

贴现率可能会有问题，因为投资者对风险和回报有自己的思考。

表 6-3 展示了一些收入乘数和年份的内部收益率的计算结果。对投资者和创业者而言，阴影区域的内部收益率都不实际，只有非阴影区域才是可以用于计算和讨论的内部收益率。在所有其他因素都相同的情况下，内部收益率越低，风险越小；内部收益率越高，风险越大。

表 6–3　不同投资乘数和年份的内部收益率

	投资额偿还前年限					
乘数	2	3	4	5	6	7
1	0%	0%	0%	0%	0%	0%
2	41%	26%	19%	15%	12%	10%
2.5	58%	36%	26%	20%	16%	14%
3	73%	44%	32%	25%	20%	17%
4	100%	59%	41%	32%	26%	22%
5	124%	71%	50%	38%	31%	26%
6	145%	82%	57%	43%	35%	29%
6.5	155%	87%	60%	45%	37%	31%
7	165%	91%	63%	48%	38%	32%
8	183%	100%	68%	52%	41%	35%
9	200%	108%	73%	55%	44%	37%
10	216%	115%	78%	58%	47%	39%
10.5	224%	119%	80%	60%	48%	40%
11	232%	122%	82%	62%	49%	41%
12	246%	129%	86%	64%	51%	43%

图 6–2 展示了投前估值、所需投资与贴现率之间的关系。创业者对投前估值和所需投资的了解（或至少是观点）可以与能够实现这些财务目标（如投资和估值）的贴现率联系起来。

例如，如果创业者预计投前估值为 350 万美元，所需投资为 200 万美元，那么贴现率将为 40%。计算公式很简单：

投前估值 =（1/ 贴现率 –1）× 所需投资

理想情况下，创业者将提供一份可靠的营销与销售计划，使对预期自由现金流的讨论变得更容易（尽管还是有压力）。当然，终值也可以通过协商确定。如前文所述，这些讨论可能不会发生，但如果发生了，创业者就应该做好讨论每个量化项目的细节的准备。

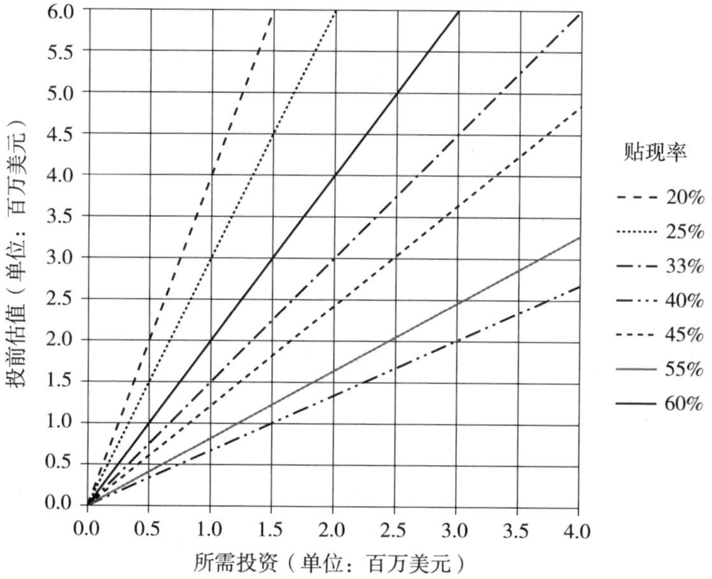

图 6–2　所需投资、投前估值和贴现率的关系

之前介绍的确定净现值的方法对创业者而言是“最好的情况”，因为它提供了最有利的高估值。投资者可能会因为多种原因而提出反对意见。为了帮助创业者根据定性要素做出更现实的估值预测，我们提供了“创业计分卡”，如表 6–4 所示。

表 6–4　估值要素

标准	种子预备期	种子期	初创期	分数
销售实体化	没有营销与销售计划	可靠的营销与销售计划	完美的营销与销售计划 + 销售支撑数据	
	0	10~14	24~30	
专利保护	临时专利申请	专利申请完成	获得专利	
	0~4	5~8	12~15	
CEO 领导力	没有或几乎没有经验	经验不足，但有天赋	经验丰富、有才能	
	0~4	5~8	12~15	

续前表

标准	种子预备期	种子期	初创期	分数
高管团队留任	1 位关键人物	2 ~ 3 位关键人物	4 位关键人物	
	0~4	5~8	10	
产品－市场匹配	未经证实	有一些证据支持	已证实	
	0~4	5~8	10	
策略、财务计划、商业计划	没有或质量很差	可靠	完善	
	0~4	5~8	10	
其他风险因素	实质性的	名义上的	只有执行过程中存在	
	0~4	5~8	8~10	
R（值占净现值的百分比）	0~24	40~62	86~100	
相当于净现值的折价	76~100	38~60	0~14	最终分数

计分卡[①]为自我估值确定了七个标准。表6–5中间的三列显示了初创企业的三个发展阶段，即种子预备期、种子期和初创期。每个阶段的描述都提供了一个分数范围。创业者可以在最后一列输入一个分数，该分数反映了他对初创企业或已成立企业现状的看法。然后，可以在表格底部对每个分数进行汇总求和。

初创企业的实际净现值的计算方法为：

实际净现值 = 最大可信净现值 × R

因此，例如，创业者对初创企业现状打出的分数为 68%（R=0.68），依照前文计算出的净现值为 615 万美元，那么假设的实际投前估值将为 0.68 × 600 万美元，即 418 万美元。

使用创业计分卡时需要诚实地评估这些估值，同时遵循以下指引。

① 该计分卡由我自行完成。

1. 销售实体化。由于我们假设新兴企业未实现收入，因此，销售实体化主要依赖于营销与销售计划的质量，尤其是策略的细节。一份可信的销售计划至少应该对目标市场进行细致的描述，对产品优势和独特的卖点有很好的理解，并明确销售计划中的销售渠道和销售策略。在初创期，营销与销售计划必须解决所有策略问题，如果销售无望，就需要进行减分——在没有焦点小组评估、没有预售、没有对未来销售的任何佐证时，这种情况是有可能发生的。

2. 专利保护。每项授权专利最合适的评分为 6 分，最多为 12 分。专利申请的评分为每项申请 4 分，最高不超过 8 分。临时专利申请的评分为每项申请 2 分，最高不超过 4 分。一系列能够构成初始投资组合的专利将可以得到 15 分。

3. CEO 领导力。如果企业 CEO 或名义上的现任管理者没有相关经验，但有其他重要技能（也许在行业中经验丰富或有较高的学历），他将可以得到 4 分。如果 CEO 才华横溢却经验不足，但有一些在初创企业工作的经验，那么他最多可以得到 8 分。最好的情况是，CEO 有多年担任高管的经验（10 分），或有曾经成功带领企业上市或带领投资者成功退出的经验（15 分）。

4. 高管团队留任。CEO、CMO、CSO 和 CFO 都可以被视为有远见的管理者。留任意味着这位管理者在初创期就已经在企业工作了。经验越丰富的高管，得分越高。如果董事会中有成员身份显赫和成就非凡，就可以在高管团队分数的基础上获得加分。

5. 产品–市场匹配。如果产品–市场匹配只有创始人的一面之词而没有得到具体化，那么最多就只能得到 4 分。然而，如果有一些证据（如焦点小组提供的信息等）证明其得到了具体化，那么最多可以得到 8 分。如果产品–市场匹配通过焦点小组、初期销售和其他证据得到了证实，那么最多可以得到 10 分。

6. 战略、财务计划和商业计划书。如果财务计划和商业计划书不完整或有明显缺陷，那么最多就只能得到 4 分。一份可信的财务计划应该包含一套完整的财务报表，而一份可信的商业计划书应该包含至少能被确定和讨论的所有重要因素。可信的计划只是欠缺专业投资者通常所期望的精确性，但对非专业投资者而言，它已经足够了。有一套完整的营销与销售计划、财务计划和商业计划书才能得到高分。

7. 其他风险因素。创业者可以使用一个或多个因素（如市场、产品、技术、制造和销售渠道等）来评估可感知的风险。可以预测的是，初创企业可能已经对那些可能影响其未来发展的问题，也就是目前或未来将面临的障碍有了一些想法。在企业发展的任何阶段都不太可能达到最高分。

本章从投资者和创业的角度为创业者提供了一种为其初创企业估值的方法。如前文所述，估值最终将由双方协商确定。

The Smart Entrepreneur

第7章

撰写商业计划书

商业计划书应被视为一份投资文件，它展示了一个投资机会，这个机会由销售预测、财务报表和企业获得成功的原因支撑，而且能够为投资者提供资本回报。因此，商业计划书通常是投资者和创业者讨论最多的文件。而商业计划书仅是如图 7–1 所示的三份重要文件之一。①

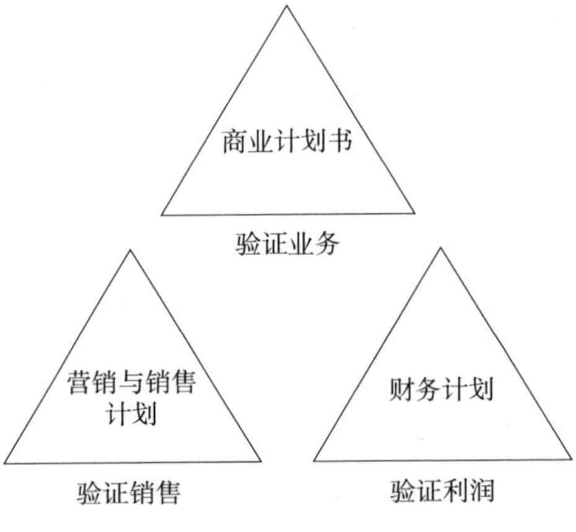

图 7–1　营销与销售计划、财务计划和商业计划的关系

营销与销售计划以及财务计划是商业计划书的基础。企业首先要制订营销与销售计划（详见图 1–2 和第 4 章），然后制订财务计划（详见第 5 章）。一旦这些基础性工作启动了，就可以开始撰写商业计划书了。最终，这三份计划必须汇总

① 在商业计划、营销与销售计划以及财务计划中，验证指的是对基础数据和假设记录，从而合理地支持所做的预测。

为最终版本，并完全一致。估值（详见第 6 章）也需要在完成所有计划之前完成，这样创业者和创始人才能够确定他们的创意、策略和计划是否已经产生了他们准备推进的业务。对各种计划和设想进行迭代为创业者提供了一种连贯的方法，使他们不仅可以从商业角度，而且可以从以有利的估值和股权交易获得投资的角度来“设计”他们的初创企业，并走向成功。

根据企业的性质，还可以制订和使用额外的计划来支持商业计划。例如，严重依赖低成本制造业务的企业可能有一个生产计划，该计划包含了所有相关的假设、分析和提炼，以支持商业计划书包含更多的文件；严重依赖广告和个人推销的消费企业可能有一个单独的支持性计划，即促销计划；一家主要关注技术的初创企业也可以有一个支持性计划，该计划用以解释研究目标和为建立由专利、商业机密等组成的知识产权堡垒而采用的方法。充分解释那些复杂的部分需要有更详细的计划。这些支持性计划（可能有一些修改）将在资金到位后成为经营计划。

制订这些支持性计划的目的是为了：

- 在重要的业务领域提供更多的独特性；
- 避免商业计划的信息超载；
- 保守商业计划中的机密信息；
- 只向重要投资者展示有限的研究数据。

在开始撰写商业计划书前，可以提前阅读第 8 章所介绍的关于投资的基础和阶段、稀释和控制、尽职调查的过程，以及与投资者进行沟通等内容。阅读这些内容将有助于创业者调整商业计划书，使其与创业者和投资者对投资的预期保持一致。

头脑风暴和关键信息

商业计划书必须是一份有说服力的文件。它将是投资者阅读的第一份书面文件，因此它必须从第一个字开始就要让读者 / 投资者对你所传递的信息感兴趣，并让他们乐于接收这些信息。实现这一目标并不容易，但如果遵循本章的要点就会容易得多。图 7–2 概括展示了准备商业计划书的过程。

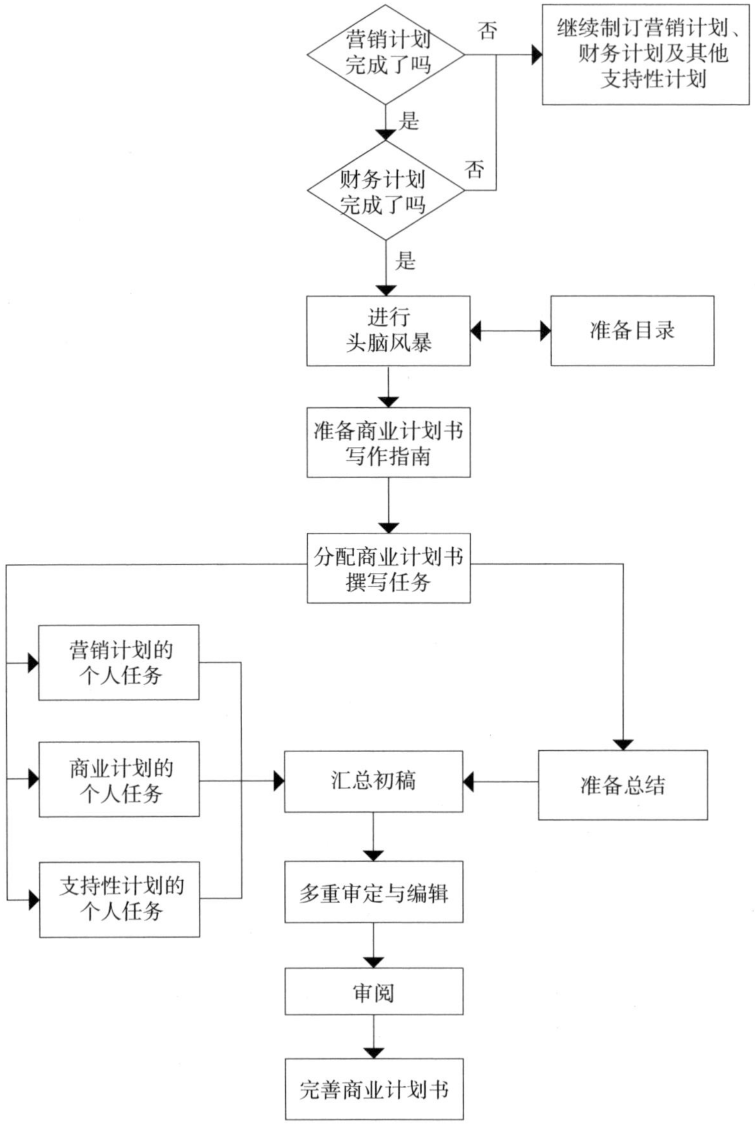

图 7-2　准备商业计划书的流程图

如前文所述，营销与销售计划以及财务计划的制订应该会很顺利，也就是说，营销与销售策略需要经过深思熟虑，并为企业实现业务目标和其他目标提供支持。收入预测需要通过制订财务计划来建立和验证。初步的创业价值评估（详见第6章）应该已经完成。假如CEO和CFO认为估值和销售预测是合适的，那么就可以开始撰写商业计划书了。撰写商业计划书时可以对营销与销售计划和财务计划进行改进和迭代。撰写商业计划书以及制订营销与销售计划和财务计划的基本顺序和时间表如图1–2和图1–3所示。

最好在创业团队进行了头脑风暴之后再开始撰写商业计划书，而且这项工作应该由CEO牵头。进行头脑风暴的目的是将那些需要在商业计划书中呈现的关键信息得到重视。头脑风暴包括对业务的回顾，重点关注那些为企业存续提供理由的信息及其如何成功的细节，如以下能够引发共鸣的内容和问题。

1. **企业**。为什么企业会成功？你能说出一或两个确保企业成功的潜在原因吗？可能是一项技术优势、一种新颖独特的产品或服务、一种向目标市场交付价值的新方法等。它必须是（理想情况下）独一无二的，并且对投资者而言是有价值的。

2. **市场和客户**。列出客户想要（和购买）企业的产品或服务的三个原因。找到那些能够为你的产品和服务带来竞争优势的独特特征。产品和服务带来的重要好处是什么？目标市场是大的、正在发展中的、重要的、新的，还是独特的？等等。

3. **产品**。列出产品或服务为何能实现其价值主张的三个原因。什么使产品表现卓越？是否有工业设计属性使产品有吸引力？

4. **营销**。列出产品或服务可以通过所选销售渠道有效销售的三个原因。有什么独特的销售主张吗？为何它会奏效？销售团队是必不可少的吗？如果是，为什么？营销组合最重要的是什么？信息如何传递给客户？为什么选择的方法有效？

5. **制造**。列出三个原因来解释为什么生产方法可以为客户提供具有成本效益的产品。制造方法是否会降低成本、提高产品的可靠性或带来其他产品效益？

6. 研发和技术。列举三个原因来说明基础技术和知识产权是否足以支持产品研发。技术能否推广到其他市场？专利组合在行业或市场中的定位和优势是什么？

列出企业的优势清单可能是一项具有挑战性的工作。然而，专注于清单和用词的精确度会带来好处。“精确”指的是词语的选择和文字背后的意思。① 准备好清单之后，从最重要的开始，依次对每个领域的优势进行排序。这份清单有助于高管团队了解准备商业计划书的关键点。这种头脑风暴没有“分级”，因为工作的重点只是使高管团队集中精力，开始下一步的目录准备工作。

组织目录

商业计划书的“写作大纲”就是目录。目录是展示重要信息的路线图，应遵循允许商业计划书从一般流程到特定流程的顺序。读者的期望应被逐步建立，并最终得到满足。商业计划书应该以这样一种方式来组织，即自然地解决投资者将存在的问题。优秀的商业计划书应该以这样一种方式来传递所需的信息和数据，即以一种智能的、有趣的和有说服力的方式来呈现信息和数据。② 实现这些崇高的目标从目录开始。

毋庸置疑，商业计划书包含一系列关于企业的重要事项，如企业简介、产品、市场、生产、营销和财务等。仅仅从名字上看，这些内容都是静态的，阅读起来可能很无聊。然而，如果目录采用适当的结构、措辞和格式，它可能会帮助创业者激发投资者继续阅读的兴趣。图 7–3 展示了两页目录示例。③

---

① 我们鼓励创业者使用同义词词典，找出与他们最初选择的词语意思相近的词语，以便发现其他实际上有更好的意义且对读者 / 投资者影响更大的词语。

② 我们可以将一份商业计划书比作一部小说。在小说中，重要的是要迅速地捕获读者的兴趣和好奇心，并使读者有足够的兴趣去阅读整个故事。

③ 公司名称和商品名称已被方括号内的术语代替。

【公司标识】 保密

目 录

目录 第 5 页

【公司标识】 机密

销售和营销..43
定位及竞争优势..44
战略业务发展..45
营销策略..46
销售策略..46
生产..47
【产品名称】生产流程的制定..47
生产设备的制造..48
实地运营..49
生产效率、质量和审计..50
竞争..50
现有业务..51
废水处理..52
新技术..52
管理团队..53
董事会..55
财务信息..55
简介..55
预计股权结构表..56
预计收益表和资产负债表..57
历史财务报表..58
重要假设..59
矿物价格..60
贵金属条的构成..60
销售合同..61
承包商手续费..62
市场渗透预测..63
附录 A——综合财务报表..65

目录 第 6 页

图 7–3 商业计划书目录示例

目录的内容可以很吸引人。主题的选择和内容的顺序可能被认为不标准，但它可以迅速地传递关键信息，并使读者形成初步印象，即：

- 问题得到明确，解决方案得到呈现；
- 解决方案定位于广泛的商业化；
- 确定了操作方式和设备；
- 很好地定义和匹配了细分市场和产品；
- 明确了产品的主要优点；

- 通过授权拓展到全世界是可能的；
- 对企业重要的知识产权得到了保护；
- 明确了营销和销售、生产和竞争对手的情况；
- 成立了管理团队和董事会；
- 财务信息详细完整。

投资者通过阅读目录将立即了解企业感兴趣的领域，并有了一定的信心，认为自己将读到一些有趣的内容，从而对商业计划书充满期待。从执行摘要开始到商业计划书的其他部分，如何满足读者的期待是一项挑战。重要的是要记住，投资者可能会从商业计划书的任何一处内容开始阅读，所以每个部分都要有自己的开篇、中间和结尾。

以一家真实存在的初创企业所编写的目录为例。这家企业虽然还未实现收入，但它曾与很多投资者打过交道。它的商业计划书长达 44 页，远超出建议长度。商业计划书的长度是由可应对的市场多样性、财务信息的复杂性和潜在投资者的信息需求共同决定的。一般来说，商业计划书的页数不应超过 25 页，但对于处于种子期的企业而言，商业计划可以短至 15 ~ 20 页，而对于发展良好的初创企业而言，商业计划书可以稍长一些。必须记住的是，大多数投资者对超过 25 页的商业计划书的宽容度极低。

为了编写目录，CEO 需要准备一份有正确格式的标题和副标题的文档。然后，可以使用特定文字处理应用程序的目录功能自动生成目录。文档的各个部分可以插入空行，用以为实际文本留出空间。CEO 可以通过插入空行的方法为商业计划书的各部分内容分配和预留空间，最终使商业计划书有 25 页左右。

编写第一版目录可能不需要花费太长时间，因为高管团队已经分析、审查和讨论了商业计划书的主题、标题和结构。尽管目录会被反复修改直至完善，但第一次就尝试将它做对是值得的。这样，提交的实际文本和支持性图表可以从一开始就保持一致。

目录完成后就可以制作写作指南了。商业计划书的写作指南是一份简短的文件，它可以被分发给那些将要参与商业计划书撰写工作的高管团队成员。它包含以下内容：

- 按照当前设想所呈现的目录；
- 字体大小、类型和样式的识别；
- 每章和/或每部分的作者的任务；
- 所需文本的数量（页数）；
- 所需的关键图表的说明；
- 重申企业的使命、目标和宗旨；
- 确定主要战略和里程碑事件；
- 列出每部分要陈述的关键论点。

制作商业计划书写作指南的目的是让所有参与撰写工作的人员在主题、语气和格式上保持一致，这样 CEO 在将各部分组合起来时就不需要大量重写。

商业计划书的基本组成部分

无论个别主题（如小节）如何在目录中呈现，商业计划书都必须涵盖很多重要事项。它的内容及其呈现顺序都取决于商业机会的具体内容和 CEO 的选择。

商业计划书中应该包含以下要素（括号中是推荐的页数）。

1. 封面/扉页（1 页）。封面应包括企业的名称和标识、CEO 的身份证明和联系信息（电话和电子邮件）、企业地址、商业计划书的发布日期和版本号。版本号可以由两个数字组成，如 X.Y.，其中 X 是与主要版本相对应的主要版本标识，Y 表示编辑和次要更改。格式/样式（页边距和字体等）应与财务计划的相同。图 7–4 展示了封面/扉页的示例。如果商业计划书是给专业投资者阅读的，那么就有必要删除“机密”“企业专属”等类似语言，因为如果他们看到了大量的潜在机会、技术和投资，他们可能就不太愿意签署这样一份带有注释的文件。出于同样的原因，专业投资者可能不太愿意签署保密协议。

2. 重要通知（1 ~ 2 页）。重要通知应由初创企业的律师根据所在地标准和接收文件的投资者类型准备。图 7–5 提供了重要通知（第 1 页和第 2 页）的示例。保密性等内容可能会给专业投资者带来问题，需要修改。

机密和专有

【公司标识】

【公司独特的定位陈述】

商业计划书

第 1 版

印（ ）份

通讯信息：

【姓名】

董事会主席、CEO

【公司名称】

公司总部

【地址】

【国家、城市、邮编】

【电话】

【传真】

【CEO 邮箱】

【日期】

图 7–4 商业计划书封面示例

【公司标识】 机密

重要通知

备忘录

“备忘录”由【公司名称】发布（【公司名称】或者“本公司”）。

此备忘录仅限于相关人士查阅。若相关人士查阅了“备忘录”，则表示其承认、理解和接受“重要通知”中所列内容。若相关人士不接受这些条款，则须立即将“备忘录”返还给【公司名称】。

目的

制定此备忘录仅旨在帮助相关人士决定是否进一步调查收购【公司名称】所涉及的问题。

此备忘录不应用于涉及【公司名称】项目或人员的投资调查、信用调查或其他风险评估。相关人士应开展必须的或有利的独立调查，在此基础上，自主决定是否购买【公司名称】的证券。

此备忘录、其所含信息及其他任何形式的任何信息均不构成购买或销售证券的凭据。

此备忘录仅起信息参考的作用，如公司法规定，不构成招股说明书或报价信息书。

内容

此备忘录中的部分信息从第三方获取，并未验证其真实性。因此，本备忘录中没有任何明示或暗示的陈述，保证或承诺；且【公司名称】不对备忘录中信息的准确性、时效性和完整性或者其他与【公司名称】相关的补充性信息负责。

此备忘录中所含信息不具有承诺性质或代表性。此外，此备忘录中所包含的财务假设或预测仅是对公司未来交易和财务信息的预测。这些信息与真实信息可能存在出入。没有任何个体能够确保这些预测性信息的准确性和代表性。相关人士需要对影响【公司名称】未来运营的各种预测和假设信息开展自主调查和研究。

保密性

相关人士若接受此备忘录，则表明其认同并接受以下内容：

· 此备忘录及其包含的信息是机密的，相关人士有义务维护其机密性。

· 任何个体和相关方除进行购买【公司名称】证券的调查外，不得以任何目的使用全部或部分此备忘录及其所含信息。

· 任何个人或组织在没有【公司名称】书面授权书的情况下，不得以任何目的私自传递、复印、复制此备忘录全部及部分信息。

· 相关人士需按时交还此备忘录及其他相关资料包含各种附件文本。

· 应要求与【公司名称】签订单独的保密协定。

【公司标识】 **机密**

责任免除

【公司名称】不承担因本备忘录给任何个人或单位或其他任何相关方造成的或带来任何损失或损害的责任。不承担本备忘录所含信息有误给任何个人或单位或其他任何相关方造成损失的责任。

【公司名称】公司不承担因本备忘录不准确、不完整、不可靠等原因造成错误的责任。

【公司名称】不承担通知相关方任何事项的责任，不承担可能会影响本备忘录中提及的任何事项的任何责任。

【公司名称】未授权任何人发表任何未明确载于或拟备于本备忘录中的陈述或申明。

【公司名称】在本备忘录中形成的对任何个人或任何组织的责任均在法律允许范围内。

所有收到信息备忘录的相关方需遵循相关法律规章。否则，需承担相关法律责任。

本信息备忘录及公司的债券均不会在“美国1933年债券法案”中注册。根据证券法的注册要求和美国适用的证券法进行豁免，公司的债券会在美国境内提供或销售给美国公民。

图 7–5 重要通知示例

3. 目录（1 ~ 2 页）。目录展示了商业计划书的主要组成部分。

4. 执行摘要（2 ~ 4 页）。执行摘要简要概述了商业计划书和投资机会，旨在帮助投资者在短时间内（如几分钟）了解企业及其目标、技术基础、主要市场和产品以及销售预期。它不应该是对商业计划书的每个部分的简要回顾，因为那会太长，也可能很无聊。① 相反，执行摘要应该只讨论那些为初创企业提供理论基础的业务的基本要素。由于并非所有投资者都会认真阅读商业计划书，因此，执行摘要必须简明扼要、有说服力、有影响力，不仅能传递重要信息，而且能激励投资者阅读更多内容。执行摘要可以包含图片、表格或其他任何可以有效传递重要信息的方式。成熟企业可能会描述它们迄今为止取得的成功或成就。不要“打包”所有信息；相反，要留出足够的空白②来增加可读性。执行摘要需要多次修改，以尽量减少无意义或者太随意的词或句子。可以使用加粗的形式来突出主要类别

① 一些人可能更喜欢叙述式，这种方式可以对商业计划书的几乎每个部分都做一个简短的总结。最终的执行摘要可能会很长，但也可以作为与潜在投资者初步接洽的迷你商业计划书。

② 遵守分段规则；每段都应该包含一个独特的想法，并加以解释。使用1.15倍的行间距可以使阅读更容易。

（如企业历史和市场等），以帮助/引导读者。

执行摘要应在商业计划书所有其他部分都完成（或至少基本起草完毕）后开始编写。它应该由有经验的人士和精通母语的顾问仔细校对。一份准备不充分的执行摘要注定会使初创企业失败，因为投资者不太可能进一步阅读商业计划书。

执行摘要应阐述以下内容：

- 企业性质（所处发展阶段、注册地址和总部地址）；
- 使命宣言和/或目标；
- 企业提供什么？为什么可以成功？
- 主要市场和目标市场，这些市场的重要特征、需求和规模等；
- 现有产品和竞争对手的问题和机会；
- 企业的解决方案和技术基础，专利的状态（已授权、申请中和临时申请的），以及这些专利如何为竞争对手设置障碍；
- 企业产品的竞争地位和独特优势；
- 主要竞争对手的竞争格局和背景；
- 管理团队，包括董事会；
- 一段时间内的预期销售额；
- 财务预测（收入和利润）；
- 所需的投资资本。

5. 投资理念（1页）。我们建议在商业计划书中加入这部分内容，因为它明确说明了投资者应该考虑投资机会的原因。图7-6展示了投资理念的示例。虽然某些信息被隐藏，但基本方法是通用的，也就是说，这部分内容既要有简短、精确的陈述，也要有确认这些陈述的语言。这些陈述自然为企业的成功奠定了基础。

公司标识 机密

投资理念

- 大规模增长迅速的市场——【产品类别】的目标市场目前规模为 XX 亿美元。市场的推动力包括高增长率的【具体行业】、【具体二级市场】和【具体二级市场】。【细分市场】和【市场要素】每年以 XX% 的速度增长。上述市场叠加起来每年将产生约 XX 百万美元的销售额。现有技术虽然成熟，但与【公司交易名称】相比，其对市场的适应度较低。
- 【特定设备类型】的理想解决方案——【行业】变化速度之快，不断适应【特定产品类别】。与【市场】风向相联的【产品类别】和【产品类型】已经极大提升了应对不断增长的对电子产品【细节性特质】、轻便、低成本、灵活性及持续性的要求。【交易产品名称】和【产品特点】技术是【产品类别】在【市场】的理想解决方案。
- 战略性合作伙伴提供增长动力——【公司名称】已经建立起一些正式或非正式的伙伴关系，来帮助验证【交易产品名称】技术和扩大业务。包括与【公司】在研发及产品营销领域建立的工作伙伴关系；【伙伴名称】，营销合资公司授权【交易产品名称】在后期融资中运用的技术；与【公司名称】建立伙伴关系发展【产品和技术】；与对技术授权感兴趣的生产型【公司名称】建立伙伴关系。
- 在关键领域的管理经验——【公司名称】管理团队包括董事会主席及 CEO【姓名】对【行业名称】生产行业有深厚的了解。管理层在供应链及行业最大化等方面管理经验丰富。【公司名称】营销团队包括【姓名】及负责营销的副主席在【行业】有顶级经验。广泛的行业经验提供了在【行业】和设备制造商的设施中开发“在线”制造模块的技术，作为流线型电子产品供应链的一部分。
- 专利技术创造竞争优势——【公司名称】专利技术是巨大技术优势。该技术可以极大地降低【产品】成本、重量和大小，改变【市场】性质。【公司名称】获得或开发的专利技术会形成强大的竞争障碍，赋予公司获取市场份额的巨大优势。

投资主题 第 9 页

图 7–6 投资理念

6. 企业历史（1/2 页 ~ 1 页）。简要描述企业自成立以来所取得的成就。解释之前的投资和投资者类型。企业历史可以与项目 4 提到的企业在处于种子期寻找的投资和成就相结合。

7. 市场和行业（1/2 页 ~ 2 页）。描述主要市场（消费类、工业、军事、半导体、移动设备和零售等）及其整体规模，然后充分阐述企业选择的目标市场及其规模、关键属性和特征（它们是如何细分的）。我们强烈推荐使用表格描述目标市场。表格可以通过名称和其他细分特征来确定目标市场，并提供对市场规模的估计，还可以描述目标市场的增长率和增长的主要驱动力（如使用移动产品的年轻人数量的增加、经济衰退的结束、消费支出的增加、国际市场的扩大和新的环境法规等）。

同样重要的是确定为什么现有产品和服务无法满足当前市场的需求，或目标市场为什么会接受新产品或服务。同行业竞争企业的信息也是相关的。

描述行业的特征、规模、成熟度（衰退、稳定、扩张、创新、准备变革等）、增长率、季节性、监管敏感性、销售和分销渠道等。

读者 / 投资者需要了解初创企业将如何适应现有的行业和市场结构，或者不适应的原因。

8. 产品和服务（1 ~ 2 页）。描述企业将提供的产品和服务。应描述和解释与细分市场和其他机会相对应的产品变化。图片和示意图是展示产品及其工业设计细节的理想选择。明确对客户或用户的重要优势。当要描述重要产品的特性且产品差异较大时，我们建议使用表格。

9. 研发、技术和知识产权（1 ~ 2 页）。描述企业的技术基础，并参考这种技术与竞争技术在优势和改进方面有哪些优势，以及如何与潜在产品相关联。可以附上一个表格，展示专利授权、专利申请和临时专利申请，以及这些专利的申请日期、优先权日期、美国专利及商标局官方编号、适当的标题、发明者和状态。提供关于向企业转让专利的声明。一般来说，应该识别其他形式的知识产权，特别是商业机密和商标。描述企业将如何进行研发，并简要描述企业感兴趣的技术领域。

10. 营销与销售（2 ~ 3 页）。本部分提出了营销与销售计划的重要策略。读者 / 投资者需要清楚地了解如何将商业目标转化为营销策略，及其如何与销售职能部门一起最终实现销售。当然，营销与销售计划只有完整且详细才可以作为参考。我们需要阐述如何通过营销创造认知度和偏好，描述关键的广告和推广活动、重要的伙伴关系、销售渠道，讨论如何为产品和服务定价、如何定位销售人员的角色、如何培训销售人员、是否涉及地域划分以及如何追踪、衡量和评估营销和销售工作的有效性等。可以提供一个表格，总结每种产品和服务在一段时间内的销售预测。

11. 生产 / 制造（1 ~ 2 页）。如果有一份单独的补充计划用来支持商业计划书，那么该计划中的要点可以被提取出来并放在商业计划书中。投资者需要知道产品将如何被设计、制造、生产，并交付给客户或用户。从研发环节到生产制造环节总会有过渡问题，特别是面向制造的设计。营销活动中产生的需求和技术规范必须转化和设计 / 制造成新产品。产品必须经过测试、原型制作，并且为规模化生产做好准备。恰当的做法是简要描述这种转变将如何发生。

通常情况下，产品的生产需遵循很多标准，并获得认证。例如，出于安全考虑而成立的美国保险商实验室（Underwriters Laboratories，UL）；基于确保安全和有害物质认证的欧洲统一（Conformite Europeenne，CE，即欧洲经济区的自由市场许可）；美国食品药品监督管理局（Food and Drug Administration，FDA）发放的医疗许可，包括与已上市的医疗器械类似的 510（k）上市前通知；用于临床研究，以收集安全性和有效性数据的调查性器械豁免（Investigational Device Exemption，IDE）；以及用于评估三类医疗器械的安全性和有效性（如果设备不达标，可能就会导致患者受到伤害，甚至导致患者死亡）的上市前批准（Premarket Approval，PMA）。应提供重要的监管要求以及企业为达到这些要求应采取的措施。

应提出生产方法和任何与材料和工艺相关的潜在问题，尤其是当某些材料可能对人类健康产生负面影响时。对设施和设备的描述应该使投资者清楚地了解生产产品所需的条件，特别是那些提供给工业或医疗市场的产品。

要开发的软件需要经过验证与确认（Verification and Validation，V&V）流程，以确保其满足相关要求，特别是医疗产品。应该阐述软件开发的关键过程。

12. 运营、组织和人事（2 ~ 3 页）。这部分介绍了企业将如何运营（除了生产和制造以外），包括行政、财务、人力资源、质量控制、采购、法规遵从、向政府报告和税收遵从等。可以简要描述设施和设备，特别是如果它们涉及的东西超出一般预期。企业的组织结构必须反映出 CEO 和 CFO 控制的每项特定职能的不同重要性。商业计划书中通常都会有组织结构图。应该介绍重要的运营功能，并简要介绍企业将如何运营。如果有与流程和控制相关的异常问题，就应该加以讨论（详见第 10 章）。应该简要回顾人员的类型和数量（在财务文件中也会给出）。应该提及对特殊类型人员的需求，尤其是当他们对企业业绩有重要影响的时候。

13. 竞争对手（1 ~ 2 页）。描述竞争对手的名称、规模（收入）、地理位置、产品、独特能力以及它们在同一目标市场中竞争的基础。介绍竞争对手的市场份额和定位，包括它们可能为企业进入市场制造的障碍。

14. 管理层（1 ~ 2 页）。按姓名、职务和年龄划分高管（CEO、CFO、CTO、CMO、CSO 等）。简要介绍他们的职业背景，着重介绍他们过去的职位（按职位、年份和曾就职企业）以及与现就职企业的业务相关的成就。介绍他们的学术成就（学位、学校和时间）及其所获得的特殊奖项或成就。应该介绍他们在个人经历、学术背景或特殊技能等方面的任何突出之处。

15. 董事会 / 顾问委员会（1 ~ 2 页）。对董事会 / 顾问委员会的介绍可以参照对管理层的介绍。应该突出重要成就，以及这些人为什么可以进入董事会或顾问委员会。

16. 财务预测（2 ~ 4 页）。可以用单独一页介绍销售和收入预测。表 7–1 展示了一家处于初创期的企业的例子。总收入、毛利润、EBITDA 和资产重要数据可以在商业计划书中以简洁的方式呈现，如表 7–2 所示。这张表格是综合财务报表的一部分，因此可以根据基本假设的任何变化迅速编制。这个表格应附有叙述性说明。应该参考财务计划，因为其中包括所有相关的财务预测、假设和解释。认真研究里程碑事件和投资阶段是很有用的，这可以确保与财务报表和财务计划保持一致。

表 7-1 **商业计划书中的收入预测**

每月的金额（单位：千美元）

	ASP	1	2	3	4	5	6	7	8	9	10	11	12
无线设备	2.40 美元	20	20	20	20	20	20	20	20	20	20	20	20
网络设备	1.50 美元				10	10	10	10	10	10	10	10	10
电缆调制解调器	1.50 美元			60	60	60	60	60	60	60	60	60	60
酒店 / 白板	1.00 美元		20	20	20	20	20	20	20	20	20	20	20
手机	1.00 美元									800	800	800	800
手机及寻呼机	0.50 美元						120	120	120	120	120	120	120
笔记本电脑	2.20 美元							30	30	30	30	30	30
每月总额		20	40	100	110	110	230	260	260	1060	1060	1060	1060
2011 年总额													5370

每月的收入（单位：千美元）

	1	2	3	4	5	6	7	8	9	10	11	12
无线设备	48	48	48	48	48	48	48	48	48	48	48	48
网络设备				15	15	15	15	15	15	15	15	15
电缆调制解调器			90	90	90	90	90	90	90	90	90	90
酒店 / 白板		20	20	20	20	20	20	20	20	20	20	20
手机									800	800	800	800
手机及寻呼机						60	60	60	60	60	60	60
笔记本电脑							66	66	66	66	66	66
每月收入总额	48	68	158	173	173	233	299	299	1099	1099	1099	1099
2011 年收入总额												5847

表 7-2 商业计划书中的财务业绩摘要 （单位：美元）

	第一年		第二年		第三年		第四年	
运营		占销售额的百分比		占销售额的百分比		占销售额的百分比		占销售额的百分比
总收入	3743	100%	18 914	100%	89 762	100%	166 088	100%
生产成本	2785	74%	14 007	74%	62 637	74%	104 440	74%
许可	262	7%	1324	7%	6283	7%	11 626	7%
毛利率	695	19%	3583	19%	20 841	19%	50 022	19%
间接成本								
行政及财务	731	20%	783	4.1%	880	1.0%	969	0.6%
研发	566	15%	395	2.1%	444	0.5%	444	0.3%
制造	259	7%	353	1.9%	579	0.6%	579	0.3%
生产	153	4%	250	1.3%	351	0.4%	599	0.4%
营销	0	0%	0	0.0%	269	0.3%	396	0.2%
战略发展	0	0%	110	0.6%	255	0.3%	313	0.2%
总成本	1709	46%	1892	10.0%	2777	3.1%	3301	2.0%
EBITDA	–1358	–36.3%	367	1.9%	11781	13.1%	35 095	21.1%
累计亏损	2313		1946		0		0	
贬值								
试验工厂	–92		–122		–41		–10	
中等固定工厂	0		–375		–625		–583	
大型固定工厂	0		0		–500		–667	
利息花费	0		0		0		0	
联邦税费	0		284		4005		11 932	
州税费	1		75		1096		3764	
	0		358		933		0	
NIAT	1450	–39%	（131）	–0.7%	6447	7.2%	18 638	11.2%
资产负债数据								
现金及等价品	1191		1518		9341		27 979	
总资产	1229		1610		9838		28 612	
长期义务	0		0		0		0	
	1229		1610		9838		28 612	

17. 寻求投资和资金使用（1页）。寻求的投资额可以参考资金使用表，用一句话阐述。表7–3展示了一家处于种子期的企业的资金使用表。该表中的类别对应于投资者资金的使用方式，金额是从财务报表中摘取的。资金的使用既可以详细介绍，也可以不那么详细介绍，这取决于CEO /CFO的决策。正如表7–3所示，对不确定性是有补偿的，它可以与投资者讨论。与创业者的假设相比，投资者可能希望让新投资的企业获得更多的资金。

表7–3　　商业计划中的资金使用表

资金使用表

2012年9月至2013年4月（单位：美元）

实验室		
研发和实验工厂支持		150 927
生产制造		126 000
扩大实验规模		90 000
设备供应		52 000
设施修改		48 000
其他生产性花费		4 500
营销与销售		188 995
行政及财务		80 000
佣金		36 590
行政花费		119 112
短期内欠款		
总费用		896 124
某段时期内毛利较少		151 486
所需投资总额		744 638
	最低估计	750 000
	不确定成本因素	150 000
	最高估计	900 000

18. 股权结构（1～2页）。股权结构表根据证券类型（创始人股份、普通股、优先股、认股权证、期权等）、支付的价格和在完全稀释基础上的所有权百分比确定了所有股东的股权（如所有权）分配。假设每种所有权类型都得以充分行使（即

使不是这样，但通常情况下也如此）。这使投资者能够立即确定大股东和其他可能有重要利益的股东。表 7–4 展示了一家尚未获得外部投资的初创企业的股权结构表，该企业的创始人已经同意向创业团队的其他关键成员分配创始人股份。股份总数和分配给创始人的股份数量是任意的。

表 7–4　股权结构表（初始投资前）

所有者	普通股	价格（美元）	总计（美元）	所有权
创始人 1	2 000 000	0.0001	200	35.40%
创始人 2	2 000 000	0.0001	0	35.40%
创始人 3	1 000 000	0.0001	100	17.70%
关键人物 1	100 000	0.0001	10	1.77%
关键人物 2	5 000	0.0001	5	0.88%
顾问	300 000	0.0001	30	5.31%
董事会（外部）	100 000	0.0001	10	1.77%
顾问委员会	100 000	0.0001	10	1.77%
普通股	5 650 000		565	100%

19. 已经获得优先股投资的新兴企业可能有一张如表 7–5 所示的股权结构表。在这种情况下，向 A 系列优先股的投资者提供认股权证是为了鼓励他们参与，并为他们可能承担的额外风险给予奖励。表 7–6 展示了一家发展良好的企业的股权结构表，其中有一项反稀释调整，以满足早期 A 系列优先股的投资者的要求。股权结构表还包括员工持股计划。股权结构可能会变得非常复杂，要考虑的因素也很多。通常，CFO 或公司律师会对股权结构表（包括投资者的所有记录）进行跟踪。

表 7–5　股权结构表（出售优先股后）

所有者	CS	价格（美元）	总计（美元）	所有权
创始人 1	2 000 000	0.0001	200	31.75%
创始人 2	2 000 000	0.0001	200	31.75%
创始人 3	1 000 000	0.0001	100	15.87%
关键人物 1	100 000	0.0001	10	1.59%
关键人物 2	5 000	0.0001	5	0.79%
顾问	300 000	0.0001	30	4.76%
董事会（外部）	100 000	0.0001	10	1.59%
顾问委员会	100 000	0.0001	10	1.59%

续前表

所有者	CS	价格（美元）	总计（美元）	所有权
员工持股计划	200 000		FMV	3.17%
外部投资				
A 系列优先股	300 000	1	300 000	4.76%
A 系列优先股投资者的认股权证	150 000	0.2	30 000	2.38%
普通股	6 300 000		330 565	100%

表 7–6 股权结构表（发展良好的企业）

证券	份额	反稀释调整	每股价格	占完全稀释的百分比
已发行普通股				
创始人 1	6 495 940	6 495 940	0.001	14.78%
创始人 2	6 495 940	6 495 940	0.001	14.78%
CTO	2 056 969	2 056 969	0.001	4.68%
销售副总裁	1 948 278	1 948 278	0.001	4.43%
研发副总裁	1 210 607	1 210 607	0.001	2.75%
顾问	29 527	29 527	0.001	0.07%
公司律师	295 270	295 270	0.001	0.67%
总计	18 533 035	18 533 035		42.16%
其他	265 743	265 743	0.001	0.60%
总计	18 798 778	18 798 778		42.76%
普通股认股权证	2 952 700	2 952 700	0.5	6.72%
2010 股票计划	2 952 700	2 952 700	FMV	6.72%
2012 股票计划	2 460 662	2 460 662	FMV	5.60%
普通股总计	27 164 840	27 164 840		61.79%
A 系列优先股				
风投公司 1	900 000	2 657 430	2	6.32%
风投公司 2	100 000	295 270	2	0.70%
企业实体	50 000	147 635	2	0.35%
其他投资者	872 750	2 576 969	2	6.13%
基于认股权证 A 系列优先股 1	300 000	885 810	2	2.11%
基于认股权证 A 系列优先股 2	300 000	885 810	2	2.11%
基于认股权证 A 系列优先股 3	1 200 000	3 543 240	1	8.42%
可得的 A 系列优先股	100 000	295 270	2	0.70%
A 系列优先股总计	3 822 750	11 287 434		26.83%
现有 B 系列优先股	1 875 000	1 875 000	4	4.27%
可得的 B 系列优先股	3 125 000	3 125 000	4	7.11%
B 系列优先股总计	5 000 000	5 000 000		11.37%
总计	43 960 138	43 960 138		100%

20. 退出计划。退出计划可以明确说明，但并不是必需的，除非企业明确表示会在某个时候参与企业收购或创始人有明确的上市目标。专业投资者显然更愿意让他们投资的公司上市，而将公司卖给公司的合伙人是一个完美的退出策略。

综上所述，商业计划书应该确定所需的投资和当前的股权结构。然而，它没有也不应该讨论贴现率或投前估值。这些是与那些对投资机会表示出浓厚兴趣的投资者讨论的话题。

撰写商业计划书必须强调和最大化与业务最相关的组成要素的价值，并将其他不重要的点最小化。因此，要合理安排商业计划书各部分的内容，省略或尽量少提及不太重要的要素和组成部分，从而使商业计划书从头到尾都具有很强的说服力。目录的示例旨在说明其作用，而没有遵循严格的方法。

完善商业计划书

CEO 收到的文件被整合到“最重要的”商业计划书文档中。电子版文档由 CEO 保管，除书面形式不得向他人发布。“最重要的”文档需要被安全保存，至少保存一份最新版本的备份。

CEO 是从团队中获得不同的文件，并将它们汇编成一个文档（商业计划书），以调整语言和格式，统一主题。他获得的内容可能太少、太多或者不符合预期。尽管如此，CEO 必须做好增加内容、删除不相关内容和编写正文的准备。重要的是要回顾一下之前确认的关键信息。这些关键信息必须在商业计划书中相互呼应。

根据上述内容，商业计划书的初稿可能有 19 ~ 37 页。目标是 25 页，虽然可能有很好的理由减少其页数，但很可能是因为部分内容没有达到细节要求。另一方面，初稿总共有 37 页就太长了，除非有特殊原因。应该删除不必要的内容。

CEO 准备了多份初稿，并由高管团队审查。虽然这不是一个目标，但是商业计划的篇幅将随着每次审查而缩短，因为多余的内容都将被删除。终稿将由具有良好语言能力的人进行校对，并酌情修改。但商业计划书还没有完成，仍需要完善，具体如下所述。

我看过很多商业计划书，它们都有很好的开篇，但后续内容的质量和数量都在逐渐下降。看似沉重的写作负担让最坚强的创业团队疲惫不堪。这就是为什么遵循如图 7–2 所示的过程是很重要的。

这一过程旨在分散工作量，引导和激励高管团队参与一个非常重要的项目（撰写商业计划书），帮助他们（尤其是 CEO）减轻疲劳。当所有参与者都认为完成了商业计划书的撰写工作时，他们就需要将精力转向完善商业计划书。这似乎有违直觉，但高管团队应该休息一下（可能是几天），并为完善商业计划书的最后工作做好准备。

完善商业计划书包括以下几点。

1. 使商业计划书更有说服力。如前文所述，应仔细检查关键部分（或所有部分，如果有可能的话），以评估某些语句是否具有预期的意义和影响。通常，词语的选择可以根据作者的词汇量和经验，但也可能有其他更合适的词语。使用字典或同义词词典检查词语的含义，并找到可以传达准确信息的词语。

2. 检查关键信息是否前后统一。回顾关键信息，并确保它们在商业计划书中出现。

3. 删除所有敏感信息。敏感信息是指任何不恰当地描述敏感的专有或机密信息的内容。团队成员需要有良好的判断力，因为投资者需要对企业的竞争力有所了解，但披露所有的“秘密”是没有必要的。

4. 确保可读性高。团队成员应该大声朗读商业计划书，以确保其内容能够顺利地被其他团队成员接收。应该评估投资者如何理解别人的话，并在头脑中留下印象，以了解是否达到了预期的效果。

5. 保证适当的段落结构。每一段落只表达一个观点，并通过连贯的语句清晰地阐明主题。这样文档会更具可读性，主题会更明确。不要把不同的观点混合在一起。

6. 增加图表内容。表格、图片、示意图等能够有效地传递信息。一些审阅者会浏览商业计划书，以了解以视觉元素解释的内容。其他人会更多地关注文字内容。财务人员将仔细审阅财务预测。商业计划书需要包含完整的信息类型，以便每位审阅者都能找到感兴趣的内容。

7. 确保有足够的留白。有足够的留白是非常重要的，这样读者才不会因为信息密度过大而感到“局促”。所有计划（如商业计划、营销与销售计划、财务计划和其他支持性计划）都应采用相同的格式或样式。

8. 确保与财务计划、营销和销售计划保持一致。如果三个计划不一致，就会削弱投资者的信心。因此，应核查所有的计划，特别是与战略和报告数字有关的内容。

9. 寻求第三方（非投资者）审阅。可以寻求家人、朋友和同事的帮助，请他们对商业计划书给出反馈。签署保密协议后，可以请第三方审阅商业计划书。

克数较重的纸张可能会使投资者认为他们阅读的是重要文件（即使只有 20 页），并因此对商业计划书留下深刻的印象。商业计划书（无论多么特别）最多复印 10 份，因为随着与投资者不断谈论，商业计划书很快就会发生变化。完善商业计划书需要花费很多精力，但这种努力是值得的。一旦这些基础的评审工作完成，商业计划书就可以拿给专业投资者阅读了。

The Smart Entrepreneur

第8章

为投资和投资者做准备

大多数创业者最终都需要获得专业投资，除非他们的企业幸运地创造了可观的销售额和利润，或者不希望增长得更快。完成商业计划书、营销与销售计划以及财务计划的初始版本是一项重大成就，这为创业团队与投资者进行讨论打开了大门。在与投资者讨论投资事宜之前，创业者还要解决一些重要的问题。本章介绍的就是这些问题以及创业者的解决方案。

里程碑与投资阶段

投资战略规划包含以下四个相互关联的要素：

- 确定里程碑；
- 财务绩效评估；
- 管理层对企业的估值；
- 投资阶段。

创业者往往站在企业发展的角度，用里程碑来定义发展的状态。里程碑常被高管团队用来制定目标和计划。对潜在和实际投资者而言，里程碑都是很重要的，可以用来评估管理团队为实现主要商业目标所制订的计划以及进行的工作是否有效。

里程碑并不是希望达到的目标。目标往往既没那么具体，也不可被量化。例如，目标可以是“在选定的目标市场获得领军地位”。目标可以表述为“在特定日期之前开发一个满足所有已确认需求的产品原型”。相比之下，里程碑则可以表述为“完成第一个产品原型并展示给客户”。

表8–1展示了一家企业从种子期到初创期再到成长期的里程碑例子。里程碑以较为准确的方式确定了企业在每个发展阶段需要实现的目标，这些目标与该阶段所寻求或获得的投资相关。在可用的资金范围内达到里程碑可以向投资者证明管理层和管理团队能够共同努力来实现预期的商业目标。里程碑不需要局限于一个，尽管对一个小团队而言，拥有三个以上的里程碑可能是有问题的。达到里程碑就意味着企业获得了重要的成功。

表8–1　　里程碑的例子

企业发展阶段	常见里程碑
种子期	演示概念验证设备性能
初创期	使客户接受产品原型
成长期	向目标市场客户销售1000台产品

一旦设定了里程碑，企业就需要重新审视它们对部门的目标、计划和成本的影响，以确保其与预期的财务绩效相匹配。如果随着财务报表的完善，它们之间的匹配度能一直保持下去，那么就不需要修改或者小幅度调整里程碑。如第6章所述，这些财务报表会影响企业的估值。里程碑还应该与商业计划书保持一致。

基于财务报表和商业计划书中的基本假设，里程碑、财务绩效和企业估值构成了企业可能有的一种“状态”。这种状态是否乐观，尤其是从企业估值的角度看，取决于创始人如何做出决策。一般来说，我们建议创业者仔细研究构成商业模式的所有策略，并探索其他运营方式，以实现更大的价值。这不应该是纸上谈兵，而应是对企业的诚实评估以及为完成相同任务和目标而探索不同的方式。

当管理层满意于企业的业绩已经在“纸面”上实现了优化时，还需要将设定的里程碑与所需的投资联系起来。例如，如表8–2所示，每一个里程碑都应该有与财务预测一致的所需投资，并需要保持资产负债表的平衡。

表 8–2 里程碑与投资

企业发展阶段	常见里程碑	所需投资
种子期	演示概念验证设备性能	500 000 美元
初创期	使客户接受产品原型	3 500 000 美元
成长期	向目标市场客户销售 1000 台产品	10 000 000 美元

所需投资应当包含到达里程碑后和下一轮融资之前企业运营所需的资金数量。虽然在到达里程碑之前，CEO 和 CFO 就一直在努力为下一轮融资制订商业计划，并与现有和新的投资实体进行讨论，但管理层还是需要判断获得下一轮融资还需要多少时间。

所需投资还应包括适当的现金流需求账目和融资被推迟时的紧急应对方案。虽然初创企业无法管理从一个融资阶段到另一个融资阶段的过渡，因为这是相当有挑战性的，但如果能很好地把握自己的融资需求，就可能有助于确定下一轮融资的所需投资。

根据表 8–2 所展示的信息，创始人可以开始评估支持每一轮融资所需的投资者类型（我们将在第 9 章介绍这些投资者类型）。我们鼓励创始人记住与每种类型的投资者相关的“股权”成本，以及该类型投资者为该轮融资提供资金的能力。同时，创始人还应考虑非财务利益和战略利益。

不同的里程碑设定可能会导致出现多种不同的情况。最理想的情况将取决于当时的融资环境。例如，当资本市场紧缩时，创始人可能会选择这样调整里程碑，即减少所需投资，以减轻投资者的压力。相反，当资本市场相对宽松时，创始人可能会选择更积极的里程碑，这将影响当前轮所需的投资。创始人在对资本市场进行了研究并提出了他们的商业计划后可能发现，投资者可能更容易接受企业的里程碑计划和投前或投后估值。

由于与投资者的谈话本来就会反复进行，因此创始人有机会重新评估自己的商业模式和商业计划，以进一步使自己的预期（尤其是估值）与投资者的预期保持一致。在任何情况下，创始人都不应该认为自己可以在未经潜在投资者测试的假设“状态”下轻易地提高投资额。换句话说，虽然需要计划，但创业者必须对与投资者合作时瞬息万变的情况保持清醒和理智，并回应他们对企业估值和所需投资的看法。

商业计划书应与一些重要的里程碑保持一致，投资旨在达到这些里程碑。商业计划书的内容应该涵盖一段时间，以及全部或部分地达到一些里程碑。可以预见的是，随着创业团队与投资者不断进行谈话，商业计划书、里程碑和投资可能都会不断得到调整。

创始人的股权稀释和控制权

股权稀释是一个很容易理解的概念。简单地说，当投资者用他们的投资换取公司的一部分股份的时候，创始人就会失去一部股权。创始人需要记住的是，投资会对他们在初创企业中的股权产生影响。如果创始人持有超过 50% 的已发行普通股，那么他们就可以通过解雇 / 聘用董事会成员来保持对企业的控制权，而董事会成员是根据大股东的指示来做出决策的。这包括聘用一个将听从董事会指示的管理团队。如果创始人的所有权（所持普通股占已发行普通股总额）低于 50% 时，所有权问题就会更加复杂。

表 8-3 展示了一个关于股权稀释及其对创始人影响的例子。这个例子是虚构的，但它也能说明投资和股权稀释的影响。最初，创始人 100% 持有所有普通股。在这个例子中，一位关键人物在种子期获得了相当于 12% 的普通股。

表 8-3 股权稀释表

分配	创始人	种子期	初创期	第一轮融资	夹层融资	IPO	系数
创始人	100.0%	65.0%	50.5%	25.7%	21.8%	17.0%	849.0
关键人物		12.0%	9.3%	7.1%	6.1%	4.7%	
董事会成员 *、员工 ** 和顾问		8.0%	6.2%	4.8%	4.0%	3.1%	
种子期投资者		15.0%	11.7%	8.9%	7.6%	5.9%	8.4
初创期投资者			22.3%	30.0%	25.5%	19.8%	7.9
第一轮投资者				23.5%	20.0%	15.6%	1.9
夹层投资者					15.0%	11.7%	1.2
IPO						22.2%	1.9

续前表

分配	创始人	种子期	初创期	第一轮融资	夹层融资	IPO	系数
各阶段投资（单位：千美元）	10	350	1 250	4 000	5 000	6 000	
投后估值（单位：百万美元）	0.50	2.33	5.60	17.00	33.30	50.00	
投前估值		1.98	4.35	13.00	28.30	44.00	
控制权							
创始人	100.0%	65.0%	50.5%				
创始人 + 关键人物 + 董事会成员 + 顾问				37.6%			
创始人 + 关键人物 + 董事会成员 + 顾问 + 种子期投资者					39.5%		
创始人 + 关键人物 + 董事会成员 + 顾问 + 种子期投资者 + 初创期投资者						50.6%	

注：* 董事会成员和顾问持有不超过 5.0%。
** 以期权形式持有的团队股份。
▒ = 驱动性假设

种子期的其他股东包括董事会成员、顾问和其他员工，他们作为一个整体所获得的股权共为 8%。种子期投资为 350 000 美元，获得 15% 的所有权。所有的所有权头寸都被完全稀释或转化为等价的普通股。在表 8–3 中，灰底区域都是“驱动性假设”，这意味着改变它们的值也会改变表中其他的计算结果。没有灰底的项目可以通过公式计算。

经过了种子期后，新的所有者（创始人、关键人物、董事会成员、员工、顾问和种子期投资者）共同拥有初创企业。在这个例子中，投后估值为 233 万美元，投前估值为 198 万美元。

然后，企业进入初创期。这个例子假设另一位投资者用 125 万美元的投资获得了 22.3% 的股权。之前的股权再次被调整（或稀释），当然，所有投资者的股权总数为 100%。按照刚才介绍的方法计算第一轮融资、夹层融资和 IPO 融资就可以观察到稀释对创始人所有权的影响。系数可以用实际的所有权价值 / 其原始投资计算。可以看出，创始人通过努力获得了巨大的回报。其他投资者也同样受益。

表 8–3 底部的内容（即“控制权”）展示了不同类别的投资者的所有权占比。在这个例子中，比例是刻意选择的，这样创始人在初创期第一轮融资之后可以保留 50.5% 的股权。我们建议创业者用电子表格程序复制表 8–3，并熟悉股权稀释、投前和投后估值、资产回报系数以及各种类型投资者的控制权的计算。

这个例子还展示了投资者（如创始人、关键人物、董事会成员、顾问、种子期和初创期投资者）组成的“共同体”可以通过 IPO 控制公司。虽然这是不寻常的，但也并非闻所未闻。这个例子也说明，在选举董事会成员时，如果后期投资者希望在投资者年会上行使对公司的控制权，那么创始人与各类股东和利益相关者的关系可能就会非常重要。很明显，董事会成员发生变化，高管团队的人员也会发生变化。因此，有控制权的特定实体往往能对企业产生重大影响。

类似表 8–3 这样的表格是可以制订计划的工具。例如，创业者可以预测每个阶段的投资以及将所有权“分配”给预期的投资者类型。隐含的假设是，创始人不想在企业实现盈利、不需要进一步投资之前失去对企业的控制权。这将使创始人处于一个非常理想的状态。当然，这种类型的计划终究是假设出来的，实际情况将决定什么可以或者将被完成。

当创始人获得了新的投资时，他们会经历股权稀释。理想情况下，新投资的股价较高，既能为早期投资者也能为创始人提供回报。这可以被称为“所有权”稀释。然而，这种稀释的另一方面涉及股票定价，这时的股价往往低于前几轮融资的股价，这种情况有时被称为“经济”稀释。当股价在新一轮融资中下跌时，这轮投资也被视为稀释。股价下跌引起的稀释有时会使前期投资者获得额外的股权，来弥补他们的损失，并保持他们在企业的相对所有权。投资者获得更多股权的法律术语被称为“反稀释”，我们将在稍后介绍。

理想情况下，保留控制权的计划使创业者能够限制提供给其他人的股权数量，同时可以公平、合理地分配股权，以换取服务（董事会、顾问委员会、员工和顾问）和资本（投资者）。

像风投一样思考——你做好进行尽职调查的准备了吗

尽职调查因投资者类型而异。创始人的现金投资一般不会很多，但即使不能计算价格，他们在时间和精力方面的投资也可能相当大。然而，创始人需要履行尽职调查的责任，以避免那些存在争议的机会。非专业投资者（如亲人和朋友等）通常很少进行尽职调查，因此创始人应更注重保护这些早期投资者，并对企业进行适当的估值。专业投资者则另当别论，他们投资是因为希望获得（高）资本回报，因此他们会更严格地进行尽职调查。天使投资者和风投公司，以及孵化器和加速器在进行尽职调查时都会遵循一定的规则，并重视流程。

本小节从投资者的角度来介绍尽职调查，以帮助创业者更好地了解如何对自己和机会进行评估。

专业投资者会分阶段地评估机会。第一阶段是筛选，就是简单了解初创企业是否符合投资要求。融资标准涉及多个因素，如发展阶段、总部或创始地的地理位置、技术、所属行业或细分市场、市场规模和增长率、潜在的交易规模、与热门行业的相关性以及其他因素。这种初步评估可能会基于非正式的演示、执行摘要甚至商业计划书来进行。投资者的目标是在不考虑机会的细节的情况下，尽可能快速地进行初步评估（即支持或反对）。

假设初创企业已经通过了专业投资者的第一关，那么接下来就要面临更详细的尽职调查，首先从提交文件开始。如果创始人没有在企业成立阶段启动和执行尽职调查，并记录过程和结果①，那么无论完成了什么，都应该在商业计划书、营销与销售计划以及财务计划等最终版本确定后，在接触投资者之前进行更新。② 为什么？简单地说，如果投资者对企业表现出了强烈的兴趣，以至于投入了大量的时间、精力和资金来进行尽职调查，那么创始人的任何不恰当的迟疑都会影响投

① 文件（如研究、原始数据和公开数据等）应按照类别（如创始人和高管团队、市场、产品、制造、财务数据、法律等）使用三环活页夹装订。活页夹中的资料可以按要求复制，原件由企业保管。

② 更好的方法是持续不断地更新和管理尽职调查文件，这样，那些直到最后一刻才能做的工作就不会那么繁重了。

资者的热情。最好是做好准备，积极地面对投资者。[①]

创始人完成了创建文件工作后应该交由公司律师进行最终确认，其中提供的所有信息都以电子版保存（如 PDF），并通过适当的复制、打包、标签和索引的形式准备好，以提供给风投。这种正式化对于专心事业而非“文书工作”的创业者而言十分有用。投资者也会更喜欢这些经律师处理过（一定程度上）的文件，因为它们更加适合投资者的阅读，也更加可靠。

当然，提供专业投资者需要的材料只是尽职调查的第一步。随着“剥洋葱皮”的继续，这些文件可能会出现新的问题。

以下列出了文件或相关要素的要求。这些文件可以但不是必须按如下方式组织。

1. 技术与知识产权

- 背景资料和技术说明；
- 与技术相关的技术论文（包括已发表或未发表的）；
- 与适用于市场或其他相关产品的其他技术比较；
- 技术获得的相关奖项或认证；
- 所有知识产权的清单（如表格），如专利、专利申请、临时性专利申请、商标或服务标识、商业机密和著作权等（专利等应显示发明者、标题、提交日期和唯一的美国专利及商标局标识）；
- 所有已获得授权的专利的副本（正在流程中的专利或临时专利应以姓名标识但无须提供，除非公司律师建议提供，已获得投资者信任，而且 CEO 也愿意发布信息）；
- 实验室笔记本记录；
- 涉及技术的转让或许可；
- 研究计划和主要活动；
- 技术发展时间线。

① 具体需要多少时间因情况而异。我们建议创业者最多花两周时间准备文件。所有文件应在一个月内提交。

2. 创始人、高管团队、董事会和顾问委员会

- 创始人、高管、董事会和顾问委员会的名单，包括姓名、职位和年龄；
- 上述所有人员的简历；
- 与创始人之前就职公司相关的任何信息（包括涉及潜在或实际诉讼的信息）；
- 组织结构图；
- 高管团队和其他主要人员的薪酬计划；
- 过去几年发生的重大裁员事件；
- 每个重要职位的职位描述；
- 顾问资料；
- 招聘计划；
- 有关招聘、解雇和薪酬的公司政策；
- 与过去员工签署的遣散协议。

3. 法律事宜

- 雇佣协议中没有包含的每项专利、专利申请以及临时性专利申请的作业文件；
- 每位创始人、关键人物、员工的雇佣协议以及发明作品协议（协议中要注明商业机密、先前发明、在公司的发明作品、不竞争协议以及其他相关协议）；
- 董事会协议；
- 顾问委员会协议；
- 与每位顾问签署的协议；
- 与其他人或其他公司签署的法律协议；
- 公司成立文档；
- 公司章程和细则，公司会议记录；
- 股权机构表，表中列出投资者的姓名、所持有股份、支付的价格和日期等；
- 股票期权计划；
- 持有股票期权的人员名单；
- 股票转让分类账；
- 授权协议；

- 授权名单；
- 对任何与公司、创始人或高管相关或未决的法律诉讼的说明；
- 公司提起的未决法律诉讼；
- 对相关安全、环境或监管问题、现状以及未来发展预测的说明；
- 设备、设施、资产、产品债务、赔偿等的保险清单。

4. 市场和客户

- 与市场和目标市场相关的信息和数据（次要研究），包括规模（客户数量、用户数量、价值）、增长率、趋势、客户行为和态度、偏好等指标；
- 任何初步研究的结果，包括焦点小组和结果；
- 过去和现在的客户名单、已完成的业务量、已销售的产品等；
- 新客户预测、销量预测等；
- 战略合作伙伴列表，以及对每种合作关系的法律解释。

5. 竞争对手和竞争环境

- 竞争对手名单，包括名称、地点、股权机构、上市或未上市、企业性质、市场竞争地位、产品等；
- 主要竞争对手的背景、市场地位、独特的竞争优势、进入壁垒等；
- 对于竞争环境的分析。

6. 产品和服务

- 成本结构，列出毛利润率和净利润率；
- 生产材料和流程；
- 产品名称、图片和示意图、产品性能参数、设计细节等；
- 服务细节和产品细节。

7. 组织与生产

- 组织结构图、用于管理组织的流程概述和流程图等；
- 地理位置信息（总部、生产地、海外分公司等），包括租赁和工作关系；
- 主要生产用资本设备清单；

- 使用的材料清单，危险材料或需要特殊处理和加工的材料的核算；
- 用于生产的工艺和流程。

8. 财务数据

- 季度或年度损益表、资产负债表、现金流量表，包括脚注；
- 预计收入、利润、毛利率等与实际结果的比较；
- 按照产品和服务分列的收入明细表，标明单位销量和毛利润；
- 按照客户、地区、渠道等细分的销售积压；
- 应收账款账龄；
- 用于开发财务数据的数据支持的预计财务报表（如财务计划），包括用于产生假设的假设和数据；
- 与资本支出、折旧、营运资本等相关的数据；
- 生产成本，包括原料和人工；
- 人工成本和效益；
- 审计和类似第三方财务报告。

以上清单囊括了创始人可以并且应该收集的主要文件项目。公司律师也有一份清单，他可以根据这份清单帮助创始人收集适当的信息。天使投资公司或风投公司可以提供更多详细的尽职调查清单。高管很有可能将负责收集数据，并将这些数据简化为适合投资者的形式。在某些情况下，收集信息时需要识别出那些不相关或不存在的信息，以保持对外披露信息的全面性和明确性。

专业投资者进行的尽职调查的下一个阶段是深入了解初创企业的业务，首先关注的是发现和评估可能影响企业的所有风险（至少在创始人看来是这样的）。企业的方方面面，尤其是技术、市场、管理和销售，以及其他很多因素都要被仔细审视。专业投资者会有很多问题和顾虑，创始人应该准备好在正式展示或非正式讨论中解决这些问题。

众所周知，风险投资是规避风险的。投资者的目标是对机会的可行性进行评估。当然，提供专业投资者所需的材料只是尽职调查的第一步。随着“剥洋葱皮”的继续，这些文件可能会出现新的问题。

专业投资者会联系第三方，寻找可能反映出存在风险的正面和负面信息。用于尽职调查目的的第三方信息主要来源于以下几个方面。

1. **技术专家**。这些专家有相关的知识和/或经验，且与竞争对手没有合作关系。还可以从学术机构或政府研究机构聘请专家。如果投资者需要进行详细评估，就需要花费大量时间，也可能需要向专家支付报酬。

2. **专利律师**。可以咨询专利律师，从公司的专利律师开始。还可以考虑咨询第三方专利律师，尤其是在那些由于专利密度而出现问题和有可能引起法律诉讼的领域。投资者关心的重要问题涉及“运营自由”，即关于企业生产、使用和销售基于自有知识产权的产品的合法权利的法律意见。

3. **个人和专业推荐人**。投资者可能要求与创始人、高管的个人推荐人和专业推荐人建立联系，以确定他们与性格有关的品质、领导和管理的能力以及任何值得注意的个人或专业问题。

4. **市场和行业分析师**。分析师主要负责评估市场规模、增长率和当前趋势。投资者将向这些分析师咨询关于竞争环境和主要竞争对手的信息。

5. **客户**。如果有机会，可以与客户建立联系，询问他们的消费体验，如他们喜欢或不喜欢产品的哪些方面、购买日期、对未来产品的期望以及对竞争产品或替换产品的看法。也可以联系负责客户管理的高级主管，以获取任何其他正面或负面的信息。

6. **现任员工和前任员工**。可以联系现任员工和前任员工，以寻求因个人接触而可能获得的信息。如果创始人知道有些员工可能会为企业、创始人或高管团队提供不利的信息，那么高管团队最好先披露这些信息，以提前“定调”。

7. **竞争对手**。竞争对手也是一个信息来源，尤其是当投资者在业内以及风投行业内有广泛的人脉时。专业投资者有能力接触到潜在的竞争对手的高管层，这是在建立信任关系之前要警惕信息深度披露的原因之一。这并不是说专业投资者会不恰当地披露企业信息，只是说如果没有签署保密协议，企业就无法受到法律保护，即使发现投资者有不慎言行，也无法维护自己的权益。

企业提供的文件加上第三方的研究为专业投资者提供了详细的数据和一种强大而有效的方法，来评估任何特定机会的“真实面目”。但是，要想全面评估风险，还需要问一些问题，以明确所收集的信息和数据的不一致性或不确定性。

专业投资者常常对企业提出的其他问题有以下几项。

1. 技术、商标和其他知识产权

- 专利的所有权确定吗？
- 专利是否有效且没有任何技术缺陷？
- 现有技术的潜力是否得到了全面的研究？
- 专利组合是否为竞争对手提供了一个重要的技术壁垒？
- 专利组合很难被其他技术和方法规避吗？
- 是否在公司专利情况的背景下对竞争对手的专利情况进行了认真审视和评估？
- 是否已完成运营自由分析？
- 专利组合是否有可能侵犯他人的专利？
- 为了使公司的专利组合发挥作用和稳固，还需要获得其他专利吗？
- 专利组合和基础研究是否已被充分利用，他人不能或不太可能改进或发明封锁性专利？
- 是否有外国专利被授予或申请？如果没有，是否有足够的时间提交适当的申请？
- 商标所有权及其注册权是否确定？

2. 管理

- CEO 和高管团队是否有足够的能力来管理企业？他们是否有能力识人用人，并留住关键人物？
- 创业者是否受到正确的因素激励（如赚钱或改变世界，而不是渴望一个更好的老板）？
- CEO 是否有足够的精力带领企业前进、做出艰难的决定，并承受职位的压力？
- CEO 和高管团队是否足智多谋、思路灵活多变，并且能够克服困难？
- 对于寻找外部投资的创始人而言，建议的和实际的薪酬是否合理和合适？

- 创始人是否进行了足够的金融投资，使他们从公司撤出时很难向自己或朋友和家人等投资者证明其合理性？
- CEO 是否通情达理、乐意接受意见、容易共事？

3. 市场

- 即使出现失误，市场和目标市场的规模是否足够大、增长是否足够快，以支持增长？
- 高管团队是否对市场、竞争对手和客户有足够深入的了解，以使他们的销售预测看起来比较合理？

4. 产品与服务

- 是否存在可能会出现问题的任何监管条款？
- 生产所需的工艺是否经过验证？
- 供应链是否合适？它能够被妥善管理吗？尤其是当制造涉及海外合作伙伴时。
- 制造过程是否达到了规模经济，以支撑未来的增长？

5. 商业模式

- 价值主张是否能够长期获得和留住客户（如可持续性）？
- 为竞争对手设置的壁垒是否足够强大，足以使新进入者无法在市场上立足？
- 独特的竞争优势是否足以保证收入和客户增长？

6. 营销与销售

- 销售预测和基本假设是否合理和有效？
- 如果提出的营销与销售计划无效，高管团队是否能够灵活地执行新的计划？

7. 财务预测和现金流

- 财务预测看起来是否切合实际？如果销售不符合预期，公司能否做出调整，以放慢资金消耗速度、拓展资金来源，直到下一轮融资？
- 在获得下一轮融资前，现金流是否足以支撑企业和管理消耗资金的速度？
- 初创期后的毛利润率是否足以证明投资的合理性？

8. 投资

- 提出的投前估值是否可以接受?
- 企业所需投资是否能够支撑其发展，直到公司盈利或是下一轮投资注入?

创始人和高管团队可以问自己同样的问题，然后给出自己的回答。如果可能，创业者应当学会不对任何问题感到惊讶，并做好充分的准备来回答任何问题。如果被问了一个没有准备好答案的问题，创业者就应该要求一些时间来准备一个合适的答案①。

事实上，任何尽职调查都会暴露出一些负面或有问题的信息。专业投资者会将这些信息与他们收集到的正面信息、企业成功的可能性（他们认为的），以及企业给投资者带来可观回报的可能性（他们认为的）进行权衡。

与投资者打交道所需的文件

在与投资者打交道之前，企业需要准备一些文件，以便在投资者需要时立即交给他们。这些文件包括：

1. 商业计划书；
2. 支持性计划和文件；
3. 营销与销售计划；
4. 财务计划；
5. 非机密执行摘要；
6. 快速演示文稿（10 ~ 12 页）；
7. 详细的演示文稿（5 ~ 10 页）；
8. 电子邮件介绍和书面的电梯游说内容；
9. 投资文件和投资者问卷。

---

① 同时要更新商业计划书、营销与销售计划和财务计划，以解决一些可能出现的更重要的问题，下一位潜在投资者可能也会有类似的问题。

我们假设项目 1 至项目 4 已经完成（与投资者讨论后的修改除外）。执行摘要，也就是项目 5，同样也是一份独立的文件，可以适当地交给那些一开始就不需要完整的商业计划书的投资者翻阅。执行摘要是商业计划书中的执行摘要的非机密版本。其他项目将在下文中介绍。

项目 6——快速演示文稿，旨在对企业或初创企业进行概括性介绍，为投资者提供他们需要了解的重要信息，以帮助他们确定对机会的兴趣。快速演示文稿有多种形式，它们之间只有很小的差别。以下我介绍的这种方法从大纲开始，直到最后一张幻灯片。

- 幻灯片第 1 页：商业计划的标题，CEO 的身份和联系方式、公司标识；
- 幻灯片第 2 页：问题或机会描述以及解释这些问题或机会如此重要的原因（如对客户的影响）；
- 幻灯片第 3 页：公司的解决方案、竞争优势以及为何它与众不同；
- 幻灯片第 4 页：市场和目标市场的规模、特点、增长率、显著特征等；
- 幻灯片第 5 页：产品或服务描述，阐释它们对客户的好处和价值主张；
- 幻灯片第 6 页：描述公司直接竞争对手及其产品和服务，分析产品的不足之处；
- 幻灯片第 7 页：营销和销售策略，包括销售渠道；
- 幻灯片第 8 页：知识产权描述，以及专利或申请中专利的清单；
- 幻灯片第 9 页：管理层和关键团队成员；
- 幻灯片第 10 页：董事会组成（如果有必要提及）；
- 幻灯片第 11 页：财务预测，尤其是销量、收入、产品毛利率和净利润；
- 幻灯片第 12 页：投资理念，解释为什么投资者应该考虑这个机会。

考虑到被提问中断的情况，我们建议，快速演示文稿的展示在 15 ~ 20 分钟内完成。

项目 7——详细的演示文稿，建立在快速演示文稿的基础之上。例如，详细的演示文稿可能会重点关注研究、技术和知识产权等，并包含 5 ~ 10 张幻灯片。可以这样说，如果投资者要求用演示的形式展示更详细的信息，它基本上就可以单独进行。其他详细的推介可以介绍生产、营销与销售、财务和管理等内容。这些支持性的演示文稿文件可以事先打包好，在完成快速演示文稿后制作。

项目 8——用邮件发送信息，可以根据投资者要求进行，但正如我们将要在下一小节介绍的，电梯游说是很有用的。如果创业者之前与投资者进行过交流，并且有必要进一步深入交流时，那么将电梯游说内容通过电子邮件发送给投资者就将非常有用，既可以作为提醒，又可以强调（也许更准确）之前的谈话内容和口头的电梯游说。只有非机密的执行摘要或演示文稿（均为 PDF 格式）才可以用邮件发送，并且只能发送给创业者之前亲自见过、通过电话或被介绍认识的投资者或相关人士。

除非有特殊原因，否则不能通过电子邮件发送商业计划书、营销与销售计划、财务计划或支持性计划的电子版。这类关键文件只能通过快递送达，并要求本人签收。使用这种形式交付的目的在于向投资者表明你（创业者）十分重视文件的安全性。投资者一般也没必要获得这些文件的电子版。当然，即使有正当的理由，未经授权传播的电子版（如扫描等方式）也总是有问题的，所以没必要过度担心。然而，对投资者而言，并没有特别的理由让他们能够更方便地获得电子版。创业者可以适当要求投资者不要将文件的纸质版或电子版转发给其他人。然而，没有绝对的保证。

项目 9——投资文件（如 A 系列优先股）和投资者问卷，应由公司律师准备，尤其是在企业发展的最初阶段，没有那么多有经验的投资者（大多数都是亲友）会关注创业者。对于后期投资而言，风投将根据与创业者的协商使用自己的协议。

每一项书面信息都可以在最后关头出于任何原因更新，甚至可以为特定的投资者“定制”。然而，这种定制一定要快（在 24 小时内完成），以保证创业者承诺的文件不会被延迟交付。一旦准备好了本小节介绍的书面文件，创业者就可以开始与投资者进行接触，并迅速回应投资者的任何请求。

与投资者沟通

从创业者第一次发言的那一刻起，投资者就已经开始衡量、评估发言人和那些尚未披露的机会了。当然，第一印象，无论是见面、通电话，还是电子邮件，都非常重要。创业者应该避免在一开始就出现失误。本小节旨在帮助创业者与投资者进行正确的沟通，从他们初次见面一直到投资谈判。

与投资者的初次见面可能是通过另一个人的引荐，也可能是通过陌生的电话。通常情况下，这种见面发生在天使投资或风投赞助的、旨在将投资者和创业者聚集在一起的活动上。在这种场合下最容易进行电梯游说。在简要介绍过自己和公司后，创业者可以自行决定为其想获得投资的机会进行简单的介绍（30 秒到 1 分钟）。

电梯游说（也被称为电梯演讲）应该能够有效地介绍企业及其产品和服务以及独特的竞争优势。电梯游说的内容必须集中在机会的关键部分，因为投资者认为这些关键部分预示着巨大的价值。电梯游说将在听众心中建立起你企业的形象，只要一两句话就能达到目的。例如：

[我们公司]正在研发一种医疗设备，该设备有望将心脏病患者的心血管功能提高 50% 以上，而且核心技术受核心专利和其他专利申请的保护。我们已经完成了初步设计，并进行了一些很有前景的研究。

这些句子旨在引发以下问题：

- 心血管功能是如何改善的？
- 专利保护了什么技术开发？
- 你们现在处于哪个阶段？
- 下一轮你想要多少钱？

电梯游说虽然没有固定的方式，但一定要满足以下几点要求：

- 在投资者心目中树立企业形象；
- 激发兴趣，引导投资者提出后续问题；
- 确定企业及其主要产品或服务；
- 定义竞争优势或独特的销售主张。

电梯游说的主讲人[①]既要准备好回答投资者提出的问题，同时还要：

- 明确当前存在的问题；
- 解释现有产品和服务的不足之处；
- 确定目标市场的规模和增长率；
- 介绍现有竞争对手及其与本公司的不同之处；
- 解释商业模式；
- 确定公司向前发展的里程碑；
- 提供公司所寻求的投资金额及其用途。

在风投赞助的活动中，留给每位创业者的时间可能只有 5 ~ 10 分钟，因此精心排练和信息丰富的语言的效果最好。如果是通过电话，游说就可以延长几分钟，这取决于投资者的日程安排。无论如何，创业者都应当争取与投资者约定下次见面，以提供更详细的资料。投资者可能会向你要一份执行概要或商业计划书，或者他可能会请你和你的团队做一个演示。要求是什么将取决于投资者对与 CEO/ 演讲者进行交流及其对商业主张的热情。

如果投资者与创业者经过首次见面和信息交换仍然保持联系，那么这可能就预示着有机会向天使投资公司或风险投资公司展示这个机会了。这种展示可以直接基于快速演示文稿，除非投资者可能要求在一个或多个领域进行详细介绍，这时，快速演示文稿也可以包含详细演示文稿中的内容，如前文所述。创业团队（两到三位高管）可以参与会议的口头讨论，但演示只能由 CEO 完成。

如果投资者想要更多信息（营销与销售计划和财务计划等），那么这些文件就应该按照最终版打印并装订（而不是电子版）的形式提供，或根据会议中提出的问题或建议进行修改后提供（在 24 小时之内完成）。

关于估值和投资的问题随时可能出现，但如果创业者能够遵循本书的建议，就应当已经对什么是投资所需的以及他们认为的最合适的投前估值有了一个合理

① 每位高管，尤其是 CEO、CFO、CTO，都应当做好电梯游说的准备。任何可能与投资者共处一室的人也应当做好准备。

的想法。在投资者准备好提出初始报价（投前估值和股权投资）之前，创业者应该尽可能准确地回答每一个问题。

最后，投资者会做出是否投资的决策。如果他的决定为“是”，那么就可以开始谈判了。

与投资者谈判

谈判是实际获得资金（即资金汇入银行账户）之前发生的倒数第二个重大事件。最后一件事是签署正式的协议。

一般来说，谈判是有利于投资者的，正如“有钱人制定规则”这一亘古不变的规则。对创业者而言，这可能是一个令人沮丧的过程，尤其是在创业初期，当估值没有达到他们的预期或期望，而且投资者提出的条款似乎又很苛刻时。尤其是在为商业和财务计划以及一些支持性文件付出大量精力之后，创业者非常渴望尽快结束谈判以获得融资，这是可以理解的。这种焦虑和融资谈判过程的持久最终会对投资者有利。那么，聪明的创业者应该怎么做呢？本小节介绍的方法应该会对你有所帮助。

在与潜在投资者见面之前，当然也是在与潜在投资者讨论估值之前，创业者应该先准备好将商业机会定位为最大价值，并为最终可能会影响谈判价值的关键事宜做好准备。准备好也就成功了一半。

以下一些指南将帮助创业者做好准备，来经历一次艰难却令人兴奋的冒险之旅。在下文中，“专业投资者”或“投资者”可以是个人天使投资人，但据推测，投资者要么来自天使投资公司，要么来自风投。

1. 让你的初创企业能够吸引投资者。投资者必须对机会非常感兴趣，至少从投资回报的角度来看是这样的。如果企业所在的市场也很有发展潜力，那就更好了。如果企业所提供的产品或服务是新颖的，而且有创新性或独具特色，那么只要企业的管理团队素质较高，并且有能力执行商业计划，实际上就可以保证受到投资者的青睐。所有这些有利因素都要由具有创业精神的领导者及其团队展示出来，并且以我们介绍的方式完成（详见第 8 章）。虽然创业者有愿景、精力和热情，但此时，机会显得更加诱人，不仅能吸引一位投资者，而且有希望吸引多位投资者或多家风投。通过强大的营销与销售策略和完整的计划、出色的财务报表和财务计划，以及有说服力的商业计划，创业者可以将机会定位为由专业和有能力的管理团队领导的有吸引力的投资。

2. 确定新兴企业的投前估值。我们已经在第 6 章中介绍了估值指南。创业者首先应该明确企业基于商业和财务计划的数据所能得到的最大可信估值。即使创业者已经竭尽所能地证明了投前估值，投资者也还是会对这个数字半信半疑。创业者所确定的最大可信估值与最小可接受估值之间的某个值是创业者将努力与投资者达成一致的估值。衡量成功与否的标准是创业者能否将投前估值维持在这个范围内。

3. 知道自己需要多少投资。企业所需的投资额来自财务分析，其中合理销售额的下线被用来计算所需投资。需要记住的是，获得下一轮投资还需要花费一定的时间，而且企业在融资期间还要继续运营。为了避免资金短缺，企业需要筹集足够的资金来实现这段时间的目标。无论申请的融资金额是多少，投资者都将仔细审查，而且向后期投资的过渡也会被计入融资金额，这样企业在未来就不会出现资金短缺的情况，前提是企业实现了商业目标。

4. 清楚你愿意用多少股权来交换资金。投前估值的讨论以及所需投资决定了投后估值，投资者对于在后融资企业中实现其资金目标的股权数量有自己的考量。当然，如第 8 章所述，投前估值与融资后投资者股权息息相关，这取决于你，也就是创业者与投资者之间关于所需投资的谈判结果。创业者应现实地对待自己的预期，但也应坚定地面对投资者，尤其是专业投资者将给他们带来压力。

5. 熟悉专业投资者常用的条款。与你的公司律师一起工作时，你需要了解典型的投资交易条款，并对每一项都有自己的观点和立场。我们在第 8 章中介绍过这些条款。一般来说，专业投资者都有自己的方法来使用这些重要条款，但也可以根据创业者的意愿调整一些条款。摆明你的立场，准备以交换意见的方式进行讨论。

6. 确定你的谈判策略和过程。当 CEO 代表初创企业进行谈判时，优秀的 CFO 可以作为 CEO 的伙伴加入谈判团队。谈判团队不需要其他人加入，敏感信息应仅限于 CEO、CFO 和公司律师知道。投资者应该知道谁将参与谈判以及如何进行谈判，包括明确公司律师的角色仅是为创业者提出建议，不会参与任何原则性条款的谈判。公司律师可以提出其他条款来推动谈判过程，但他们不应该成为决策者。在企业发展后期，双方的律师通常都会拟定投资协议双方当事人同意或不同意的潜在条款。确保你和你的公司律师都了解基本规则。经验丰富的公司律师更可能建议你以合适的方式代表你发挥他们的专业技能。

7. 制定一份专业投资者目标清单。通过查看天使投资和风险投资机构的成员名单（该名单显示了成员的姓名、感兴趣的领域、偏好的投资领域等信息），创业者可以制定一份符合自己要求的潜在专业投资者的排名名单。可以考虑从排名垫底的几家公司开始，这样，创业者能够在融资过程中积累一些经验，并确定和进一步处理投资者提出的问题。在几次这样低级别的接触之后，你将在投资过程中更加坚定，更加自信，并能进一步完善商业计划书和财务计划。

8. 不要“推销”你的商业计划书。创业者所能采取的最糟糕的方法之一就是大肆宣传或过度曝光自己的商业计划书。没有一位潜在的投资者愿意认为或知道你在向一大群潜在投资者推销你的商业机会。这种方法不仅不恰当，而且会因过度推销而侵蚀了机会所创造的内在价值。珍惜自己的机会，并将其视为只能与最特别的人（你希望成为你的投资伙伴的人）分享的非常有价值的事情。任何时候，请不要同时与三位以上的专业投资者进行谈话。如果你真的珍惜自己的机会，那么你需要联系的专业投资者或公司的数量不宜过多。

9. 寻找你喜欢且可以信任的专业投资者。假设很多专业投资者都能满足你的投资需求，至少在一个或多个阶段，如果你选择了自己喜欢的投资者，并学会了信任他们（信任是相互的），这将是一段非常美好的经历。与那些与你有相同的目标、原则和道德准则的人共事，你的整个创业经历都将是愉快的。你应该努力在众多专业投资者中找到合适的人选。由于不太可能签署保密协议，请你注意自己的言行，并将企业最重要的机密信息保留到最后关头，直到与投资者建立起信任，并且很可能（实际上是确定）达成交易的时候。

在谈判过程中，创业者应注意以下几点。

1. 与多位专业投资者交谈。为了从潜在投资者那里获得最大估值，你必须与至少两位，一般不超过三位投资者进行有意义的谈判，不过这个数字取决于创业者是否愿意进行多次谈话。如果投资者通过直接问你或通过你的言语间接感觉到你只有一次获得资金的机会，那么优势就会转移到投资者身上。不要让这种情况发生。任何时候都要与两三位重要且对你企业感兴趣的潜在投资者保持联系。没有必要公开你正在与多少人接洽。

2. 不要第一个就估值发表意见。巧妙地回避投资者的问题，让投资者先提出初步意见。毫无疑问，这个意见将低于预期。如果报价过低或低于你的最低价，此时你可以按兵不动，即不要提出你的估值，而是采取拖延战术。这就表明，投资者提出的价格是无效的。创业者可以指出这个数字太低了，自己无法提出还价。事实上，此时最好换个话题，看看投资者是否会有新的想法。只有当这个数字接近你的最低价时，你才应该考虑给出回应，而回应应该是你的较高估值。理想的情况是，与你打交道的投资者是一个通情达理的人，不会提出过低的报价，但你还是要保持警惕，先引出投资者提出的最高估值意见。请注意，确保你使用的数字是投前估值。

3. 不要害怕战略性后退。有时候，当双方的立场似乎相距甚远时，评估投资者是否真的对企业有兴趣的一种巧妙的方法是稍微后撤一点（如退后半步）。例如，创业者可以说："也许这并不是您想要的投资类型？"这样做的目的有两个：一方面，你需要确定投资者的兴趣到底有多大，如果你认为他接受了你的后退，那么他可能并不是你要找的人；另一方面，如果投资者回过头来表达自己有兴趣，那么这就表明交易可能达成，只是时机未到。创业者理想的状态是心态平和，无论投资者表示有兴趣进一步参与或退出都不会受到影响。投资者可能感觉会失去潜在的投资者，但如果再投入一点时间，创业者更有可能获得自己需要的经验，找到更适合初创企业的投资者。

4. 不要太着急。焦虑是能够被感知的，会影响文稿演示和讨论。保持冷静，你要意识到融资的过程是很漫长的，而且充满了挑战。在成功之前，你可能需要和很多人谈话。专业投资者了解创业者在融资过程中的内心压力。你如何应对压力往往会成为评估你是否有能力成为一位 CEO 的因素之一。注意你的肢体语言，不要流露出你的不适。回答问题时保持自信和平静。一切都只与生意有关，除非遇到特殊情况，否则请隐藏你的情感。

5. 注意你周围的环境。当你进入专业投资者的“领地”时，请注意，在你直接接触范围之外的无意的眼神和对话都可能被他们组织内的其他人看到或听到。当你与团队成员交谈时，投资者的这种“情报收集”能力可能对你不利。另外要注意，处于打开状态的扬声器可能会将你与团队成员的对话传到其他人的房间里。避免在公开场合讨论，因为别人很容易听到。永远不要以为谈话能够保密，即使它应该被保密。最好是在公司律师的办公室内进行重要的谈话。

6. 熟练地使用你的公司律师。不要让你的律师进行估值谈判，估值谈判是在 CEO 与投资者之间进行的。但在讨论估值时，让你的律师在场是很有用的，因为他可以就条款发表适当的评论，他的辩护也可以支持你的估值意见。在谈判的最后阶段，当涉及法律问题时，他可能是你想要坚持的立场的重要支持者。公司律师通常还可以提出中间立场，帮助双方达成一致。

7. 准备一个备用计划。任何情况下，你都要为自己留一道“后门”。例如，你可以准备一个备用计划，用于从你清单上的下一位投资者那里获得没有从现有投资者身上获得的利益和投资。如果融资时间比预期的长，备用计划就是控制支出或使可用资金用得更久的运营计划。从本质上说，如果你希望成功，就必须为挫折或失败做好准备，并不惜一切代价避免出现资金短缺的局面。一旦出现这种局面，投资者就可能乘人之危。说起来容易做起来难，在实践中，这意味着要仔细规划，为下一阶段的融资留出 9 ~ 12 个月的时间（衡量的标准是将你的新商业计划书展示给第一位潜在投资者的时间），以便把钱存进银行。显然，上一轮投资利用得越成功，获得下一轮融资就越容易。但也不要完全指望它，要时刻保持小心谨慎。

当然，理想的最终目标是至少有两到三位专业投资者对你的初创企业感兴趣，并愿意与你讨论投资意向书。

投资意向书和法律协议

投资意向书是一份相对简单的文件，它包含双方在签署正式的法律协议前必须达成一致的所有重要条款和量化因素（如投前估值、投资数额等）。通常，双方都将提出自己认为重要的潜在协议项目，并进行谈判。在实践中，专业投资者，尤其是风投，已经为投资意向书制定了一个协议范本，围绕这个范本进行的谈判都可以有序地进行。投资意向书的篇幅相对较短，应该包括易于理解的概念和术语，语言最好简单平实。投资意向书不一定具有法律约束力，但每个版本都必须仔细阅读，以了解当潜在的交易未能完成时可能适用的任何条款。

美国风险投资协会（National Venture Capital Association，NVCA）制定了很多结构化的投资意向书，创业者应熟悉这些协议，因为它们为协议涉及的各方都提供了参考。你的公司律师应该非常熟悉投资意向书和最终的投资协议，因为他在制定融资协议的所有阶段给出的建议都对最终的成功至关重要。我们将在下文介绍创业者应当熟悉的一些重要条款。

1. 报价条款。它包括相关投资者的身份证明，以及他们在后融资企业中所占的股权比例、投资的绝对价值、筹集资金的总额、投前估值以及股权结构表计算出的股价（如原始买入价）。股权结构表以绝对值和百分比的形式显示了企业所有股东的投前和投后股份。

根据投资者及其需求，他们的投资可能是一次性的，也可能是多次的，或根据里程碑的达到情况而定。如果投资者希望只根据达到某些里程碑来进行投资，那么双方就需要就里程碑进行谈判。这类里程碑可以包括产品原型的开发、获得第一位有特定销量的企业客户和签署的合同数量等。

2. 规章制度。它描述了企业运营的关键内容，包括办公室（第一条）、股东会议（第二条）、董事（第三条）、董事会会议（第四条）、董事委员会（第五条）、董事的薪酬（第六条）、注意事项（第七条）、公司高管（第八条）、股东（第九条）、总则（第十条）、赔偿（第十一条）和修订（第十二条）。这些条款描述了很多对投资者而言十分重要的事项。公司注册证书很可能会被重写，以支持投资意向书中定义的新的投资者需求。我们将在下文详细介绍典型的条款。

企业将向优先股的持有者支付股息。股息通常是累积的，必须在未来的某个时间支付，也可以不累积。

清算优先权是投资者确保投资者在创业者之前获得资金的方法。非参与优先股是指持有者有权在普通股持有者获得任何剩余资产之前获得其初始投资和应计但未支付的股息，但不分享普通股持有者获得的收益。投资者可以寻求一项条款，以获得原始买入价的倍数（如两倍）加上分配给普通股持有者之前的未支付和应计股息。而完全参与优先股的持有者保留其获得原始投资（可能是倍数）、累计股息和未支付股息，以及在转换为普通股的基础上获得任何清算收益的份额的权利。一些条款会提到附上限的优先股参与权的使用。在这种情况下，优先股的持有者有权与普通股持有者一起参与（按照每股标准），但不超过上限。上限通常用原始买入价的倍数来表示。

3. 投票权。这是指投资者与普通股持有者平等参与投票的权利。优先股持有者通常要求一个或多个董事会席位。

在投资意向书中，保护性条款很常见，其目的在于为投资者提供对企业资产和重大决策的控制权。重大决策包括：（1）清算、解散或其他与企业清算有关的事宜；（2）对于公司注册证书的任何修改；（3）发行新的证券或股息的支付；（4）发行债务工具；（5）发行股票；（6）董事会成员人数的变化。

投资意向书中的反稀释条款用于保护投资者在股票以低于其支付的价格出售时的权益。股价的损失可以通过向投资者提供更多的股票来弥补。投资意向书中可能出现的反稀释方法有两种。最常见的一种方法被称为**加权平均法**，这种方法使用融资前后的优先股价格和融资前后的已发行股票数量，应用如下公式[①]进行计算：

$$CP2=CP1\times(A+B)\div(A+C)$$

① 来自美国风险投资协会。

其中，CP2 为新的 A 系列股转换价格，CP1 为发行前 A 系列股转换价格，A 为发行前已发行的普通股（完全稀释），B 为总投资额 /CP1，C 为交易中的已发行的股票数。

另一种反稀释方法被称为“完全棘轮”，即转换价格与新股票的发行价格相同。虽然这种方法不常被使用，但有可能没有基于价格的反稀释条款。

用以说明反稀释的新发行股票数量是根据 CP1 ÷ CP2 的值计算的，也就是用于弥补股价下降而发行的股票数量，简单地说就是可以直接用 CP1 ÷ CP2 的值乘以转换前持有的股票数量。另一个常用的术语，即“付费参与”（pay-to-play）指的是要求投资者在下一轮或失去反稀释权利，或失去参与未来轮融资的权利，或被要求将其股票转换为普通股时，放弃其已经拥有的董事会席位来买入他们的股份。

4. 投资者权利。众多法律条款都有对投资者权利进行描述，我们将介绍其中的一些条款。例如，注册权允许投资者要求企业以他们的名义登记他们的股份，并假设投资发生数年（通常是 3 ～ 5 年）后会进行首次公开募股（IPO）。这些权利使投资者能够在公开发行时出售自己的股份。企业有一个股票登记簿，用以记录哪些人持有股票。计划 IPO 时，附带登记权允许已登记股份的持有者被记入公司的注册登记书。锁定条款用于确保投资者不得在一段时间内（通常是在 IPO 后的 180 天内）出售或转让普通股。管理和信息权允许投资者访问企业的实体设施，获取包括财务报表在内的重要文件，和收到按月份更新的股权结构表。按比例参与权允许当前投资者根据其当前的所有权比例参与后续轮投资。赎回权为投资者提供了一种以成本价出售（或赎回）股票并获得少量特定回报的方式。

优先股持有者还有权批准企业的某些交易，例如包括向任何实体（个人或员工）提供贷款和保护性条款（如股票预付款）；为任何债务、投资、协议或与董事的交易提供担保；聘用或解雇，或变更高管的薪酬；变更企业的主要经营地点；与超过一定数量的其他人签订战略协议。

其他条款包括竞业禁止协议，该协议要求关键员工和创始人在离职后的一段时间内（通常是在聘用关系终止一年内）不得进入竞争企业。董事会事宜包括董事会成员至少包括一位优先股持有者、企业要提供董事会监事及高级管理人员责任保险（Directors and Officers Liability Insurance，D&O Insurance）以及为董事会成员提供的其他合理保护。企业通常还会有员工股票期权，投资意向书可能会规定主要条款和等待期。公司可能被要求为一位或多位创始人提供关键人物保险。

投资者还有一项被称为优先购买权和共售权的条款，这项条款允许投资者参与（或拒绝）任何涉及向创始人或未来员工转让股权的交易。

投票协议包括与董事会组成有关的条款，如确定董事会成员的人数、指定一位或多位董事会成员作为投资者代表以指定投资者和创始人都能接受的人选。公司 CEO 经常是董事会的一员。一项被称为强制出售权的特殊条款用一项协议约束创始人，即如果大股东出售股份，少数股东就必须加入交易。从本质上说，这迫使所有投资者都以同样的价格和条款退出。

在某些情况下，可能存在对那些正在开发、但尚未被企业正式宣布以临时专利申请形式拥有的知识产权的担忧，投资者可能提出能够明确说明这些未完成的知识产权为企业所有的条款。当然，一般来说，知识产权都会被确定，创始人和其他人除了签署投资协议，还应当签署专利转让协议。如果知识产权来自其他来源（如大学），或创始人曾在竞争对手那里任职，那么知识产权的所有权问题就会变得麻烦且棘手。在这些情况下，投资者会异常谨慎，并会努力确保不存在可能与其他公司产生法律纠纷的知识产权。如果投资者对此不是非常满意，他们可能就会提出特殊条款，要求创始人（或其他人）再次表明他们的知识产权不会与企业外部的组织或个人产生所有权纠纷。

投资意向书的关键条款之一被称为排他（no shop）条款。该条款要求创始人在投资意向书签署完成后不再接受其他投资者。此外，这类条款通常要求创始人在签署投资意向书时通知任何对企业表达过投资意愿的一方。

5. 补偿协议。企业应该向董事会成员提供补偿协议，以最大限度地减轻与成为董事会成员相关的潜在个人责任。这类协议经常会提供给董事会成员，而且责任由企业承担。企业还会提供董监事及高级管理人员责任保险来承担潜在的责任。

6. 雇佣协议。它被投资者用于获得初创企业创始人和关键人物所提供的服务。

如果在较早的一轮投资中就签署了雇佣协议，那么它可能会被重写，以满足新的投资者的需求。雇佣协议（或聘书）包括主要雇佣条款，即任职期限、薪酬、奖金、休假和福利、保密要求、保密条款、竞业禁止协议、知识产权协议、受限活动、有原因离职和无原因离职、员工去世或残疾时给家属的津贴、发生纠纷时的诉讼条款以及一系列管理和法律协议。虽然雇佣协议作为模式合同适用于所有员工，但针对创始人的条款需要仔细协商，以确保其满足创业者和投资者的需求。大多数雇佣协议都有标准化内容，而且只有特定人员的协议需要经过协商确定。

7. 股权兑现协议。对创业者而言，更重要的是与投资者签订的股权兑现协议。更常见的情况是，股份协议具有反向兑现协议的特点，即创始人获得预先股份赠予，但如果创业者因某种原因被解雇或辞职，企业就有权在未来的某个时间以低价回购其股份。这对投资者而言行得通，但对创始人而言却很麻烦。因此，当所有权发生变更和/或企业被出售，或创始人因非业绩原因被解雇（如无故离职）时，协议中通常会包括出现基于创始人所有权“加速”（超过通过按比例分配的时间因素获得的）的条款。

与员工一样，股权兑现期限为四年。然而，在创始人股份正式生效之前，很多创业者都已经为企业工作了一年或以上，所以在协商中必须考虑到他们之前提供的服务。与此同时，投资者通常不愿意让那些已经获得了大部分股份的创始人继续管理他们的新投资，因为在他们看来，这些创始人可能没有动力继续留在公司。要平衡这种情况就必须通过协商，重新点燃创始人的热情，减轻投资者的担忧。可以通过授予新的股票期权（如员工持股计划的一部分）来促进这个过程。

在企业与投资者签署投资意向书后，投资意向书将交给公司律师，以形成正式的投资协议。随后，创业者和公司律师必须仔细审视每一项条款，确保其满足创业者的需求。投资者也会这样做。当所有细节被最终敲定后就可以签署投资协议了，投资款项将进入企业的银行账户。

The Smart Entrepreneur

第9章

你的投资者网络

在本章中，我们将介绍各种类型的投资者及其投资潜力，首先将从个人投资者开始，他们的投资金额较少，也不太擅长对投资进行评估。另一个极端是风险投资机构，它们在商业和金融方面都非常专业和富有经验，可以投入更多的资金。

在介绍投资者网络，尤其是专业投资者之前，重要的是创业者应先基本完成财务计划和商业计划，并树立对机会价值的信心，因为投资者可能对此很有兴趣，创业者需要及时抓住机会。

创业者需要迅速对投资者的需求做出反应（通常在一到两天内），以向投资者证明他们已经准备好参与正式的讨论了。例如，假设你已经结束了首次见面和演示，投资者要求查看完整的商业计划，那么你应该用一到两天的时间对商业计划书（也许还有财务计划）进行微调，以解决投资者可能提出的问题，然后再将其交给投资者。最好不要急于“推销”你的机会，原因之一是要准备好你需要的所有材料。

创业者面临的挑战是以某种方式“优化”投资者的选择和所需投资，以最小化用于交换投资所需的创始人和企业股权的数量。不要迷失在这个基本的等式中，要记住，选择投资者就像结婚一样，既有回报，也有问题，但一般来说，结婚比离婚容易。事实上，对投资者而言，一旦用投资交换了股权，就可能很难终止一段令人不愉快的关系。

创始人融资

创始人往往渴望启动他们的机会，即使只是以少量的资金，而创始人融资是推动初创企业向前发展的主要手段。在最初阶段，初创企业会产生公司律师和专利律师的初始费用、公司注册费以及营业执照、购买创始人股份、专业帮助制订商业计划等方面的费用。在大多数情况下，创始人都可以承担这些费用。

我们建议，刚开始创业的创始人可以做一些初步的评估和计划，重点关注创业对其配偶、孩子和家庭经济状况会产生怎样的影响。

一旦创始人对自己的企业进行了投资，就很容易进行下一次投资，直到某个时候，创始人（或创业团队成员）发现自己因为投资太多而陷入了尴尬的境地。投资的多少取决于个人和家庭的财务状况及其对现在和未来生活方式的预期。显然，一个人如何考虑投资自己的企业在很大程度上取决于他个人的财务状况。在这里，我们假设创业者的财力有限。

在投资自己的企业之前，创业者应该考虑以下几点。

1. 为自己和家庭做一个为期 18 个月的预算。18 个月是一段很长的时间，但对于一家初创企业而言，创始人花这么长时间才能拿到薪酬形式的报酬很常见。这笔钱应该被留起来，只用于自己和家人。在这段时间里，虽然你可以要求你的家人减少开销，但我强烈建议你不要把你的家人置于这样的境地，尤其是涉及孩子时。在预算中可以增加一些额外的备用金来应对个人或家庭的紧急情况，可以与家人重点讨论备用金的金额。放在长期投资中的金额应保持不变。除了用于家庭开支和应急，储蓄中剩余的款项都可用于投资。一般来说，这也被称为家庭预算中的自由支配支出。

2. 限制投资资产的使用。虽然每个人对风险的容忍度是不同的，而且这取决于很多因素（如年龄、家庭状况和生活方式等），但出售房产或汽车等资产应该是“不予考虑”的，因为初创企业失败的风险非常大。如果创业者被判有罪，出售房产也许是可以的，但无论如何都应该对出售其他投资设定限制。不超过总资产的15%（除了房产和汽车）可能是合理的，这同样取决于你的年龄和未来的就业潜力。

3. 不要借钱或抵押你的房子。可能适用的情况是你的房产有抵押贷款，你有能力再融资，并以现金的形式变现一些股权。没有任何情况足以将你通过之前的努力所创建的资产的潜在价值置于风险之中。不要这样做。

4. 不要支付信用卡财务费用。信用卡使用方便；然而，未付余额往往招致高额的财务费用。因此，要有计划地及时还清，并确保留出的个人投资资金足以支付任何预期的余额。

5. 为投资设定一个限度，并严格执行。在做了所有这些考虑之后，创业者就可以对他可能愿意投资的最大数额做出明智的决定。这个限度不应该被打破。有一个限度，对个人和家庭情况进行了评估，并做出了必要的决定可以使创业者及其家人感到一定程度的舒适。实际上，这就像去拉斯维加斯时，知道自己的赌注（很可能输掉的）被限制在可以承受的范围内，并且不会对个人或家庭造成过度伤害一样。

专业投资者经常会问创业者是否为初创企业投入了自己的资金。这个问题表明，投资者需要评估创业者对创业的投入程度。一般来说，如果一个人在游戏中会面临很多风险，那么他就不会轻易放弃。但是，创业者不应该用对这个问题的恐惧来改变他们投资多少的决定。尤其要考虑的是，一个放弃了 18 个月收入（如薪酬）的创业者在游戏中有相当大的风险。此外，我们应将创业者视为一个能在企业中提供能量、创造力和远见，以使机会发挥作用的人。在遵循了之前的指导后，无论你决定做什么都是正确的。

孵化器和加速器

“孵化器”和“加速器”是两个密切相关的术语，它们是指那些在创业者创业初期和最关键期（此时，财务资源最少或尚不存在，而且能够获取的关键资源有限），帮助创业者培养和推进其创新理念和发现刚刚萌芽的商业机会的第三方组织。孵化器和加速器的目标是一样的，即通过提供有价值的支持和经验丰富的顾问，帮助创业者协商早期的成立步骤，以创建一家能够获得资金支持的企业。

孵化器和加速器之间的差别很小。然而，一般来说，孵化器将在较长时间内

（1 ~ 3年）以收取小额月费的形式为创业者提供帮助，而且它们不太可能投资（尽管它们可能要求创业者用股权来换取它们的服务），而加速器将在更短的时间内（按月计算）提供服务和支持，它们可能会投资现金，以“加速”发展某个机会。两种模式都在不断进化和融合。

孵化器和加速器要求创业者申请加入，而很多项目的接受标准各不相同。从可行性计划到成熟的商业计划，申请的要求各不相同。如果创业者拥有概念验证设备和关键人员，他们就更有可能被接受，尽管这不是一个严格的规定。一般人们认为，首次创业的创业者通过加入孵化器会获得更大的收益，因为加速器的速度更快，时间也更有限，投资者对更早获得投资回报的期望更高。

孵化器或加速器可以提供以下典型的企业服务。

1. 物理设施，包括空间、公用设施、互联网接入、管理支持，以及位于工业园区或研发园区的实验室和相关设备的接入。

2. 与其他创业者建立工作联系的机会，以及孵化器所有者及其众多合作伙伴和同事为创业者提供的人际关系。其中一些合作伙伴可能会带来潜在的战略合作伙伴、天使投资人、风险投资家和其他可能会以技术贡献者或经理的身份加入创业团队的人员。这个网络极有可能有助于识别出顾问委员会成员和其他可能在某个时间点加入董事会的人员。

3. 来自孵化器合作伙伴在财务、营销、会计等方面的职能支持。这些合作伙伴能够积极地提供服务或希望直接分享经验，他们既可以提供短期的免费咨询，也可以提供付费服务，这取决于创业者的财力。

4. 获得受过良好培训的专业人士（如律师事务所、专利公司、合规公司等）所提供的法律、知识产权和监管支持，这些专业人士可能免费或象征性地提供几个小时的建议。

5. 培训，包括演讲技巧、电梯游说、适当的商务礼仪、交流技巧、人际关系技巧、领导技巧和撰写商业计划书等。

6. 融资实体介绍，包括风投、专业天使投资人和银行等。

孵化器有很多种。例如，IdeaLab 公司通常有自己的想法，可以建立团队并让其获得融资，然后提供专业的管理。StartX 是一个非营利组织，通过指导和提供资源为斯坦福大学的顶尖学生工程师提供“体验式教育”。另一个极端是只提供空间和访问专业网络而无其他资源的孵化器。关于孵化器的一个很好的信息来源是美家企业孵化器协会（National Business Incubation Association，NBIA）。该协会为创业者提供信息、教育、交流机会，并帮助他们与在国家层面协助创业和在宣传方面经验丰富的资源取得联系。

加速器模式往往有更成熟的结构，而且可能为创业者提供量身定制的发展计划和投资机会，以快速推动企业走向一个目标（一般是专注于创造收入和利润）。通常，加速器通过选择经验丰富的创业者和为下一阶段准备好的机会，为其客户提供获得种子期或启动期资金的天使投资和 / 或风险资本。就专业投资者支持其创业客户和被投资公司的程度而言，他们所进行的尽职调查是对机会价值的初步验证。接受的概率很低，为千分之一。然而，有强大的团队和可靠的商业计划书支持的创意会大大提高成功的概率。

近年来，很多企业一直在探索如何实施企业孵化器的概念，以确保获得新技术和新机会。一般来说，企业孵化器以以下三种方式实现。

1. **内部创业**。这指的是企业内部思想的孵化，由内部团队和组织结构推动。最佳或首选的商业模式将不断发展出新的想法。在任何情况下，有必要确定一位愿景持有者，或者换句话说，这个人有创业倾向，能够克服障碍和解决问题，能够将想法、概念或创新推进到产品或商业机会。企业所需的其他部分包括提供支持和所需资金的内部组织结构，对想法的价值进行评估和决策的方法，以及利用内部或外部资源组建团队的能力。大中型企业一般倾向于高度结构化，这种倾向与初创企业的倾向有所抵触。可能需要一些时间才能看出内部创业是否将成为一种可行的、可持续的组织能力。

2. **创新型内包**。这是指通过内部的流程和支持来孵化外部的创意和创业者。这种孵化器的一个例子是微软创投（Microsoft Ventures）。类似的孵化器 / 加速器比比皆是，如成立于 2012 年的高通（Qualcomm）和 PayPal。来自外部企业的知识产权将由该企业保留，尽管可能有其他的交易结构。创业者的优势在于，他们有能力将未来的产品与能够接触客户和市场的合作伙伴结合起来。

3. **孵化器联盟。**它能够为外部孵化器及其创业客户团队提供资金和支持。这种模式允许企业以最小的人力资本支出参与创业机会，同时依靠创业团队和相关联盟合作伙伴，创建一家可持续且有价值的公司。他们经常参与投资，因此在早期投资机会方面占有一席之地。

选择加速器还是孵化器？这是创业者最早需要做出的关键决策之一。从2005年开始，随着孵化器和加速器数量和类型的急剧增加，创业者很难根据自己的愿景、个性和业务类型来做出最好的选择。

那么，创业者如何决定是接触孵化器还是加速器呢？

尽职调查的第一步是发现。创业者需要探索当地的孵化器/加速器社区，如果他们自身和家庭情况允许，甚至可以考虑国家层面的机会。创业者的尽职调查应该包括评估孵化器/加速器的声誉、成功率、过去和现在的客户、服务类型、员工经验，以及商业、金融和投资资源的可用性。创业者还应评估每个正在被考虑的孵化器/加速器的要求和期望。

在探索过程中，创业者应该准备好商业计划书、财务计划和最初的演示材料（即使只是初步的形式）。时刻准备好总是一件好事。最有可能出现的情况是，你将被要求向孵化器或加速器的所有者和领导者演示或概述自己面临的机会。

我们建议创业者不要在一开始就提出他们对企业价值的看法，这并不是说让他们说不知道，而是要巧妙地回避这个问题。例如，你可以说："我们正在努力确定"。虽然每个机会都不一样，但可以预料的是，参与早期投资的经验丰富的专业人士和投资者可能有他们自己预先确定的观点，他们对价值的预期肯定比你低得多。你需要时间来正确地介绍和验证自己的观点，最好在你决定是否要接触孵化器或加速器以及接触哪一个之后再行动。

孵化器或加速器要求至少用5%（也可能高达15%）的股权来换取服务，这是很常见的。这就是为什么创业者需要非常谨慎地对待估值和所需投资的问题，免得在一开始就付出太多。

孵化器和加速器可以成为创业者的一种宝贵资源，但创业者必须在其他形式的财务支持（朋友和家人、天使投资人等）、投资阶段和早期发展的方法（包括车库工作或自助等）的背景下评估它们的价值。

非专业投资

非专业投资者基本上就是朋友和家人，其主要优势是很容易解决问题，在创业者遇到挫折时会提供尽可能多的帮助，而且对信息的要求不高。创业者可能有喜欢他们、了解他们甚至爱他们的家人。

朋友和家人通常是不成熟的投资者，不擅长深入分析和做出财务决策。无论以任何标准衡量，他们提出的尽职调查内容都不多，而且即使他们可能无法投资太多（或任何东西），他们也是好的潜在投资者，因为他们可以为创业者提供机会，来练习“推销”、倾听问题以及完善演示、财务计划和商业计划书。亲友融资轮（通常被称为 A/AA/A1 系列优先股或种子轮）可能由 10 ~ 14 人组成，创业者可能每次只向一人“推销”，但更有可能是两到几十人一组，听创业者的“推销”。如果有多位创始人，那么投资和实践的机会就会明显增多。虽然这可能很耗时，但是做多次演示、处理大量问题以及多次修改商业计划书和财务计划的好处不可小觑。

请朋友和家人投资的缺点在于，如果企业不成功，投资损失或严重稀释可能会对个人关系产生潜在的损害。不去找亲友可能是一个非常好的决定。如果你认为他们会因为没机会支持你而烦恼的话，那么向他们求助可能比较合适。这是一个非常个人的决定，没有正确或错误之分，可以由每位创始人自己决定。

如果一位或多位创始人都决定向亲友求助，那么遵循以下几点就很重要。

1. 谨慎选择亲友的投资。确保所选择的潜在亲友是你想要的投资者。过分紧张、精于算计或吹毛求疵的投资者可能不是最好的投资者，你也可以避免为他们提供投资机会。他们的钱不值得你和你的团队焦虑。

2. 确保亲友有资格投资。所有投资者都必须完成一份投资调查问卷，证明其资产和收入符合美国证券交易委员会关于投资者资格的基本规定。创始人和公司律师将审阅这份证明。如果创始人认为提供的投资和其他可能因个人关系而被认定的因素不符，那么投资即使按照法律规定可以被接受，也应该被拒绝。

3. 一定要尽力警告他们。在进行了演示并提供了商业计划书之后，创始人应该尽力强调所涉及的风险，并声明投资很可能失败。归根结底，创始人和创业者需要对家人或朋友进行投资的理由问心无愧。

4. 通过提供认股权证来弥补亲友的风险和可能的稀释。投资阶段越早，该阶段的投资者越有可能被稀释。为了对这种可能发生的情况进行弥补，可以发行认股权证和 A 系列优先股融资。认股权证提供了在未来某一日买入股票的权利，而且价格远低于股价。认股权证本质上是在企业发展的最初阶段吸引投资者投资的一种“最优惠待遇”。

朋友和家庭融资轮可以作为创始人补充投资的一种好方式。如果创业者可以很好地设计和执行种子轮融资，就可以为寻找其他类型的投资者和投资打下坚实的基础。

“笨钱”——众筹

“众筹”一词最初是指因某种原因向群体（如大众）募捐，以筹集资金。参与众筹的人期望以商品和 / 或服务的形式获得回报。现在，“众筹”指的是初创企业通过使用在线门户网站，向相对较多的投资者出售少量股权来实现资金证券化。也就是说，众筹可能涉及股权融资和 / 或债务融资。

“笨钱”反映的事实是，很多参与众筹的投资者除了钱，没什么其他东西可以贡献。当然，很多聪明和专业的投资者可能会参与众筹；然而，很多缺乏经验的投资者参与其中的可能性更大。我们可以将其与专业人士（天使投资人、风投和私募股权来源）的投资进行对比，这些专业人士通常可以在企业管理、获取人力和股本 / 债务资本以及为企业从一轮融资到下一轮融资的交易给出建议等方面提供帮助。

在美国，众筹是由时任美国总统的奥巴马于2012年4月5日签署生效的《创业企业融资法案》（*Jumpstart Our Business Startups Act*，*JOBS Act*）带来的一种相对较新的融资方式。该法案旨在让小企业（当然也包括处于创业初期的技术公司）能够获得更多的资本，并让成长型企业更容易在美国的证券交易所上市。这个过程可能会创造就业机会。美国证券交易委员会和美国金融业监管局都将积极为《创业企业融资法案》制定规则（尽管大部分规则在2014年之前可能无法实施），使该法案的关键部分（如第三部分）对筹款人产生问题，特别是那些可能涉及非合格投资者规则的部分。美国证券交易委员会将最终决定如何组织众筹、创业者将保留多少灵活性以及如何保护小投资者（并将这些内容写入法律）。

在《创业企业融资法案》的七个部分中，题为"众筹"的第三部分的官方名称为《2012网上融资与防诈欺及不当隐匿法案》（*Capital Raising Online While Deterring Fraud and Unethical Non-Disclosure Act of 2012*），简称《众筹法案》。第三部分与初创企业最为相关。然而，七个部分的每一个部分都对即将上市的公司具有适用性。

《众筹法案》规定，在任何12个月的期限内，总金额低于100万美元的有限规模发行可以获得注册豁免，如果单个投资者的年收入或净资产低于10万美元，则上限为2000美元或其年收入的5%；如果投资者的年收入或净资产高于10万美元，则上限为10万美元或10%。投资者不必经过认证，也不需要满足证券教育和风险认知方面的要求。发行股票的公司必须定期向美国证券交易委员会报告，但可以在一段时间内免受2002年《萨班斯－奥克斯利法案》（*Sarbanes-Oxley Act*）的某些要求。《众筹法案》还允许使用必须在美国证券交易委员会注册的互联网融资门户网站。这些网站可以用于私募融资。虽然它们不需要注册成为证券交易商，但被要求对公司进行审查，以减低欺诈风险。

《创业企业融资法案》的第一部分题为"向新兴成长型公司重新开放美国资本市场"，其中将"新兴成长型公司"定义为必须向美国证券交易委员会报告的一类新公司。这个部分为新兴成长型公司创建了一个长达五年的IPO"入口"，这就降低了新兴成长型公司的上市要求。例如，只需要两年的经审计的财务报表，而在

《创业企业融资法案》成为法律之前需要三年的经审计的财务报表。它允许对注册声明中的信息进行保密处理，相比之下，非新兴成长型公司则要披露更多的信息。从本质上讲，IPO 计划可以秘密提交。根据 2002 年《萨班斯 – 奥克斯利法案》，审计师必须为内部控制作证，而《创业企业融资法案》允许新兴成长型公司忽略对审计师的要求，但仍要求审计师报告内部控制情况。

《创业企业融资法案》的第二部分题为“为创造就业机会的人获取资本的途径”，其中要求如果投资者获得认证，美国证券交易委员会就将根据 D 条例（Regulation D）第 506 条取消对豁免注册发行证券的一般性征集和广告的禁令。

2013 年 7 月，美国证券交易委员会决定在 D 条例中提供一份非排他性方法列表，发行人可以用来验证个人合格投资者的状态，包括审核报告买方收入的任何美国国家税务局的表格副本（以及书面陈述，买方可能会继续赚这么多）、审查银行对账单、经纪业务报表、税收评估、评估报告和关于净值的客户报告，或通过收到书面确认，说明指定的第三方已经采取合理的步骤核实了买方的合格投资者身份，包括联系投资者的注册经纪人、在美国证券交易委员会注册的投资顾问、执业律师或注册会计师。

《创业企业融资法案》的第四部分题为“小企业资本形成”，其中要求美国证券交易委员会增加一种证券类别，在证券发行总额低于 5000 万美元，且该证券不受限制、可公开发行和出售时，这种证券类别可获得豁免。

《创业企业融资法案》的第五部分题为“私营企业的灵活性增长”，其中将强制注册的股东的门槛从 500 人提高至 2000 人，并进一步做出限制，只要企业总资产超过 1000 万美元，非合格投资者就不得超过 500 人。

《创业企业融资法案》的第六部分题为“资本扩张”，涉及银行和银行控股公司，股东门槛从 300 人提高至 1200 人，低于此标准的企业可以终止注册或暂停报告义务。

《创业企业融资法案》的第七部分规定，美国证券交易委员会“提供在线信息，并进行研究，以通知中小型企业、女性所有制企业、退伍军人拥有企业和少数股权企业根据该法案所进行的变更”。

人们对《创业企业融资法案》感到担忧，主要是担心意外情况可能带来的以下不良后果。

1. 信息披露问题。如果企业在《创业企业融资法案》的支持下获得了融资，但没有提供足够的公开信息（在投资者看来），诉讼的机会就会增加，从而可能增加企业的成本。有诚信的创始人更有可能提供充足的公开信息，这将是明智的政策。然而，这并不一定会阻止诉讼。缺乏诚信的创始人可能会利用《创业企业融资法案》的条款来提供较少的公开信息，以诱使投资者进行投资。然而，这些投资者可能很少有机会收回投资。无论哪种情况，投资者似乎都面临着更大的风险。只有时间会告诉我们答案。

2. 投资者尽职调查。不太成熟的投资者（无论是否经过认证）进行的尽职调查通常都不如那些经验丰富的、经过认证的投资者或专业投资者的详细。对技术不娴熟的投资者而言，随波逐流地进行投资是很有吸引力的。尽管《创业企业融资法案》试图为所有投资者进行评估和决策提供便利，但这是否能以令人满意的方式实现还有待讨论。想象这样一种情况：一个收入不高、积蓄不多的人做了一次不适当的投资，这可能会让他失去一生的积蓄。诚实的创业者应该会担心这种潜在的情况，但骗子不会在意。

3. 欺诈行为。欺诈的可能性似乎会增加，特别是在财务报告和披露内容被延迟发布的情况下，而这是《创业企业融资法案》允许的。专门从事众筹的第三方网站可能在筛选寻求融资的公司方面不够成熟或勤奋。想象这样一种情况：一个骗子伪装成一家合法的创业企业，并通过各种方式与第三方网站建立了合法关系，并筹集到了数百或数千甚至数百万美元。

4. 非合格投资者。企业愿意或意外接受非合格投资者的机会可能会增加，因为小企业在通过众筹资源获得融资时可能不会履行所需的尽职调查。《创业企业融资法案》和即将制定的规则在一定程度上是为了帮助解决与欺诈和缺乏经验的非合格投资者有关的问题，但创始人应保持警惕，确保所有投资者都是合适的投资者，并保持高标准的信息披露。

5. 沟通和审计费用。当企业与投资者通过互联网沟通时，也存在沟通问题。使用互联网会产生与商业模式、技术、产品相关的信息披露问题。这些信息也可能是企业的竞争对手有用的。希望通过众筹融资的企业在发行超过 10 万美元的证券时将面临最低的审查成本；如果发行超过 50 万美元的证券，其财务报表就必须被审计，尽管如此，这一成本还是低于通过其他途径获得融资的成本。

6. 文书工作。随着企业的发展并在众筹之外寻求新的投资，新投资者将要求查看完整、可验证的关于之前的投资和股权分配的信息。企业及其第三方网络众筹机构必须拥有可核实的记录，以通过专业投资者的尽职调查。想象一下，如果风投必须对数千名投资者进行尽职调查会如何？

尽管存在与《创业企业融资法案》相关的潜在陷阱，但一些旨在帮助初创企业融资的公司已经出现。这些公司可以被称为“媒人”，因为它们的主要目标之一就是将寻求融资的企业与寻找好创意和可投资的企业的投资者进行匹配。这些网站大多数不受《创业企业融资法案》的任何规则限制，也就是说，它们的目的是匹配任何水平的投资。可以预计的是，随着时间的推移，致力于支持众筹和投资者的互联网企业将越来越多。表 10–1 展示了一些可以将个人投资者与企业进行匹配的网站。

表 10–1　　匹配投资者和企业的网站以及众筹网站

名称	资金模式	重点	国家
ABUNDANCE GENERATION	债务	社区可再生能源	英国
ANGELIST	资本、债务	创业公司	美国
BANKTOTHEFUTURE	资本、债务和奖励	小型商业创业公司	英国
BOLST	营收份额	客户产品及零售	美国
CIRCLEUP	资本	创业公司，小型公司	美国
COMPANISTO	资本	结构化投资	德国
CROWDCUBE	资本及奖励	种子期公司	英国
EARLYSHARE	资本	创业者	美国
FUNDABLE	资本	小公司	美国
FUNDABLECIRCLE	资本及奖励	游戏开发	瑞典和芬兰
GAMBITIOUS	贷款	技术，拍卖格式	英国
INNOVATIONMENT	资本	创业企业及成长期企业	荷兰

续前表

名称	资金模式	重点	国家
INVETOR	资产拍卖	众筹平台	德国
KOPENIK	资本	服装及时尚	芬兰、瑞典
MOSAICINC	资本	第三国家相关项目	美国
PROPERNARKET	其他	P2P 放债	美国
SEC9HEJARKET	其他	创业企业	美国
SEEDRS	资本 / 贷款	太阳能项目	美国
SEEDUPS	资本	P2P 放债	美国
SYMBID	太阳能债务	所有企业	美国
FUNDABLE	贷款	后期阶段企业或上市前公司	美国
FUNDABLECIRCLE	贷款	种子期公司及投资	英国
GAMBITIOUS	资本，债务	早期阶段技术型企业	英国、爱尔兰和美国
INNOVATIONMENT	资本	创业公司	美国
THINCATS	资本	小企业	荷兰
UPSTART	资本	针对刚毕业不久的大学生的贷款	英国
WAHOOLY	资本	通过社交网络筹集创业基金	美国
ZOPA	贷款	P2P 放债	美国

众筹对创业者和创始人意味着什么呢？请记住以下几点。

1. 种子期融资。众筹似乎对种子期的融资而言是非常有用的，因为最多可以筹集 100 万美元。对于很多需要开发产品原型、获得有关目标市场的更详细的信息、研究理想产品的属性，以及可能以意向书的形式、甚至是以临时销售订单的形式生成销售确认书的初创企业而言，这个数额（或者更少的数额）就已经足够了。

与传统的融资方式相比，获得这笔资金可能会相对轻松一些。传统的融资方式需要多次拜访多个投资实体，进行漫长的谈判，并详细审查法律协议。潜在的更快和更确定的获得融资的途径有助于创业者解决创业初期出现的问题，降低风险，并为下一阶段获得专业投资做好准备。

2. 估值和股权。提供给众筹投资者的股权可能少于在传统投资情况下所要求的股权，因为创业者/创始人将根据他对企业的评估提出估值，当然，该估值将比从专业的后期投资者那里获得的更具积极意义。虽然创业者为商业机会给出不合理的估值是不明智的，但总有一个估值可能被很多投资者认为是可信的。建立估值机制（如拍卖）仍需要时间；然而，创业者可以通过众筹有效地接触大量投资者，而不是像之前那样，一次只接触一位投资者。众筹方式可以减轻一对一谈判带给创业者的压力。

3. 投资者资质。在众筹投资领域，仍然必须确保只有合格的投资者才能获得部分融资。虽然第三方众筹门户网站似乎不那么需要企业尽职调查，但实际上，最终的责任和赔偿仍然归属于企业。美国证券交易委员会为非合格投资者制定的规则可能会减轻企业的一些担忧；然而，从道德角度来看，企业仍然希望确保没有经验的投资者的投资金额不会超过它们能够承受的损失。企业对投资者尽职调查的负担需要引起 CFO、CEO 和公司律师的关注。

4. 保存记录。任何有意融资的企业都必须保留投资者及其投资数额和确认其投资资格的准确记录。如果企业已经接受了非合格投资者的投资，那么就要保存这些投资者的收入和资产记录（以及接受这些人作为投资者的理由）等相关信息。联系信息必须包括姓名、地址、电话和社会保险号码，更重要的是电子邮件地址。适合未来投资的企业的记录以及专业投资者的尽职调查也必须被保存，包括财务报告、会计记录和审计结果。由于其中很多记录可能经第三方众筹门户网站流出，因此必须进行尽职调查，以确保记录是及时、准确和有用的。

5. 与投资者沟通。与投资者沟通的关键第一步必须与投资者的预期，特别是与初创企业设定的预期有关。虽然获得融资的企业有完整的联系方式，但电子邮件却是首选的沟通方式，因为它具有可扩展性、成本低廉且易于使用。对外沟通的频率也很重要，既不是少到令投资者觉得与企业失去了联系，也不是多到令他们懒得去阅读收到的信息。传达给投资者的信息需要经过慎重考虑。应该记住的是，投资者可能更喜欢与 CEO 或 CFO 交谈，一方面投资者可以表达知情权；另一方面，CEO 也不希望披露任何与企业运营无关或不真实的信息。

对高管（CEO、CFO 和 CTO）而言，对外沟通可能会成为一个问题。在进行众筹时，很可能需要面对大量的投资者（如超过数百甚至数千人）。即使只有一小部分投资者积极地与CEO进行沟通，CEO接到的电话和收到的电子邮件也可能非常多。CEO将需要为这种沟通制定策略。

CEO和其他高管应该讨论并制订一份沟通计划，其中包含准备好的书面问答，并将这些内容放在公司网站上，这样，所有投资者就可以同时获得相同数量的信息。公司网站的部分内容可以“仅限投资者”访问，而公共部分将对任何访问网站的人开放。企业可以每月开放论坛，这样，与CEO或CTO的个人沟通就变成了一对多，而不是一对一。一旦投资者参与进来，就需要考虑制订沟通计划，从投资者的角度看，该计划应该以一种可预测且可靠的方式实施。

与投资者进行一对一的沟通是第三方众筹门户网站将投资者“捆绑”到普通股股东池的主要原因。

6. 安全审计记录。我们建议初创企业保持财务记录的清晰，并符合可接受的财务会计和报告准则。CFO或指定的财务总监应该在CEO的监督和外部会计（如注册会计师）的协助下管理这一职能。现在和未来的投资者期待的是准确的财务报表。专业投资者很可能需要审计记录，但为了降低成本，这些记录可能不需要来自知名度高的会计师事务所。审计记录的可用性将使下一轮融资变得更快更容易，因为未来的投资者对创始人和管理层的信心增加了。

由于有大量的外部投资者，保持股票分类账的不断更新和准确性可能是耗时的，但仍然不得不认真对待。同样，注册会计师的专业帮助将是很有用的。任何打算融资的企业都必须有准确的财务记录，这样，在接下来的几轮融资中，创始人和投资者面临的问题才可能比较少。

7. 信息披露和个人责任。虽然美国证券交易委员会尚未制定适用于小企业的具体规则，但我们预计，这些规则将与已经为那些将要上市的公司制定的规则非常相似。与个人责任相关的问题尚未确定，但在疏忽和谎报方面，它们很可能与上市公司的相似。门户网站的角色、职责和所需的尽职调查尚未被规定，尚在更新中。

8. 过渡到下一轮投资者。无论资金来源如何，为连续几轮的融资进行规划都是至关重要的。根据《创业企业融资法案》的指导原则，目前的限制为100万美元，创始人将需要特别留意下一轮、也是完全不同的一轮投资者的需求和预期，如果一切正常，这些投资者都将是专业投资者。

如果众筹将成为小企业和初创企业可行的融资来源，就必须制定有效实施《创业企业融资法案》所需的法律和制度。这意味着美国证券交易委员会必须最终建立起相关的规章制度，第三方门户网站必须到位并经过验证；创始人、创业者及其法律和财务支持团队必须理解并有效地使用这些法律。现行法律允许的极低潜在融资数额是否足以吸引小企业和初创企业参与尚待确定。

职业天使投资人

职业天使投资人，或简称天使，通常是那些富有的人，他们可以为初创企业提供资本，以换取股权。很多职业天使投资人自发成立了天使团队和天使网络，共享研究、资源、网络和评估的机会。

作为一类投资，天使投资规模庞大。2012年，其规模近2300万美元，比2011年增长了1.8%，天使投资人近27万人。2013年第一季度，天使轮融资的中值为68万美元（平均为80万美元），投前估值的中值为250万美元（第一个四分位数为150万美元，第三个四分位数为360万美元）。总投资的内部收益率超过了25%（2007年为27%），投资分布在种子期（39%）、初创期（40%）、扩张期（19%）和后期（2%）。

天使投资通常会弥补种子期的早期亲友融资（如有认股权证的A系列优先股或有折扣或转换权的可转换债务）与风险投资家担保的后期较大投资之间的资金缺口。天使投资人通常会考虑那些融资前估值高达数百万美元的企业，但如果创业者在较早的种子期融资中成功地进行了产品研发，那么其估值可能会更高。天使投资人能够在一定程度上帮助未来的投资者筛选机会，并在投资个人资本的过程中承担了很大的风险。

天使投资人通常都是退休的高管，他们希望与创业者及其新技术进行互动。这种互动可以而且通常包括指导和成为董事会成员，在某些情况下，还包括在主动管理中发挥作用。很多天使投资人都是通过继承家族财富获得了高净值，他们只是渴望有机会与其他类似的人打交道。很多天使投资人都是专业人士，如医生、牙医、会计师、财务顾问和律师等，他们拥有高收入和可自由支配的资金，希望通过投资实现收入的增长。通常情况下，新的天使投资人都实现了成功创业，他们从中获得了数百万美元的资金，并希望继续活跃在创业领域。当然，在任何情况下，天使投资人都希望获得高于平均水平的投资回报。在某些情况下，尽管受到限制，风险投资家可能还是会基于他所属的天使团队进行天使投资。

与所有投资者一样，天使投资人是合格投资者，并符合美国证券交易委员会投资规则的要求。具体要求是，净资产为 100 万美元（不包括其主要住宅的价值），过去两年或多年每年的收入至少为 20 万美元（已婚夫妇为 30 万美元）。

天使投资人的投资规模较小，从2.5万美元到100万美元不等，如果时机合适，天使组织的投资可能高达 200 万美元。在 3 ~ 7 年内，典型的预期回报将是其原始投资的 10 倍。由于他们承担的风险以及他们对高投资回报率的预期，他们希望在投资中拥有相对较多的股权。他们也不太可能进行二次或后期投资，特别是当需要大规模风险资本投资来扩大企业规模以获得最大收益时。

他们通常只在当地投资，这使他们有机会参观实体设施，并会见高管和高管团队。虽然有些天使投资人已经在本国范围内很有名气，如沙山天使投资（Sand Hill Angels），但大多数情况下，他们并不是全国知名的。对于创业者而言，这并不是天使投资的一个特别相关的方面。

除了投资的重要性，天使投资人还可以提供一个良好的专业网络，假设创业经验以一种积极的方式展现。他们的专业建议通常会免费提供给被他们投资的公司。在某些情况下，他们可能希望成为管理团队的一部分，尽管这并不常见。天使投资人或天使团队的成员担任董事会职务是很常见的。

在某些情况下，他们可能会推荐并强烈支持聘请一位与天使投资人关系密切的团队成员。这可能会给创业者带来一些潜在的问题。当创业者发现自己处于这种情况时，我们建议他们要非常留心高管团队在团队会议上说了什么，特别是当团队意见不一致时。如果天使投资人的同事或被推荐人是高管团队的成员（如

CFO），这个问题可能就更加棘手。实际上，CEO 总是通过 CFO 与天使投资人沟通。最好是不惜一切代价避免这种情况，或者干脆拒绝聘请天使投资者人推荐的人，除非你能确信他们之间没有过多的联系，并且团队成员之间可以自由地分享秘密。

那么，天使投资人希望在具有创业精神的领导者身上看到什么呢？

与任何人际沟通过程一样，创业者在第一次见到潜在的天使投资人或与天使投资人和天使投资人团队有联系的人时就会被评估。因此，创业者必须在其他社交或职业活动中注意自己的言行。最初与天使投资人（实际上是任何人）的谈话都将对自己的形象产生影响，而天使投资人寻找的是那些善良、诚实、正直、有道德、值得信赖和直率的人。也就是说，创业者似乎在与天使投资人的一次接触中就会传达很多信息。在几分钟的交谈中，我们可以根据创业者的肢体语言和用词来评估很多事情。

除了个人素质之外，创业者可以展现的第二个最重要的特质是领域知识。创业者，尤其是那些将担任 CEO 和 CTO 的人，应该对他们的产品、服务和商业机会的市场有全面的了解。与传统的电梯游说一样，创业者应该做好准备来讨论他们打算在哪里经营企业以及产品如何参与竞争。但是，创业者表达自己的观点时不应像是在推销；相反，可以在不需要制定特定目标的非正式谈话中表达自己的观点。当然，这样做的目的是以微妙但有实际影响的方式影响信息的接收者（如天使投资人或可能与天使投资人有联系的人）。之所以要将谈话变得很随意是因为这样做，接收者就不会觉得创业者总是高高在上，而是可以放轻松，享受愉快的谈话。

创业者需要具备的下一个重要特质（尤其是当创业者自己担任 CEO 时）是领导能力，最基本的表现是可以以眼神交流的形式表达观点，有清晰的语言表达能力和友好、冷静和自信的举止。这就是人们对领导者的期望，即他是一个冷静和坚强的人，尤其是当某些事件使决策变得困难时。这些特质无法在简历中得到充分展示。个人表现是必要的。

天使投资人将从创业团队、CEO 和商业机会中寻找以下特质。这些特质是按照重要性排序的，但请记住，如果想要获得天使投资，你在很大程度上就必须具备以下这些特质。

1. 有能力，有完整的创业管理团队。创始人团队必须至少有一位了解企业业务和技术的 CEO 或 CTO。在 CEO 或 CTO 之后，团队的下一个最重要的部分是销售管理团队。可以是一位超级销售人员，或者可以是一位营销专家，但无论如何，这个人都必须能够说出企业的目标市场和目标客户、产品将被目标市场接受的原因以及支持企业未来收入的销量。尽管企业在创业初期可能不需要一位 CFO，但应该有一位了解会计事务以及财务沟通和报告的重要性的财务主管。投资者首先会押注于管理团队，这是一个被普遍接受的原则。与经验较少、技能和能力不足的管理团队相比，好的管理团队更有可能用较少的产品解决不可预见的问题，从而获得成功。创始团队中至少要有一个人是有远见的领导者，这个人比其他人更有激情，更有奉献精神。当然，如果团队所有的关键成员都有激情，并能分享愿景就更好了。

2. 有重要问题的解决方案。创业者创业的原因是有重大问题需要解决、现有产品或服务存在缺陷，或基于创业者的愿景分析，有一个潜在的新机会。无论如何都必须向潜在的天使投资人条理清晰地解释这个问题。这意味着要提供现有要素（市场、产品和竞争对手）的背景信息以及市场中现有产品和服务的不足之处，以及解释为什么所提出的解决方案将使客户满意，并将形成有价值的基础。

3. 潜在的投资回报。天使投资人寻求良好的投资回报，而财务计划是概述收入、费用、净利润和年终回报的关键文件。大多数天使投资人将根据对销售额、商品成本和毛利率所进行的预测的现实性、准确性和合理性来分析这些数据。这些数据为天使投资人提供了估算潜在投资回报所需的基本数据。创业者可以采用同样的做法，并在一次或多次早期演示中向天使投资人提供这些数据。这些对投资回报的预测需要以适当的假设和对收入的合理预测来表达，以确保天使投资人获得预期的最低投资回报。

4. 所需资金。天使投资人通常会寻求不需要过多资金的投资机会。因此，对于天使投资团队而言，他们会优先选择投资低于 200 万美元的机会；对个人天使投资人而言，他们会优先选择投资低于 25 万美元的机会。投资金额并非严格的规定，而是取决于投资机会的具体情况。

5. 庞大且不断增长的市场。不可避免的是，创业者及其商业计划书所陈述的内容可能过于乐观，会犯各种各样的错误。最好是在面对一个巨大的市场时犯这些错误，这个市场可能有多个利基市场，可以在不引起市场领导者过度反应的情况下进入这些利基市场。理想情况下，这些较大的市场有更好的增长率，被选为目标市场的利基市场也会表现出较高的增长率。创业者应专注于庞大且不断增长的市场，这会进一步让天使投资人了解到错误出现的概率相对较高。市场的重要特征，如现有的进入壁垒、监管环境和根深蒂固的竞争对手的存在，对于了解竞争格局也非常重要。

6. 产品独特，具有较强的竞争优势。对于科技公司而言，其产品将基于一项或多项关键的保护性专利，这是不言而喻的。创业者需要将已开发的专利或正在开发的临时专利与从客户或用户角度赋予产品关键优势的产品属性“联结”起来。天使投资人必须清楚地看到潜在产品在市场上具有竞争优势。通常，破坏性产品被视为最受专业投资者欢迎的产品。

7. 可靠的商业计划书和成熟的商业模式。上述所有因素以及企业其他相关方面都必须以合适的语气，简明扼要且准确地说明。对于创业团队而言，这通常是一个很大的障碍，可能需要专业人士的帮助（请参考第 7 章旨在帮助创业者撰写一份有说服力的商业计划书的方法）。商业计划书的要点是展示和验证一个商业模式（如商业机会为投资者带来利润和投资回报的方式和方法），因此，它必须是全面的，要解决重要的风险问题，并且详细说明企业的财务情况。重要的是要记住，尽管创业者可能擅长演示，但投资者最终将非常仔细地阅读和审查财务报表和商业计划书。书面文字必须能够传递信息。

8. 合理的退出策略。从根本上说，退出计划让投资者知道他们将如何最终实现投资收益的战略和功能要素。战略方法可以是“偿还”早期投资者的二次融资，也可以是将公司出售给另一个实体或上市。虽然这只是一种假设性做法，但退出的性质向投资者揭示了创业者对未来的看法。对任何天使投资者而言，他们最喜欢 IPO 退出，因为这为他们提供了最高的投资回报和媒体曝光度。投资者退出的合理时间通常是 3 ~ 5 年，但可以是不同的。预计退出时间需要在商业计划书中说明。

9. 与创业者互动的机会。天使投资人经常在寻找机会来为企业的成功做出贡献，这不仅能获得财务回报，而且能获得与他人在具有挑战性的项目上合作的满足感和乐趣。这些贡献包括提供不常见但有用的建议，以及为资深创业团队成员和董事会成员提供指导。创业者需要了解天使投资人或天使投资团队对人际互动的需求，并努力满足这些需求。

申请会见天使投资团队的流程通常包括提交一份执行摘要和联系信息（应包括在执行摘要中）。向天使投资团体提交自我推荐文章是可以的，但不是必须的。很多天使投资团队都有可供提交执行摘要的网站和地点。保密协议不是必须的，也不会在任何情况下签署保密协议。关于如何准备执行摘要的详细信息请参见第 8 章。毫无疑问，这是为天使投资团队提供的第一条最重要的信息，因为这将是筛选工作的唯一基础。

如果创业者通过了初步筛选，那么接下来的步骤将包括向天使投资人或天使投资团队做正式的演示，并提交财务计划和商业计划书。创业者也可能被要求就商业机会的特定方面进行会面和演示。天使投资人的尽职调查可能需要几个月的时间，所以创业者需要有耐心。被天使投资人或天使投资团队接受的计划和创业者随后将经历一个流程，即拟订投资意向书，并与他们的律师一起准备一份正式的投资协议。

寻找天使投资人和天使投资团队并不困难，可以通过互联网、天使基金协会、天使资源研究院（Angel Resource Institute）和 AngelSoft 获取相关信息。

战略性企业投资

从历史上看，大型企业正在运营的业务部门不太可能对初创企业进行股权投资，因为风险太大了，当然还有其他原因。企业，特别是那些中型或较大型而且可能已经上市的公司（或上市公司）都有高管来关注与近期（不到一年）收入和利润目标相关的财务目标。除非战略价值很大，否则长期股权投资通常不适合在正常的企业财务时间框架内进行。企业的内部流程也并不是为了支持和监督对初创企业的投资。有的企业几乎没有管理投资的能力。企业通过新产品开发来支持内部创新的过程被称为“企业创业”。

为了解决上述问题，同时也为了在行业内保持长期的竞争优势，很多大中型企业已经在其组织内部成立了一个投资部门，专注于对处于初创期的技术公司进行战略投资，这就是企业风险投资。初创企业可能有适合的或与大型企业业务目标竞争的想法，所以参与这些初创企业自然有利于大型企业。通常情况下，这些企业投资组织会与风险投资家合作，既可以分散风险，又可以最大化业务优势，但它们不需要也可能不会与第三方风投公司合作，因为企业投资者的最终目标可能与传统的风险投资家的目标不一致。当然，企业投资者参与初创企业既有战略原因，也有财务原因，而风险投资家纯粹是为了经济利益。企业风险投资通常寻求的是未来的收入和利润来源，在某种程度上，它们不太关心财务回报。因此，如果一家企业风险投资实体和一家风投公司在某个机会上进行合作，风投公司的退出计划就必须经过深思熟虑，并与对方达成一致。

由于大型企业的业务部门很容易通过其提供的产品被识别出来，因此创业者也可以很容易找到这些大型企业的投资部门。例如，知名的大型企业风投公司包括英特尔资本（Intel Capital，半导体）、谷歌风险投资（Google Venture，软件应用程序、移动电话技术等）、苹果（在 iFund 投资计划中与 Kleiner, Perkins, Caufield, and Byers 公司建立了合作伙伴关系）、Eli Lilly and Company Corporate Business Development（药品）、DOW 风险投资（Dow Venture Capital，化学品）、西门子风险投资（Siemens Venture Capital，能源）和凯撒风险投资（Kaiser Permanente Ventures，医疗器械）等。有报告显示，2012 年，企业风险投资的投资额为 65 亿美元，共 347 笔交易，平均每笔交易的金额为 1870 万美元，每季度有超过 60 家不同的企业投资机构参与投资。企业风险投资较大的交易规模反映了它们对后期机会的投资。

In-Q-Tel（IQT）是顶级企业风投公司之一，它是一家由美国中央情报局（Central Intelligence Agency，CIA）创建的独立非营利性组织，旨在“弥合美国情报机构的技术需求和新兴的商业创新之间的鸿沟”。该公司致力于投资由风投支持的初创企业，这些企业可以在三年的时间内推出有趣的技术。当然，有趣的技术必须具备与中央情报局或情报机构（广义上包括所有联邦政府类型的情报机构，包括民用的和军事的）的使命相一致的能力（产品、服务或软件）。该公司投资的目的是加速研发完成关键任务的能力所需的技术和新产品。因此，其投资不应该改变创业者的业务进程；相反，其目的应该是推动被投资者技术创新的非商业应用的发展。

应该注意的是，小企业不太可能有财务方面的灵活性进行股权投资，而且它们的投资者可能非常不愿意将注意力转移到另一家企业的产品和市场上。然而，为了提高市场占有率、降低成本、在行业内确立地位、增加收入等，小企业和技术公司之间也可以达成交易（本质上相当于合并）。董事会成员和专业投资者往往将这些因素放在一起考虑。

对于一位有战略眼光的创业者而言，如果最终有企业来收购他的公司，那么他就应该提前制定策略来应对潜在的收购。创业者也可以提前了解大企业的投资意向，尽早发掘投资潜力。

大型企业投资的初创企业或面临后期收购的企业需要考虑以下因素。

1. 最低投资额。你从一开始就要知道大企业会考虑的最低投资额是多少。除非投资额巨大，否则大企业不会投入大量时间来评估一个商业机会。与初创企业的投资需求相比，大企业的最低投资额可能非常大，所以当创业投资额不值得认真考虑时，最好不要浪费双方的时间。当然，企业风投公司可以选择少投资一些，与风投更接近一些。

2. 战略契合度。你必须非常清楚地了解企业投资者对于战略契合度的想法。它们的新产品和服务将根据产品的开发时间表推出。如果想让你的产品与其匹配，你就必须在“正确”时间内推出“正确”的产品。但是，资本设备可能会有问题，因为满足客户的进度需求至关重要。推出新产品非常具有挑战性，初创企业的规划必须包括吸收外部供应商的技术和产品的内部流程。当然，你所提供的产品或服务必须具备有意义的竞争优势，它们不易被复制，而且专利性还要强。这保证

了企业投资者 / 合作伙伴可以在相当长的一段时间内获得并保持竞争优势。

3. 定位竞争对手。在你的目标行业中确定几家相互竞争的公司，并以相同的意图接触它们，引起它们对你的产品潜力和知识产权定位的兴趣。这样做的目的是让多家公司对你的产品产生兴趣，它们可能会在某个时候竞争你的产品和公司。如果做得好，可能就会提高你公司的潜在价值。随着时间的推移，你希望至少有两家相互竞争的公司对你的产品感兴趣。

4. 长期的观点。你应该从长远的角度看待与大企业的战略匹配过程。这可能意味着早期的会面是为了提醒并让潜在的合作伙伴知情。这种缓慢的接触过程也提供了建立联系和信任的机会。创业者的目标是了解它们感兴趣的产品和服务、如何构建投资和投资的时间节点等。这个过程就像谈恋爱，双方会思考未来的关系是否符合彼此的利益。这也被称为战略性业务开发。

5. 保护你的知识产权和产品创意。与你打交道的公司会对你的技术和产品机会产生浓厚的兴趣。你将经常与技术人员交谈，他们将从呈现给他们的文字和文档中寻找信息。这不是一个简单的过程，所以在知识产权得到强有力的保护前，不要过多地向他人提及你的产品创意等。在交易完成前，不要泄露包括工艺和专有技术等在内的商业机密。在这种情况下，大企业不太可能签署保密协议，以免当它们基于自己的方式开发类似的技术或产品时导致潜在的诉讼。

6. 初创企业的产品时间表和私人投资。初创企业有自己的产品开发时间表，这份时间表必须与大企业合作伙伴的时间表相匹配（通常情况下，它们可能不太一致）。然后，创业者面临的挑战是筹集资金，并指导团队和其他利益相关者在产品时间表一致时到达某一点。这可能意味着调整所需的投资额，以加速产品开发。我们鼓励那些看到合作伙伴或未来的收购方 / 投资者可能在未来某个时间点上对初创企业有投资兴趣的投资者尽早投资，尽早为自己考虑潜在的退出计划。

7. 确保企业合作伙伴的积极投入。潜在的合作伙伴的积极投入可以用于平衡企业合作伙伴与潜在私人投资者之间的关系。这种杠杆是“软”的，即潜在的企业合作伙伴仅表示有利益和非法律约束形式的支持（如意向书），就可以更明确共同的投资利益。

8. 找对人。有时候，在接触到目标企业的最高管理层之前，很难知道谁才是对的人。在一开始，有战略眼光的创业者会认真研究目标企业，找到他们需要接触的关键人物。通常情况下，即使已经锁定了需要接触的人，目标企业内部的人际网络也可能很复杂。

9. 出行预算。发展战略关系可能需要管理团队往来于全世界各地。计划和执行这些出行需要遵守严格的时间安排，当然还会产生机票、酒店、餐饮等费用。创业者应该仔细评估可能的需求，并制定适当的出行预算。

创业者应该意识到，培养战略合作伙伴和投资者可能会花费大量的时间和精力。这种工作可能会分散 CEO 和 CFO 的注意力。如果初创企业的商业机会需要一位战略合作伙伴，创业者就必须仔细规划。

“聪明的钱”——风投和私募股权

风险投资（VC）和私募股权（PE）是描述投资者、投资和基金类型的两个术语。从概念上讲，风投资本可被视为私募股权的一个分类。风投和私募投资的是那些没有在证券交易所公开交易的公司。

私募股权基金通常从机构、散户和私人投资者那里募资。这些资金将用于投资处于以下财务状况的企业。

1. 杠杆收购（leveraged buyout，LBO）。杠杆收购指通过借贷进行股权投资，以“杠杆化”或最大限度地利用财务优势。有时，这些债务是通过被收购公司或私募股权公司的投资者来安排的。杠杆收购通常适用于那些可能会因环境和管理不善等因素而陷入困境的成熟企业，而新投资者认为可以通过他们提供的新投资和新管理来消除这些不利因素。

2. 成长或扩张资本。这种资本通常用于为企业经营中的重大事件或变化提供资金，人们希望用这些额外资本来增加收入和提高盈利能力。通常情况下，企业的规模将基于经过验证的商业模式大幅扩大。这种类型的资本增加在成熟企业中更为常见。

3. 夹层资本。这种资本用来填补即将盈利的企业的缺口。这些企业寻求上市，但需要更多的增长和资本，以最大化公开发行的回报。夹层资本还有其他用途，但这种用途在处于后期的创业企业中更典型。

4. 援助或救助资金。这种资本被筹集并用于那些陷入困境的企业（这些企业的估值往往被大打折扣），帮助它们用新的商业模式、管理团队或产品重振之前良好的业务。这些业务受到了各种外部因素（如市场萎缩）或内部因素（管理不善）的影响。

初创企业通常并不是私募股权投资的目标，因为私募股权投资者更倾向于投资那些有业绩记录（好的或不良的）的成熟企业，这些企业的信息是可以获得且已知的。私募股权经理和分析师会进行大量的分析建模和金融工程工作，涉及大量潜在的投资场景。私募股权投资者会投资那些商业模式成熟（但可能会失败）的后期公司，投资额较大，获得预期回报可能需要较长时间（如长达 10 年）。

与创业者更相关的是风险投资家。众所周知，风投投资的是那些更成熟但尚未盈利的公司，但投资那些处于种子期或初创期的公司也不是不可能。与私募股权投资者相比，风投在与年轻的管理团队合作方面更有经验，这些管理团队的商业模式往往是未经检验或很少经过检验的，而且后期也不会出现技术风险。

2012 年，风险投资行业投资了 265 亿美元，涉及软件（83 亿美元）、生物技术（41 亿美元）、工业和能源（20 亿美元）、医疗设备和仪器（24 亿美元）和 IT 服务（20 亿美元）等五大主要领域，平均交易规模约为 700 万美元。有报道称，种子期的投资额为 7.25 亿美元，创业初期的投资额为 78 亿美元，扩张期的投资额为 94 亿美元，后期的投资额为 86 亿美元。2012 年，风投的总投资额与天使投资（230 亿美元）相当，但高于天使投资，尽管风投对种子期和创业初期的企业的投资额（约 85 亿美元）只是天使投资人对这些企业投资额的一小部分（约 37%）。

风投在一个有组织的环境中工作，从高净值个人、机构、工会、养老基金、保险公司和教育机构筹集资金。这些资金有开放期和封闭期，并且在 5 ~ 7 年内有明确的投资目标和预期的财务回报。资金可以增长到数亿、十亿甚至更多。风投的投资规模可能小至 100 万美元，大至数亿美元，但通常在 200 万 ~ 1500 万美元之间。

风投对潜在被投资公司的审查方式与天使投资人的类似（详见第 9 章中的关键评估因素）。但是，审查的侧重点会有所不同，风投希望被投资公司的成熟度更高，业绩更好。风投关注的以及创业者需要牢记的重点如下。

1. **发展阶段**。风投在早期机会评估方面经验丰富。每家要求投资的公司都有风险、回报潜力和所需的风投管理时间。风投对如何有效地利用公司有限的人力和财力资源有着更充分的理解，这会激发它们对创业机会的兴趣。这种“理解”通常基于对初创企业管理团队的即时印象以及新产品或服务对高价值市场的潜在影响。任何时候，风投都会收到大量的商业计划书，所以在评估的最初阶段，单个风投投入的时间和精力可能非常少。如果投资机会看起来不符合风投的期望，那么它可能就会在几天内给出负面评价。因此，我们建议创业者在完全准备好与风投打交道之前，最好不要贸然与它们联系。

2. **管理团队**。风投希望管理团队是完整且运转良好的。虽然它们会关注 CEO 或 CTO，但更多地会关注称职的“专业”管理，这种管理可能由最初的创始人团队成员，或更有可能由新聘请或更换的人员提供，而高管具备可以带领企业进入下一个发展阶段，并实现更大价值所需的丰富的经验、技能、知识和资源。风投的管理合伙人在高管团队组成方面将采取积极甚至强势的态度。

3. **投资回报**。由于预计很多公司带来的收益不会很多，所以风投力争在少数几家被投资公司获得巨额回报，并希望将在业绩不佳的公司的损失降到最低。总的来说，风投资金的投资回报率为 30%，甚至更高，这就要求在对单个投资机会进行评估时使用高投资回报率目标，并进一步调整风险。这种风险调整后的投资回报率很容易超过 50%，也可能达到 100% 或更高。估值（投前和投后）是根据风投对特定机会的预期投资回报、所需投资、可感知风险以及假设 IPO 后可能需要的退出时间来进行调整的。管理合伙人的声誉和报酬（主要根据共享的投资回报计算）由其决策质量决定。正如第 6 章所述，假设的投资回报率对投前估值会产生重要的影响，创业者及其风投伙伴都将花费大量时间（独立地）来确定投后估值，为投资谈判做准备。

4. 所需资金。风投将通过一系列目标来管理投资（如基金），这些目标通常决定了任何一笔投资的总体规模。在基金成立的最初阶段成为被投资公司是有益的。如果公司成功了，未来可能就会获得更多的资金，因为风投通常会在现有基金中分配未来的投资给被投资公司。另一方面，后来被投资的公司可能会面临资金几乎被消耗完的情况，失去了未来从该基金获得投资的机会。当然，风投会认识到这些问题，并围绕这些问题制定规划，而创业者只有与风投合伙人沟通才可能意识到这一点。在大多数情况下，如果企业业绩好，并且能够达到目标，就会获得风投的青睐，获得投资。

5. 服务水平低的市场或快速增长的新市场。如果投资者具备识别出服务水平低的市场的能力，特别是"热门"市场和那些表现出能被快速（两到三年）利用的机会的市场，那么他对风投来说就非常有吸引力。如果创业团队之前几年一直致力于开发合适的产品或服务，而所需的只是用于进一步发展的资金，那么风投就会非常乐于接受创业者的愿景和商业机会。所有产品、市场和公司都有机会；因此，在以良好估值获得投资时，时机至关重要。

6. 产品具有独特的竞争优势。风投会仔细评估初创企业的产品和服务，而产品和服务拥有独特的竞争优势是至关重要的。什么能使新产品或服务在市场上获得成功呢？虽然风投有丰富的市场和行业经验可以借鉴，但创业者仍要明确说明为什么新产品会在目标市场获得市场份额。市场及其想要的产品可能会迅速变化，创业者必须时刻保持警惕，确保其企业的产品和服务在市场和客户（以及用户）中始终保持精准的定位，以实现最大价值。

7. 经过验证的商业模式。风投希望初创企业的业务模式已经经过了验证，而只是规模较小，额外的资本可以有效地用来抢占市场份额、增加收入和利润，并帮助企业早日上市。以前为早期投资者撰写的商业计划书通常需要重写，以说明可以达到的里程碑和新的财务目标（收入和利润）以及关于产品和制造过程更详细的信息。在最新版的商业计划书中，创业者还应该向风投解释业务规模扩大后适用的营销与销售策略。与任何商业计划书一样，整个商业模式必须基于逻辑策略、经过验证的数据和合理的推断，并用简洁而有说服力的语言表述。

8. IPO 计划和时间表。除了极少数的例外情况，风投都专注于 IPO 退出。当专业分析师和媒体专家进一步加速预期时，IPO 往往伴随着狂热，从而进一步放大了以远期市盈率确定的估值。虽然运营细节将由管理团队决定，但风投将全面参与 IPO 计划。

风投在考虑和资助新机会时有严格的筛选流程。当它们注意到一个机会时，首先将根据基金和投资者的目标对机会进行评估。最重要的是，这个机会必须符合风投基金的标准。这些标准通常不为人所知或不向创业者公开，除非在基金成立或关闭时通过媒体公布。标准通常是基于相关行业（如半导体、社交媒体和技术等）、发展阶段（如种子期、初创期和未实现盈利，但有好的商业模式的后期公司等）、交易规模（初始投资和后续投资，假设企业成功）和地理位置（接近风投的办公室，以更好地观察）确定。这种初步审查可能仅需一周或几天时间。虽然初步审查通过的概率各不相同，但 1/10 的通过率还是很常见的。

在评估的第二阶段，风投及其分析师和专家将审查所有方面的机会，尤其会关注管理层（人员）、市场（热门市场或服务水平低但增长潜力大的大型市场是首选）、产品（有明显的竞争优势）和商业模式。创业团队将有机会在不同的场合做演示，并被要求介绍商业模式的关注领域。当然，风投及其分析师和专家也会仔细审查商业计划书和财务计划的可信度。这个阶段通常被称为尽职调查（详见第 8 章）。

从风投的角度看，尽职调查工作包括收集一系列的问题和数据以及满足风投的法律顾问和金融分析师要求的证明。假设风投获得了可接受的结果，并对与投资相关的风险是可控的感到满意，那么就可以进入最后的阶段了。在最后阶段，很多事项将被评估，尤其是投前（或投后）估值和所需投资等。这些财务事项显然需要创业者和风投的管理合伙人进行谈判。与这些重要事项同时进行的是制定一份投资意向书，然后就即将签署的法律协议的细节进行更多的谈判（详见第 8 章）。

受机会、所需投资和风投之间竞争的影响，从初步接触风投到实际获得投资所需的时间从 6 个月到 12 个月不等。

The Smart Entrepreneur

第10章

初创企业的早期运营

一旦初创企业获得了资金，创始人就要开始着手实现他们在商业计划书中定义的下一阶段目标了。这个“执行阶段”代表着企业从主要参与计划到实际开始设计和制造满足客户需求的产品的第一个重大转变。本章的主要内容将介绍初创企业如何高效地实现这一转变。

愿景、领导力和追随力

在创业初期，总有人会心怀愿景，带领创业团队走过本书中所介绍的创业的各个过程和阶段。理想情况下，初创企业能够获得投资。最初心怀愿景的那个人成了 CEO，还是 CEO 另有人选，取决于投资者和创始人关于谁是在获得投资后领导企业继续前行的最佳人选的决定。无论选择是什么，新任 CEO 都要继续心怀愿景，并承担起公司领导者的责任。

愿景是一种清晰地看到未来的发展方向，并满怀激情地去做必要的事来实现它的能力。愿景必须能够激励具有创业精神的 CEO 和高管。

以下几句引自商业领袖和人生导师的话触及了愿景和领导力的核心①：

> 领导力的核心就是你要有愿景。这些愿景必须是你在任何场合下都能清晰、有力地表达出来的。你不能信口开河。

① 本部分关于愿景和领导力的引文来自凯文·克鲁斯（Kevin Kruse）于2012年6月发表在《福布斯》（*Forbes*）杂志上的一篇题为《关于领导力的100条最佳引语》（*100 Best Quotes on Leadership*）的文章。

——西奥多·赫斯伯格神父（Reverend Theodore Hesburgh）①

领导力是将愿景转化为现实的能力。

——沃伦·本尼斯（Warren Bennis）②

领导者必须是一个讲求实际的现实主义者，但也必须是一个满怀憧憬的理想主义者。

——埃里克·霍弗（Eric Hoffer）③

领导者是了解道路、探索道路并指引道路的人。

——约翰·麦克斯韦尔（John Maxwell）④

正直是一个人的基本品质，是领导能力的基础。事实上，董事会选出的CEO在创建企业的漫长过程中已经展现出了极大的诚信。正如美国前总统、军事领袖德怀特·戴维·艾森豪威尔（Dwight David Eisenhower）所说："领导者的最高品质就是正直。"

无论是经验丰富还是新上任的CEO，都将以极大的热情和正直面对工作中的很多挑战，当然也可能有某种程度的不确定，不管他们在别人面前展现出多大程度的自信。之前没有相关经验的CEO会在工作中积累经验。⑤这是正常的。假设CEO在其成长过程中已经形成了高尚的道德观念，当他用适当的回应、决定和行为应对了每次挑战时，他自然会成长为CEO。如果新任CEO对自己推动企业发展的能力有所怀疑时，那么他就值得考虑以下两句话，这两句话是关于长久以来对领导者"是天生的还是后天培养的"的争论。

最危险的领导力神话是，领导者是天生的，即领导力有遗传因素。这简直就是胡说八道；事实恰恰相反，领导者是由后天培养的，而不是天生的。

——沃伦·本尼斯

① 美国牧师。1952年至1987年任圣母大学（University of Notre Dame）校长，2000年获美国国会金质奖章。

② 美国学者、企业顾问，被公认为组织和领导力研究领域的先驱。

③ 美国作家、道德与社会学哲学家。

④ 作家、演说家、牧师，出版过60多本关于团队和领导力的书籍。

⑤ 当然，人们希望新任CEO在公司的业务、技术和策略等方面有较高的知识水平，并且有高管经验。

领导者不是天生的，而是后天培养的。它就像其他任何东西一样，可以通过努力获得。这就是我们为实现这个目标或任何目标必须付出的代价。

——文思·隆巴迪（Vince Lombardi）①

显然，争论的结论是正直和努力工作能够将新任 CEO 塑造成企业的成功领导者。还应指出的是，CEO 是否具有相关经验并非必要条件；相反，领导能力可以在实际工作的过程中培养。新任 CEO 不必担心，虽然在积累经验的过程中可能会犯错，但最终他们将带领团队走向成功。有时候做决策可能很难，但只要能够坚守道德守则，就总能做出正确的决策。

如果 CEO 恰好是最初那位心怀愿景、带领企业前进的人，高管团队也是从一开始就陪伴在其身边，那么企业的愿景将深入每位员工心中，并将得到所有人的支持。如果团队中有新人加入，那么 CEO 要做的第一件事就是将愿景传达给他们。

有了愿景和正直，领导力的下一个重要方面涉及人以及如何对待和管理他们。显然，每个人的观点和感受都值得尊重。其他积极的特质包括诚实、乐于沟通和信任。具备所有这些特质的结果就是对领导力和团队的忠诚。从整体上看，领导力能够激励人们和团队去实现伟大的目标。正如美国政治家科林·鲍威尔（Colin Powell）所说："成功的领导者知道如何定义自己的使命、将其传达给下属，并确保自己拥有完成使命所需的正确的工具和培训。"

除了上面提到的内容，只有遵循领导力的基本原则，人们才能得到最好的领导。美军以其对领导力的培养和完善的原则而闻名。表 10-1 列出了美国陆军制定并使用的 11 项领导力原则。虽然这些原则是用军队术语所写，但很容易应用于商业活动。

---

① 美国橄榄球运动员、教练和企业高管，以纪律严明和球技过人而闻名。

表 10–1　　领导力原则（美国陆军）

1	了解自己，自强不息	制订计划，以扬长避短
2	技术娴熟	我们不仅要知道自己的职责和责任，而且要知道所有团队成员的任务，我们希望我们的领导通过了解他们的职责和责任来关心我们
3	清楚自己的责任，为自己的行动负责	我们不满足于尽我们最大的努力履行我们的职责，我们期待成长并迎接挑战，始终为自己的决定负责，胜不骄，败不馁
4	做出正确且及时的决定	领导者必须能够在最危急的情况下迅速决定应该采取什么行动
5	以身作则	没有什么比以身作则更有说服力，个人的力量比任何指导或任何形式的纪律更能影响人们。我们就是榜样
6	关心下属，为他们着想	领导者要熟悉并理解自己的下属。当人们信任你时，他们就愿意工作，有助于完成使命
7	让下属了解情况	团队成员希望我们帮助他们了解情况，并在适当的情况下向他们解释要求或决策背后的原因。保持信息畅通能激发主动性，提高团队效率，鼓舞士气
8	培养下属的责任感	当下属完成一项交给他们的新任务时，他们的自豪感和责任感会油然而生。当我们向下属布置任务时，我们要向他们传达“我信任你”的信息
9	确保每个任务都能被理解、监督和完成	团队成员必须了解标准。监督让我们知道团队成员是理解任务的，并且让团队成员知道我们既关心任务的完成，也关心他们
10	组建团队	领导者要培养团队精神，培养成员的自信心和能力。任务的完成离不开团队合作，团队越好，任务完成得就越好
11	根据成员的能力安排工作	领导者在安排工作时要有明确的判断。失败不可避免，只要合理地安排工作，任务一定可以完成

CEO 和高管团队应建立并自上而下地推广适于整个企业的文化价值观，这样做是为了确保使命和目标有力地驱动企业朝着正确的方向发展。

然而，军事领导通常是基于指挥权威的概念，也就是说，被领导的人们有责任和义务去执行领导的命令，尽管有如上所述的人文关怀。在普通社会，指挥权威不起作用。在如今的文化中，人们言行自由，这样的领导方式容易导致团队缺乏凝聚力，无法长时间合作来实现目标。

在指挥权威不受欢迎或不合适的现代环境中，影响力的概念支持着所有好的领导力。正如肯尼斯·H. 布兰查德（Kenneth H. Blanchard）[①] 所说：“成功领导的关键是影响力，而不是权威。”

在现代领导力的语境中，影响力指的是改变或影响人或事物的能力；一种不需强迫也能实现改变的能力。无论是指挥官（军队）还是 CEO（民间），都需要营造一种能让团队成员好好工作的环境。这不仅指物理环境[②]，更重要的是工作氛围，既包括团队成员之间的人际关系（平等关系），也包括领导与员工之间的关系（上级和下级）。

无论领导者与其追随者之间的关系如何，在军队中都有一条常识性建议（可以追溯至 20 世纪初），即要想唤起他人的忠诚并将其用于任何崇高的事业，人们必须首先意识到他们更美好的本能和感受。以下这些无疑是所有美国军官都渴望获得的优秀品质：

- 对人权的坚定信念；
- 对每个人人格的尊重；
- 对日常所接触的人保持“黄金规则”；
- 对人类福利保持持久的热情；
- 愿意像对待手足同胞一样对待所有人。

这些态度适用于组织中的所有人，无一例外。

军队会对新兵和未来的指挥官进行训练，以使他们具备作战所需的基本技能，包括遵守纪律和服从。美国军方认为，要想成为一位好的领导者，首先要成为一名好的追随者。当战争正激烈进行时，当没有时间解释命令，必须立即执行以保证任务成功时，这显然非常重要。这就是军方强调要培养好的追随者和领导者的原因。

在平民世界，追随力同样重要。组织中的每个人都是追随者。即使是 CEO，

① 美国作家、管理专家，《影响力管理》（*Managing by Influence*）一书的作者。

② 近几年来，高科技公司越来越追求打造“舒适感”，如提供优质食物、休憩场所、运动交谈区域等。

也必须遵从董事会和投资者的意愿，尽管他有一些独立性。但组织中的每一位领导者在某种程度上也扮演着追随者的角色。追随力可能显而易见，而且在大多数情况下都是如此。追随者像他们的领导者一样，应该是忠诚的、有合作精神的、尽忠职守的，而且要回应自己面对的指示。从本质上讲，一家企业的成功取决于领导者的领导能力和追随者的追随能力。拥有热情、智慧、有雄心、自力更生的追随者显然对企业非常有利。

显然，领导者和追随者的关系是互补的，谁也离不开谁。

组织

企业通常由 CEO 定义所需的部门和组织结构，以使使命宣言和组织目标与职能部门的相一致。这些职能部门不仅能够为完成任务提供支持，而且能够为企业生产并向客户和最终用户交付产品和服务提供方法和途径。如果企业尚未指定 CEO，那么这个任务（至少在创业初期）就会落在创始人的身上。

图 10-1 展示了一个适合技术公司的组织结构。虽然这种结构适用于很多企业，但应该注意的是，组织的具体情况是由其使命宣言和目标所决定的。因此，企业需要投入时间和精力来规划自己的组织结构。

以下我们将介绍组织结构的重要作用，顺序由重要到次要，其中还包括适用于大多数企业的相关介绍和建议。组织结构的作用有以下几点。

1. 定义了职能部门及其相互关系。各个部门的设立都是为了完成某种职能目标或企业的特定需求。组织结构图的设计是有技巧的，即该图提供了一个与使命宣言和组织目标一致的结构。

组织结构图的类型由要建立它的组织的类型决定。图 10-1 是一种等级化组织结构图，其中显示了各部门名称及其与其他部门的关系。这种结构可以保证上级部门对下级部门的控制，同时也具有以下描述的其他优点。大多数初创企业都应该建立这样的结构，除非有特殊原因。

等级化组织结构往往由于跨部门沟通（即使是非正式沟通）的增多而倾向于

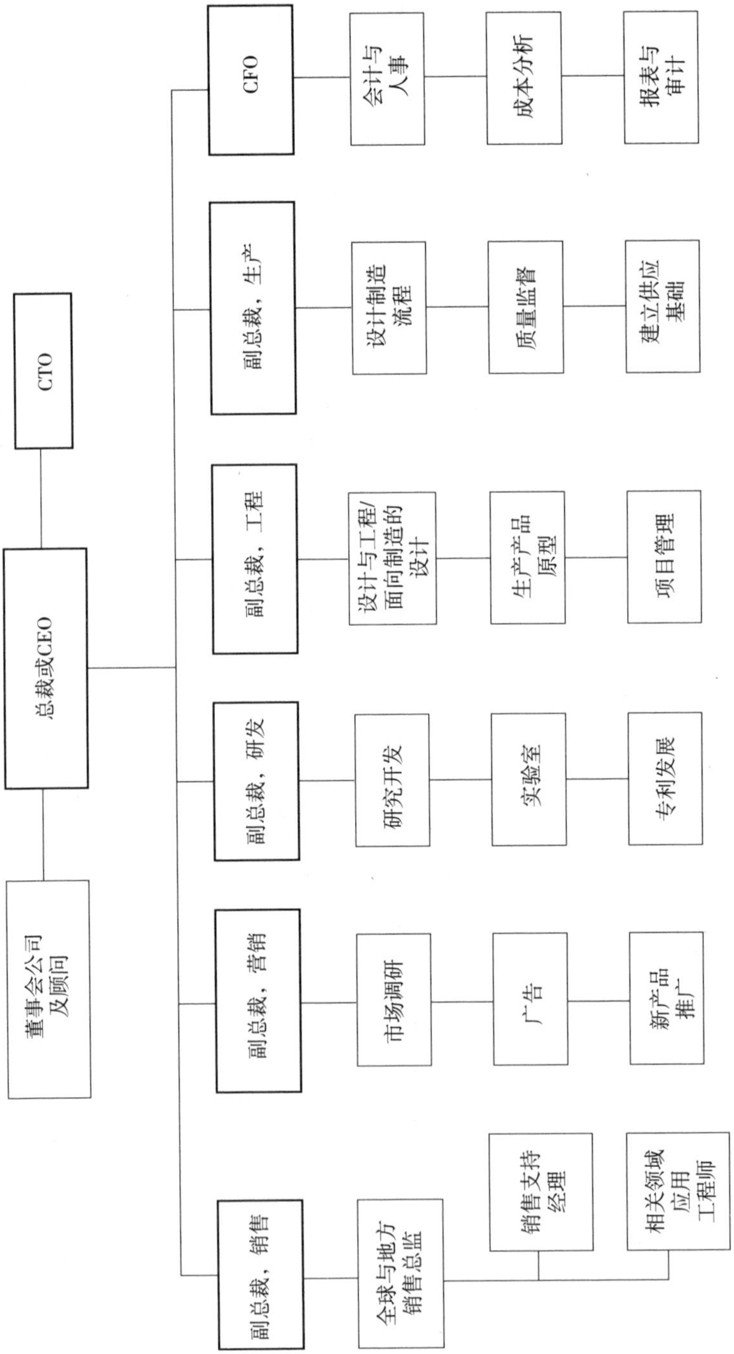

图 10-1　技术公司的组织结构图

减少过度沟通。那些依赖于过剩信息（无论出于何种原因）的组织不太适合这种结构。

矩阵式组织将人员按照其具备的支持其他部门活动的技能部署在职能性组织竖井（即矩阵中的列）中。这些活动可能是某个项目或某项产品开发工作（即矩阵中的行）。这种组织能够根据产品或项目功能所需的“服务”的数量，为企业开发在技术上有优势的重点领域。一般来说，组织规模必须相对较大才能支持矩阵式结构。

扁平化或水平化组织倡导去中心化的决策过程，提倡依靠员工的能力而不是上级管理者的干预来解决问题，几乎没有中间管理环节。这种组织类型并不常见，而且对于初创企业而言，它的使用会带来很多的问题，因此我们不推荐使用。

组织结构图是保密文件，不应放在公司网站上，也不能向公司关键员工之外的人员分发，以免让竞争对手了解企业的经营和管理模式。在某种程度上，随着企业逐渐步入正轨，组织结构图的使用权限可以进一步开放，但仍然不要超出管理者和主管的范围。可以向员工展示它以进行某种解释，但是如果没有正当理由，任何人不得复制或转发。

2. 明确指挥链。组织结构图确定了员工的报告结构。该图明确显示了每位员工的直接领导，以及如何与其他员工正式接触（特别是在没有获得任何许可的非正式业务关系的情况下）。每一级的主管都标示得十分清楚，显然，员工只应当接受其直接领导或主管的指示。其他部门的建议应当提交至部门经理，否则要在内部审核。

指挥链使任何规模的组织都能够以一种高效的方法协调各部门的工作，不受沟通问题和信息传递问题的阻碍，除非通过由 CEO 或部门经理批准的正式决策程序。

CEO 或部门经理行使其权力的能力往往是有效决策的关键，尤其是当他们有丰富的经验时。这种“指挥权威”是军事领导力的核心，是等级化组织结构的核心。然而，如前所述，在民间组织中很少提及指挥权威，取而代之的是影响力的概念。CEO 负责确保指挥链的正常运转，从而确保影响力和指挥权威有效地发挥作用。

从某种程度上说，如果管理者能力有限，使用严厉的方法可能就会导致其与员工出现分歧。无论能力如何，管理者都希望每位员工能够听从指挥，并尽其所能。当部门内部的功能严重失调，必须由上级管理者介入才能解决时，部门经理会被追责并被替换。不承担管理或监督任务的员工必须学会某种“没有权力的影响力”，以确保团队能够在 CEO 或管理者的带领下取得佳绩。

3. 规定了雇用员工的优先顺序。当企业从长远角度成立了所需的各项职能部门后，招聘可以并且应当首先确定最关键的员工，也就是说，通常从关键部门的主管开始招聘。在组织发展的这个阶段，直接或最初的目标和要求都能够帮助企业选择到最适合的具备能力、经验和背景的员工。

4. 确定员工角色。角色不仅是为个人确定的，而且是为与其一起工作的其他人确定的，这些人需要在组织中找到一个特定的角色。根据客户或市场环境对企业的要求，组织结构图中会为具体角色确定职能角色。角色还能够帮助新员工尽快区分管理者和下属。

5. 使流程和职责标准化。标准化的工作流程以及负责任的员工分配决定了角色和职责，使企业能够定义特定标准的职位，从而使招聘和解雇更容易。在成熟企业中，职位需求将被严格定义和文档化，并且招聘与需求会保持一致，以使合适的人能够融入团队。

6. 明确责任和报告形式。组织结构图加上 CEO 的监督与指导能帮助高管明确每个人的角色与职责，使员工人尽其用，劳有所获。适当的报告以及数据、信息的汇总进一步促进了管理者关注其他人收集的数据和发现的主要问题。

7. 扩大管理者或主管的控制范围。在管理者的指导下，工作任务能够得到最优化的分配。理想情况下，管理者将为自己留下最擅长的活动和角色（通常都是管理类的，但有时也有技术类的）。那些日常可以由他人完成的工作被交给了下属，这可以让高级别员工专注于高价值事务。此外，组织结构有助于或应该有助于避免微观管理。对管理者而言，对下属进行细致的监督是十分困难的。

8. 区分对待资源和集中资源。允许收集和分配资源，并使企业的目标和资源（主要是人）相一致。合理的组织使管理者有必要区分对待他们的资源（人），不受他人的影响，并留住那些有特定任务和目标的负责任的人。

9. 明晰职业发展道路。组织结构、责任划分和报告层级有助于为组织的各级别建立薪酬标准。

10. 提高员工生产力。规划合理的组织结构可以帮助员工充分发挥他们的能力，从而最大化他们的生产力（也可以避免让他们承担自己并不擅长的工作）。

组织结构图通常会随着时间的推移和组织需求的变化而变化，对于初创企业而言尤其如此。

高管

企业所有的管理者都要对董事会负责。在必要时刻，董事会有权聘用或解雇总裁或 CEO。当然，董事会也是由企业的股东选举产生的。

头衔用来确定一个人在组织中的权力和责任。例如，C 级头衔是为组织中高层管理者保留的，典型的有 CEO、CTO、CFO、COO 等。不同企业可以对这些头衔进行调整，以适应企业的特点，如 CMO、CIO（既可以是首席营销官，又可以是首席信息官）和首席行政官（chief administrative officer，CAO）。与副总裁（vice president，VP）的头衔相比，C 级头衔赋予了管理者更高层次的责任。副总级别的人员往往被归类为中层管理者。

虽然企业高管承担的责任已经由保护性协议（如补偿协议）、D&O 保险和国家法律等规定限制，但人们普遍认为，C 级职位仍然需要承担比副总裁级别更大的责任。

从法律角度看，总裁被视为企业最高级别的管理者。在大多数企业，总裁都是董事会成员。CEO 是企业中最高的运营职位，仅次于总裁。虽然总裁的职责各不相同，但通常情况下，他可能会应 CEO 的要求，更多地参与企业的日常管理和特定的项目。当然，很多组织将 CEO 和总裁的头衔授予同一个人，使其在组织内拥有所有权力和权威，只受董事会的监督和管理。

通常，技术公司是由一或两位创始人创建的，有时甚至更多。一些人懂技术、有伟大的创意和丰富的专业知识，却很少或根本没有商业经验，这是很正常的。或者创业团队可能由一位技术人员和一位营销人员组成，但缺乏一位有商业头脑的人。通常情况下，一位有愿景、在创业初期带领企业前进的创始人会担任 CEO。创始人团队的其他成员通常会担任其他 C 级职位，以填补高管的空缺。这在很多情况下都是合适的，尤其是当创始人具备足够的能力、经验，足以胜任这些职位时。但也会发生有人既不适合担任 C 级职位，也无法承担岗位职责的情况。更重要的是，投资者将很快发现管理层的不足，并对 C 级管理者（包括 CEO）提出质疑。

创始人需要意识到，投资者会根据其所见所闻、创始人的演示技巧、创始人的背景，尤其是他们在之前职位上的工作经验来建立自己对创始人及其管理能力的看法。投资者对高管工作的担忧往往集中于他们认为企业并没有选择最合适的人来负责这些工作。

那么，创业团队应该如何展示出他们人尽其用了呢？或者换句话说，创始人如何在自己的组织中确立自己的地位，以取信于投资者呢？

创始人首先应正视自己的能力，看自己是否真正适合担任 C 级职位。如果能接触到更有商业经验的人，包括董事会成员，就可以征求他们的意见。无论外界给出何种意见，创始人都必须做到不以自我为中心，努力发现并尽可能地改正自己的缺点。这就意味着他们要选择那些自己能胜任的职位，并制订能够及时填补重要职位空缺的招聘计划。

如果有创始人认为自己不具备担任 C 级职位所需的能力和经验，可以尝试在他们现在的职位前加上“代理”或“临时”，如代理 CFO 或临时 CFO 等。这向投资者传递了一个信号，即当前担任该职位的人并不认为自己可以长期担任这个职位，该职位将由更有资格的人担任。当然，如果负责财务的人是主管（甚至是经理）级别，并且无法判断他是否具备担任 CFO 的能力，那么 CFO 的职位就可以空缺。同理，CEO 一职也可以由作为顾问的商业领袖担任，头衔为“临时 CEO”。

技术创始人往往有愿景，但不适合担任 C 级职位。最重要的是，有愿景的人应该被安排在一个合适的职位上，使其能够继续利用自己的知识和技能为企业服务。这可能意味着技术创始人无法担任 CTO。考虑到创始人的技术能力，他可能会被任命为 CSO，以认可他在缺乏管理和商业技能的情况下所拥有的高水平的技术能力。也可以将他安排在较低层次的职位上，这将取决于他自己。

初创企业必须按照原则、使命、目标等来设计组织结构，这是重中之重，而且担任高管职位的人必须是那些能够推动企业不断向前发展的人。

团队建设

在职业足球中，每支球队的共同目标是找到并留住有影响力的球员。这些球员是那些凭借其能力和技术，特别是在关键时刻，能够制定可以决定输赢的关键策略和决策的人。当然，所有运动队都在努力寻找并留住有影响力的队员，在商界也是如此。在商业世界中，这些有影响力的人也被称为核心员工，他们普遍都表现出一些相同的技能和品质，尤其是较高的工作积极性和动力、有激情、有活力以及自我指导的行为。

寻找能够帮助创业者创业的关键人物是一件很有挑战性的事情，原因有很多。在很多情况下，那些理想的人选往往只被他们就职的公司或一个极小的圈子所熟知。行业内那些很有名的人也会因为各种原因（如地理位置、工资、与前公司的感情等）难以为企业所用。而那些技术娴熟、非常适合初创企业的人由于没有接触过新的工作环境，因此没有意识到创业的机会和回报。而且，由于情绪、家庭或经济原因，并不是每个人都能很好地适应创业氛围。

为初创企业物色关键人物的过程包含以下四个基本步骤：

- 明确职位要求；
- 制定寻找合适人选的搜索策略；
- 面试和筛选出最佳人选；

- 雇佣和留任。

1. 职位要求。高管职位涵盖了企业组织结构图中定义的主要职能领域，如技术（CTO）、财务（CFO）、营销与销售（CMO 和 / 或 CSO）等。根据他们的职位和职责，这些管理者有权组建自己的团队。缺少高层管理者的主要职能部门都应在融资前或融资后马上解决这个问题。

CEO 和高管团队应制定并遵循原则，这些原则将协调他们在聘用 C 级管理者和副总裁级别以下的新团队成员时的工作。其中包括一个标准的职位描述模板，该模板明确定义了该职位的职能要求、领导和服从准则以及理想的道德价值观。从工作职责和人格特点两方面对新员工提出要求更有利于强化团队的和谐。

职位的职能要求是根据每个职位的传统工作内容来定义的，包括汇报要求和监督要求等。这些要求是“工作说明书”的基础。在工作说明书中还应该增加与领导力和服从力相关的要求，即设定企业对每位员工在执行、能力范围、行动和行为与领导力和服从力的预期一致等方面的期望。虽然这些期望被作为职位要求，但实际上它们都属于企业的一项政策声明。

2. 搜索策略。首选的搜索策略可能取决于高管的资源和经验。被动的方法包括在公司网站、报纸和社交媒体网站上发布免费的招聘广告等。积极的方法包括在猎头网站上搜索或参加社交活动等。这些方法可能很耗时。付费方法包括通过猎头公司或其他成熟的就业和人事机构进行招募。也可以考虑朋友或以前的同事，因为你很熟悉他们的能力、过去的经历和表现，但你应该谨慎行事，以免出现不得不解雇自己朋友的情况。

3. 面试和筛选。高管将根据员工与他们的潜在互动、是否符合职位要求和过去的工作经验来决定谁将参与面试，以构建面试流程。管理层会传递员工简历和其他信息。这种半正式化的面试流程很常见。如果企业足够成熟，这个过程通常由人力资源部门完成。面试结束后，面试官会组织一次或多次会议，来评估对申请人的印象、他是否适合这个职位以及他是否适应企业文化。如果需要进一步面试申请人，就可以联系他并进行面试。通过初步筛选的申请人就可以请团队成员和其他高管对其进行后续面试。

4. 雇佣和留任。符合要求的申请人将会收到录用通知，其中将说明雇佣条件（工资和福利等）。他们必须在加入公司前将签署各种协议，如保密协议、竞业禁止协议和技术与专利披露协议等。

建立团队的过程中还需要考虑以下因素。

1.“副指挥官”职能的需求。美国军队守则要求每个人（包括追随者）都要做好在现任指挥官无法满足任务要求的情况下担任领导职务的准备。这些“副指挥官”要承担责任（虽然只是暂时的），执行该职位的所有要求而不削弱职能方面的能力，并完成任务。美国军人因其可以在需要时介入并领导团队的能力而闻名。同样的理念也适用于企业管理，也就是说，在招聘时，有些职位需要一些“副指挥官”，尤其是重要职位。

2. 风险承受能力。依靠投资者资助生存的企业的风险自然比成熟企业更大。并不是所有的潜在员工都能意识到这种风险，而且由于各种原因，这样的员工也可能并不适合被雇用。例如，一位有家庭、有稳定工作的女士不适合高风险的初创企业，除非她非常清楚当该企业没有资金或无法盈利时，她将面临的风险和潜在的损失。

3. 指导的潜力。有工作和生活经验的员工是有价值的新员工，特别是当他们愿意和乐于指导其他人（无论是年轻者还是年长者）时。尤其在创业初期，当工作量和压力很大，而且年轻员工需要通过交流来找到宣泄情绪的出口时，他们就显得很重要。

4. 招聘太快，解雇太慢。企业获得融资后，招聘工作就可以开始了。过快的招聘过程可能会导致出错，而纠错成本十分高昂，因为从本质上讲，整个招聘过程可能都要重来。最好花些时间进行合理的招聘。如果一旦发现新员工并不合适就最好迅速解雇。

招聘的基本原则是让正确的人在正确的职位上。这种方法不仅能受到投资者尊重，而且能帮助创始人进一步明确关键的招聘需求。

使命宣言

有些商业计划书中会包含一份使命宣言。虽然商业计划书中并不一定要有使命宣言，但当企业开始招聘员工和组建团队时，它还是非常重要的。

奇怪的是，使命宣言出现在商业计划书中似乎有些不合适，因为它可能被投资者视为浮夸的宣言。商业计划书一般不会提供给员工，虽然高管会对它进行审阅。但使命宣言却应该是每一个与组织有关的人都必须了解的。

那么，我们如何判断一份商业计划书中是否需要使命宣言呢？

对于何时需要使命宣言并没有严格的规定。然而，如果企业存在的目的是探索解决重要的社会问题、对医学有重大影响的问题或人类的基本问题所需的创新，那么提供一份使命宣言可能就是很有必要的，因为潜在的投资者、支持者或员工想要投资的是那些能够与他们分享理念和愿景的企业和创始人。使命宣言关注的不是收入和利润，而是解决那些与人类基本问题和需求相关的问题。即使企业所服务的细分市场很小（如为某种罕见的癌症提供治疗方法），提供一份使命宣言也是合适的。

如果要创建的企业的目标是推出一种新的、更好的产品或服务，但基本上该企业只服务于一个利基市场或细分市场的需求，那么可能就没必要准备一份使命宣言了，这样的企业一般不会将造福人类作为目标。无论要为哪种市场提供服务，创始人都可以决定商业计划书中是否需要一份使命宣言。

为什么使命宣言如此重要呢？

使命宣言从上至下驱动着企业不断发展，是企业存在的意义。它向全世界宣告了企业的目标以及实现目标的方法，展示了企业的道德和哲学基础，为企业的成功打下了坚实的基础。因此，它应当在企业成立时制定，而且必须被不断审视，以使其与时俱进。

准备使命宣言可能是一项挑战，特别是对于技术导向型的创业者而言，他们不习惯将自己的目标与目标投资者的愿望联系起来。最好从向自己提出这样一个简单的问题开始：我们（公司）为什么会存在？可以准备几张纸和一支笔，在企业内部展开一场头脑风暴。要做好详细的记录，打开思维，不要担心语言的组织或连贯性。用一段时间（可能是一天中的几个小时，也可能是几天的若干小时）回顾所记录的内容，最好从重要的原则开始，用简单的句子来表述企业的使命。

对于以盈利为目标的企业而言，它们的使命宣言应该有以下几个共同点。

1. 企业最高或最值得称赞的抱负和目标。企业希望实现的目标是用有人情味的语言表述的，而不仅仅是用简单的语言表述了其产品或服务的属性或利润。企业存在的意义需要明确，创始人或创业团队的愿景必须清晰。

2. 简单陈述企业的产品或服务将如何影响最终用户，并改变他们的生活、帮他们解决问题和改善他们的生活品质等。使用的语言一定要体现出产品或服务的独特性和创新性。

3. 表述企业提供的产品将如何为利益相关者（如客户、员工、供应商和股东等）提供价值。利益相关者的范围可以很广（如上文所述），也可以是具体的（如组织成员）。明确目标市场可以令使命宣言更清晰。

掌握了这些要点，而且有头脑风暴的笔记在手，创业者及其团队就可以开始撰写使命宣言了。可以先不考虑语法或结构的准确性或适当性，目标是将初步想法记录下来。

接下来，创业者及其团队需要仔细研究句子中的关键词，明确其含义和影响。最好的方法是使用同义词辞典和字典将每一个关键词查一遍。同义词辞典将帮助创业者确定是否选用了最能传达意义的词语。理想的情况是，新的词语将可以表达各种情感反应，如热情、决心、兴奋、能力和知识等。通常，他们可以找到一个不同的词语来更好地表达企业的预期定位，而且这个词语及其含义可以利用字典来核对。重要的是要记住，每一个词语在未来的读者（如员工或投资者）的头脑中都有特定的含义或影响。因此，最终选择的词语必须能够向读者传递预期的效果。这项工作的重要性无论怎样强调都不为过。通过反复审视，使命宣言的最终版本应简明、有影响力、有独特性和有说服力，也就是说，读者应该能够充分理解它并与企业的目标保持一致。

使命宣言的篇幅通常从一两句话到一两个段落不等，没有具体规定。重要的是创始人希望表达的是企业存在的根本原因和目标。需要记住的一个重要目标是，使命宣言必须是独一无二的。它将是企业的第一份差异化声明，将指导企业的整个发展过程。

以下展示了两份使命宣言（节选）的例子。第一个例子所展示的使命宣言相对较短，表达了牙医的真挚的情感和愿望。第二个例子所展示的使命宣言较长，强调了诊所员工和患者的核心价值。

我的员工与我始终致力于通过我们的工作讲述我们自己的故事，这个故事的内容随着时间的推移而在不断丰富。通过使用理念、系统和人员，我们为自己和患者创造了一个安全、积极、充满关爱的环境。在这里，人们相互尊重，沟通顺畅，充满欢声笑语和团队合作，洋溢着有趣、欢乐、宁静的氛围。我们的服务和消费体验让患者流连忘返。我们的诊所将以其设施完备、安全、关爱而闻名。我们将充分享受每一天，活在当下。诊所洋溢的骄傲、宁静与平和让我们得以专心致志，为患者提供最优秀的牙科服务。

作为 Dignity Health 的一部分，红杉医院旨在与医生合作，提供富有同情心、有质量、价格公道的医疗服务，以满足我们所服务的社区，尤其是贫困或没有医疗服务资源的人们的需求，促进医疗福利事业的发展。

我们的工作都以一套核心价值观为指导，我们对此负责。我们的核心价值观是：

· 尊重：尊重每个人的内在价值和人格；

· 合作：与志同道合的人们合作，实现共同的目标；

· 公正：支持社会变革，推动社会人权发展，并对贫困的手足同胞表示同情；

· 规划：充分利用我们获得的资源为医疗事业和全体人类造福；

· 卓越：通过团队合作和创新思维，以卓越品质超越患者期待。

我们尝试通过采用关于我们的使命、价值观、精神、伦理和社区健康的标准，来评估我们在实现目标方面的表现。我们利用当地标准来评估我们在达到这些标准方面的进展。

使命宣言没什么对错之分，但作为对企业愿景的核心表述，花时间进行润色和完善是值得的。上述例子为我们撰写使命宣言提供了一个良好的起点，但还可以选择其他方式。

创建公司，使客户满意

初创企业面临着很多挑战，其中最重要的是如何通过销售产品和服务创造收入和利润。企业能否提供令其客户满意并满足客户期望和要求的产品[①]，是决定其未来能否在市场中获得成功的关键因素。

但令人惊讶的是，在初创企业中，推销优秀产品的能力往往是慢慢培养起来的，因为必要的内部流程要么还没有建立，要么还需不断完善；或者部门之间的互动没有被清晰记录或有效实践，无法使产品能一直满足客户需求。事实上，初创企业往往只会关注与产品相关的生产和制造问题，而没有考虑到其他可能影响客户满意度的环节。

尽管客户满意度是 ISO 9001 质量体系标准中的核心，但初创企业往往不具备开发和使用这些标准的条件，或它们可能没有意识到使用这些标准的重要性。质量往往被企业视为一项负担沉重的成本，它们认为这些标准只在生产和向客户交付产品时才被使用是很正常的。此时，企业可能会想方设法地降低间接成本。

在企业发展初期，除了实施 ISO 9001 标准，还有另外一种选择。这种替代方法是通过低成本的活动和行动，使企业最终获得 ISO 质量体系认证（如果需要的话），或者在很多情况下，即使企业没有获得正式的 ISO 认证，也被允许生产高质

① 此处“产品”指产品和服务。

量的产品来使客户满意。我们将在下文详细介绍这种替代方法。

部门间互动——一个商业案例

在企业发展初期，很多职能都以一种特殊的方式发挥作用，也就是说，部门主管只关注自己的部门，如获得人力资源、设备和软件等。在短时间内，这些资源在其特殊职能的背景下一起发挥作用，无论是企业的工程、制造还是其他重要的职能部门（如财务或研发）。当然，在企业发展的过程中，制造总是落后于研发和工程，因为产品原型总是先于潜在客户需要的成品出现。在某种程度上，如果客户对产品有需求，制造就成了管理层关注的重点。

对于初创企业而言，重要的是要意识到，自己最终要雇用的是那些业务开发和销售人员，因为他们能直接接触客户，能够最准确和完整地掌握客户的需求。这些需求将形成文档，交给设计和工程部门，这些部门的任务是以客户能承担得起的成本开发能够满足客户需求的产品。制造部门会遵循工程要求，保证生产出成品的原材料和制造工艺。

当发现客户对产品功能、性能或外观设计不满意时，管理层会担忧。客户对产品往往有很多要求和期待，但是其中很多可能在最初的产品中无法实现。正是在这一点上，管理层深入研究了在表述“为什么我们无法向客户交付正确的产品”时所发现的问题。

部门主管往往在管理压力之下才开始更多地关注为什么产品无法完全让客户满意。虽然这个过程并不一定会引起争论，但事实上最终都会出现这种局面。随后就会出现大家互相指责的现象，接着每个部门的主管都会给出具有防御性的建议，必须做一些更好或更困难的事情，即更好地与客户和其他部门沟通。当然，人们不是对每种情况都会有争议，但在极度的压力之下，没有人能够确定使客户满意的结果或最佳方法。

一般来说，每个部门都把工作重点放在自己当前的目标上，不会太关注部门间的互动。但事实上，缺乏适当的互动或互动本身才是问题的核心。

在企业发展初期，部门间的互动通常不会被系统地分析，此时互动的需求还没有被未能满足客户预期所驱动。然而，仔细了解部门间互动的作用可以提高企业在未来使客户满意的能力。企业应该如何做呢？只要在企业发展初期解决部门间互动的问题，企业就更有把握生产出满足客户需求的优质产品。

在这里，我们以一家初创企业为例①。该企业产生收入的能力受到了威胁，因为它持续地无法满足客户对产品的一项简单功能的需求。以下简单列出了最相关部门的报告和意见。

销售部门报告称，制造部门无法交付合适的产品（没有满足客户需求）：

- 制造部门指出，它们开发的是工程部门定义的产品；
- 工程部门声称，它们没有完全掌握销售部门给出的产品需求或特点；
- 销售部门表示，工程部门没有确定销售部门应该向客户提出的正确问题，它们在没有告知销售部门缺少信息的情况下下单；
- 销售部门没有意识到制造方面的约束或限制，在销售部门和制造部门之间没有完全且充分的沟通过程和途径；
- 工程部门意识到了制造上的一些局限性，却不能完全理解；
- 制造部门接收的是不完全的信息。

当然，没有一个部门能对这种混乱负全部责任。

高管向部门主管施压，要求他们找到生产更优质产品的方法。各部门都试图将改进其工作流程作为改善情况的手段。企业的内部运营确实有所改善，但新问题层出不穷，需要立即采取补救措施，这进一步转移了销售、工程和制造部门对其之间更大问题的注意力。

这家企业最终没能赢得客户的青睐，失去了盈利的机会。

现在让我们换个场景：一家公司在发展初期就采用了一种系统性的方法，用于调整和控制部门之间的互动。虽然这个案例介绍的是工程部门与制造部门的互动，但在实践中，所有部门和环节都可以遵循同样的方法。该公司采取了

① 这个案例是作者根据对几家产品开发企业的观察总结出的。

以下方法。[①]

1. 记录现有流程。无论当前环节是否有效或完整，对它们进行记录都是必不可少的。这一步骤是通过要求部门成员简单地写下他们做了什么、向谁报告（或谁向他们报告）及其在流程中遇到的问题来完成的。记录不需要特殊的格式，手写和打印都可以。

2. 制定流程图。接下来，在整合了所有部门的文件后，公司为每个部门都制定了互动流程图。在上述案例中，虽然工程部门和制造部门是企业发展初期被重点关注的两个部门，但值得注意的是，真实企业的流程图的数量可能超过 30 份，即使在最简单的组织结构中。这些流程图涵盖了企业所有部门和重要事务，包括财务、法律、行政、研发、报价、销售接受或回绝、行政审查、项目管理和产品开发等。

3. "联结"部门。在销售、工程、制造和其他职能部门之间增加沟通环节，以促进各部门沟通客户需求。在这一点上，经验丰富的运营人员可能会发现一些部门的互动问题，即在沟通客户需求、记录需求和报告需求方面存在缺陷。运营人员可以调整现有的流程图，以反映重要部门间的互动和沟通需求。随着公司从失误中吸取了教训，就可以采取纠正措施，并根据需要更新流程图和文档。质量管理体系的关键是持续改进。

4. 确保各部门意见一致。下一步需要我们回归到部门主管，即他为部门间互动所做的调整（通过调整流程图）需要获得认可。改变可以通过谈判来实现，约束也可以被充分揭示。但最后，为了获得成功，每位部门主管都必须适应新的工作流程。CEO 通常会在确保所有人都参与其中等方面发挥重要作用。

5. 准备程序文件和政策性文件。当部门主管同意了新的工作流程和部门间互动的途径时，这些变化就需要被记录下来，包括将流程图汇编成操作文档，其中包括程序、政策、公司内规章和流程描述。政策是必要的，有助于高管确保公司

① 即使在企业发展初期，在质量管理体系的背景下部署取决于领导者，他应该通过所需流程指导企业的发展，并在 CEO 办公室的主持下强化适当的行为。

的一切事务都能按照首选的方式运作。当部门主管在方法上存在分歧时，这一点尤其重要。正式文件通常需要由内部的质量监督人士完成，因为部门及其主管都面临着设计、制造和生产初始产品的巨大压力。最终的文档须经部门主管批准。

6. 实施和执行规则。一旦表格、政策和流程形成文件并获得高管的批准，就需要强制执行。执行不应采取任何形式的惩罚；相反，参与规则必须被反复解释和强调（或修改，如果需要的话），以便公司不断改善业绩。此时，整个团队都已经适应了新的流程。

这种“原始”的质量管理体系为日后执行真正的 ISO 质量体系奠定了基础。[①]当需要快速扩大生产规模时，这一点变得非常重要。

最重要的是，使用了这种方法的企业迅速获得了在团队合作环境中生产优质产品的直接优势。当产品研发出现了不可避免的问题时，这一原则就显得更加重要了[②]。

早期业务流程

为了取得良好的业绩和客户满意度，企业必须通过不断地审视企业的目标、发展阶段和可用的资源（人力和资金）来开发和改进业务流程。建立良好的企业业务流程的一种方法是使用国际标准化组织（International Organization for Standardization，ISO）的标准作为指导。

国际标准化组织是一个国际性机构，旨在为成员国及其企业的生产、分销和销售其产品和服务提供一致的标准。最新的 ISO 标准是 ISO 9001:2000。ISO 标准提供了质量管理原则，旨在满足企业客户对产品的质量需求。重要的是，要强调使用 ISO 质量管理标准的预期结果，即客户的满意。

在 ISO 标准的指导下，组织内的每个职能部门都能系统性地描述其生产产品

① 应该指出的是，如果管理层缺乏运营经验，就很有可能制定出不恰当的政策或策略。

② 最终，企业要形成自己的“运营理论”，软件工具用于物资需求计划（Material Requirement Planning，MRP）和企业资源计划（Enterprise Resource Planning，ERP）。

的流程，并以书面形式记录这些流程，并确保文档中包含所使用的流程的所有元素。在理论上，一旦文档完成，有能力的员工就可以遵循这些文档，生产出优质产品（并且使客户满意）。流程能够帮助企业改进不符合客户要求或被客户拒绝的产品。通过不断进行修改和完善，企业“学会”了只需遵循“规则”就能生产出好的产品。随着时间的推移，源源不断的客户将带来持续的收入和利润，以满足管理者、员工和投资者的需求。

投资者，无论其是否有耐心，都有一个预期的获得投资回报的时间期限，投资能否获得回报取决于企业是否具备生产和交付客户认为有价值的产品的能力。企业想要生存，就必须向客户交付满足其大部分预期的产品。

在企业发展初期遵循简单的方法进行质量管理可以让企业有机会生产更高质量的产品，并满足客户的需求。在打造这些高质量的产品的过程中，会有越来越多的人成为客户甚至重复购买，从而为初创企业带来收入，为投资者带来回报。表 10–2 列出了初创企业需要为哪些工作（职能）设计流程图。

表 10–2 公司运营流程图设计的要素

项目	标题 / 描述
1	营销与新产品开发
2	技术研发、知识产权保护、发明创造
3	新产品开发商业案例、调研与开发
4	新产品开发与商业计划
5	新产品开发与工程
6	新产品开发与制造
7	销售
8	采购订单
9	样品订单
10	客户估价单
11	设备销售与支持
12	企业部门运营
13	企业部门规划

续前表

项目	标题 / 描述
14	企业部门流程
15	项目管理职能
16	产品开发职能
17	制造流程
18	行政官职能
19	人力资源——员工
20	人力资源——政策
21	人力资源——业绩评估
22	行政政策
23	财务部门运营
24	财务需求
25	信息技术

在大多数情况下，企业可以自行定义流程图。每个组织都可以设计适合自己的商业模式和客户需求的流程图。下面，我们将简要介绍在设计这些特定流程图时所进行的一些思考。

请记住，流程图的设计和执行起初是由CEO提高组织业绩的需求驱动的，同时也需要考虑那些被视为组织系统性的客户投诉。

1. 营销与新产品开发。大部分企业都是从一两个产品创意开始的。但随着时间的推移，企业需要新的产品创意，而这些创意虽然可以有其他来源，但最理想的情况是由营销和销售人员提出，因为他们与客户接触最密切，可以收集客户需求并反馈给企业。这就是流程图设计中将新产品开发环节放在最开始的真正意图。通过初步审核的产品创意将迅速地进入技术研发、专利保护和发明创造的环节。

在与潜在客户沟通时需要特别注意的一点是，营销和销售人员往往会从当前或潜在的客户身上以及他们正在使用或想要拥有的产品等角度提出问题。当技术人员也参与进来时，这些讨论可能会迅速转变为对解决方案和可能涉及的技术创新的讨论。由于这些讨论通常没有保密协议的保护，因此这些创意的所有权可能会引起争议。科技公司最不希望与客户发生关于所有权的争议。为了避免出现这种情况，我们建议企业最好要求营销与销售人员在倾听客户需求时不发表具体意见，直到技术部门有机会评估问题和给出解决方案，如可能会有临时专利申请。一旦专利申请被提交，企业就可以向客户提供受到法律保护的解决方案。

2. 技术研发、知识产权的保护和获得。研发和保护技术的成本极高。这个流程可以帮助 CEO 和 CTO 控制这些成本。CEO 和 CTO 的合作有利于开发出对企业整体目标、市场战略、商业战略至关重要的专利技术。在这种情况下，企业更容易判断出哪些技术应当申请专利、哪些应当作为商业机密保留。为最适合的技术申请专利能够降低成本，优化研发部门的工作。

3. 新产品开发与研发。如果决策正确，授权的专利就应当用于新产品开发，无论是系列产品开发，还是单个产品开发。开发的下一个阶段就是撰写该产品的商业计划书。CEO 和 CTO 将再度合作，共同制订新产品计划。部门的工作包括应用研究和早期产品研发。

4. 新产品开发与商业计划。在这一阶段，相关部门会就新产品开发协商一系列重要事项，制订商业计划并获得 CEO 的批准。此时 CFO 需要参与进来，因为企业的整体规划需要考虑财务资源的潜在承诺。

5. 新产品开发与工程。新产品开发的商业计划获得通过后，企业的重心就转向了工程。工程部门承担了产品早期设计的工作，包括面向制造的设计、原型开发、测试与评估等。

6. 新产品开发与生产。生产部门通过生产产品、实现新产品开发的需求来满足客户预期。很多与产品细节、版本数量、设计种类相关的问题都需要引起注意，并得到处理。

7. 销售。最终，最初与客户接触并负责监督产品交付的销售人员获得了与客户合作的机会，以确保客户的需求得到满足。这个特定的流程图使组织能够评估客户预期和销售机会，以确保客户是真实存在的，并且企业能够承诺生产和交付。

随着企业的发展，这些流程图也会随着企业内部需求和客户需求的变化而变化，CEO可以相应增加或减少对其的控制，也可以相应添加或删减资源。改变和调整以满足客户需求的能力是良好的商业实践的本质，这在ISO标准中也得到了反映。

初始运营和执行

初创企业在获得了创始人及其亲朋好友提供的投资后，其主要工作重心就是证明和验证其产品或服务以及目标市场，同时下大力气开发技术和相关专利，努力证明企业有一个可持续发展的商业模式。正因如此，初创企业几乎不会规划其运营[①]工作，将注意力集中在那些有限但重要的里程碑上，以取信于下一轮投资者。

初创企业能够获得融资就已经证明了很多事情，尤其是其商业计划书值得信赖。新获得的资金将用于扩大企业的销售规模、提高收入和盈利能力、提高产量等。因此，处于种子期的企业有很多缺失或不完善的职能都要重新建立、改进和扩大，以适应快速增长所带来的挑战。调整企业文化意味着要招募新员工，组织并领导团队，学会在时间、资金和投资者预期等范围内衡量和管理变革，换句话说就是要运营和执行。

CEO、CMO或CSO以及董事会成员在建立战略合作伙伴、创造更多收益方面发挥着重要作用。在初创企业所有的重要目标中，增加收入和扩大销售都居于第一位。这些活动在企业获得投资前就应该已经开始了，但现在这些关系都需要理顺，并设法在尽可能短的时间内产生预期的结果。

商业计划书最初是用来募集资金的，而现在变成了经营计划，经营计划又进一步细化为各个职能领域的详细规划。高管的任务是为职能部门制订计划，从目标开始，进一步确定成功所需的策略细节。这包括特定的战略要素（如保护合作伙伴、客户、供应商等）和相关要素。招聘计划也是重要的组成部分。职能部门

① 运营指的是所有职能要素的总和（包括营销、销售、生产、财务、管理等）及其有效的沟通。

的运营计划不再是一份正式和冗长的文件；相反，在企业发展初期，两三页的提纲和一些支撑材料就足够了。

计划总是好的，但执行起来需要抢占先机，反应迅速，同时还要提前考虑战略因素。职能部门的运营计划需要取得 CEO 或其他管理者的批准，并记录下原始流程创建的思路。CEO 还会将计划交给高管进行审核，或在短时间（几天到一周）内通过招聘、建立流程、培训和组建团队来帮助高管熟悉他们的角色和责任。

高管团队的一项重要工作就是引导，为团队充当导师角色，或鼓励他们不断发展、进步、走向成功。显然，如果雇用的决策正确，新成员将很快融入企业，在短时间内形成有凝聚力、有工作能力的团队。

管理者的角色也由团队监护人转变为积极的管理者和控制者，尤其还可以通过恰当的矩阵、管理监督、变革等形式衡量整个部门的工作业绩。不同的职能部门和业务种类都有属于自己的矩阵类型；流程变更要依靠需求而变，形式包括扩展流程图以及为管理政策、工作流程、业务流程的管控建立书面档案。

收入和利润的取得将带动部门间沟通的增加，就像其他因素给初创企业带来的影响一样，这种沟通的增加会加快企业各部门的融合，使各部门不再是单独的职能个体。虽然每家企业都有自己的特点，但初创企业都可以选择在三个月到一年时间里，进行上述提到的初始运营，并可以根据愿景以及每阶段所需的投资来调整时间。

从 CEO 的角度看，初创企业在发展初期面临着以下诸多严峻考验。

1. 企业需要寻找并建立前文提到的战略合作伙伴关系。其宗旨是建立双赢的互惠关系，并且能够通过这种关系帮助初创企业尽快获得骄人业绩。

2. 财务事宜从职能角度来看归 CFO 负责，但是 CEO 也需要参与管理，确保财务软件系统完整可用。向投资者报告将成为企业的一项长期任务和挑战，因此，财务记录必须准确翔实。

3. 严格控制成本，避免超出投资前所做的预算。企业很容易出现各项小额支出慢慢超过预算的情况，导致财务预期与计划不符。另一方面，有时又需要在某一方面超出预算，从而减少另一环节的成本。如果投资者投资时设定了一定的预支上线，企业就必须与投资者商议超出预算的支出是否合理。作为成本负责人，CEO 必须同 CFO 一起时刻关注财务账目的变化。

4. 在各部门强调关注以流程为导向的执行。流程的意义在于保证产品和服务到达客户的整个过程不出差错，并且能够满足客户需求。诚然，企业的最终目标是创造收入、获得利润，提高总边际收益，但实现这一目标任重道远。内部流程的早期建立与优化正是向目标迈进的一个重要过程。

5. 员工激励是 CEO 和管理团队必须考虑的重要问题。员工需要参与到企业和部门设立的任务和目标中；团队需要经过培训，提高业务能力；而 CEO 则需要肩负起责任，保持团队富有活力、精神高涨。

6. 管理控制活动需要进一步规划，实现重要业务活动的监督与汇报。CEO 一般需要同高管团队一起召开会议，撰写书面报告。这类活动由 CEO 牵头，管理人员积极参与，不影响日常工作的正常开展。CFO 可以与 CEO 会进行单独的会面，进行预算管理，撰写财务会计报告等。

7. 优化商业计划是一项长期工程。虽然处于种子期，但初创企业已经小规模地证明了其商业计划；在初创期，商业计划还需要进一步的优化证明，以适应企业运营（收益）规模扩大带来的业绩增长（此处特指企业净边际收益与净利润的增长）。CEO 开始将工作重心由常规业务转向对财务工作进行更多的管理控制。

8. 达到与投资者商定的里程碑。达到里程碑可以帮助 CEO 与投资者谈判，为下一轮融资争取更多资金。而一旦未能实现目标，尤其是比较重要的目标，就意味着 CEO 和企业遇到了不小的麻烦。企业可以不再紧紧盯着里程碑而按照自己的步调向前发展，但是一旦错失目标，就可能中断发展过程。

CEO 还要定期与董事会见面，甚至可能在建立战略合作伙伴关系或其他重要事项中限制某位董事的权力。大多数初创企业的董事会都采取每季度会面的方式，但是这并没有特殊的规定。

CEO 身负多重任务和职责，既要维护企业形象，也要坚持企业的发展战略，维护与合作伙伴、董事会和其他外部群体（如公众和媒体、潜在投资者以及美国证券交易委员会等）的关系。因此，CEO 往往将工作重心放在企业之外，而将内部事宜交由管理团队处理，有时候也会让 COO 担任内部 CEO，向 CEO 报告。

每次成功的融资都将意味着 CEO 及其团队需要面临再次证明其商业模式的挑战，他们需要证明目标市场的规模足够大、产品（初创期完成）能够受到客户欢迎、业务规模扩大以获得更多利润和收入（在融资期间），且在市场上显示出惊人的价值（IPO 以及投资者退出阶段）。创建公司和获得投资在每一阶段都有相似之处，应循环往复不断实现企业的各项目标，确保获得下一轮投资。

The Smart Entrepreneur

后记

最后对创业者说的话

21 世纪以来，创业像数学、科学知识一样，越来越被视为一个人基本技能的组成部分，它是人们在现代社会获得成功的重要因素。从小就培养孩子的创业精神有助于培养他们的思维方式的创新意识，使他们在与建立组织相关的问题上具有创造力，这些组织可以为社会提供有价值的产品，同时也为创业者提供未来实现经济独立的途径。但是，培养创业精神没有年龄限制。

大多数情况下，人们会在工作中学习创业，可以说，成功和失败都为创业者提供了宝贵经验。然而，成为成功的创业者的概率非常低。遗憾的是，世界很复杂，导致初创企业失败的事件有很多，这些事件往往很难预测或者根本无法预测，因为这个复杂的世界充满了不确定性和随机性。

我遇到过很多有才华的科学家和工程师，他们能够解决一个又一个的问题，但最终却被一些事件和问题打败，而这些事件和问题本可以通过适当的早期管理来解决或预防。能否成为一位成功的创业者具有不确定性。通常情况下，尽管人们在创业过程中会积累经验，学到东西，但是也会耗费金钱、时间和精力。正是这些低概率和观察促使我写了这本书。

有经验的创业者（有为投资者带来回报的经历）常会有吸引人的想法、简要的商业计划书和一个愿景，而这些正是获得种子期融资所需要的（除个人投资外）。他们因为之前的成功经历而赢得了信任和权力。我们都为他们的成功喝彩。

第一次创业的人（95% 尝试创业的人）必须更加努力。有很多东西需要学习，而且如果创业动机背后有一个很好的或伟大的创意，那么他们前进的压力就会非常大，因为他们迫切地想要把产品推向市场。但正如他们所说，耐心是一种美德，即使只是为了避免第一次创业遇到的陷阱。这本书按照顺序介绍了创业的过程，在我看来，严格遵循本书内容的创业者有能力战胜困难。

本书的章节都是按照非常明确的顺序来撰写的，旨在让创业者在进行下一章节那些需要花费大量时间、精力和金钱的步骤前，能以最低的成本仔细评估每一个步骤。严格执行每一个步骤需要很强的自律性，通常还需要耐心。虽然有些内容可能会在某种程度上重叠，但是这些步骤代表了要创建一种循序渐进、以过程为导向的方式，以成功建立初创企业。这些章节旨在通过消除常见的陷阱，使创业过程更有效，尤其是当一个人没有任何创业经验时。

以下是我想传递给创业者的关键信息。

1. 创业精神是一种可以学习的技能。本书呈现的是一个学习创业的过程，旨在帮助那些想成为创业者的人迎接挑战，获得成功。

2. 领导力是后天培养的，不是天生的。创造力、洞察力和精力是不受限的，这就意味着任何人都可以有洞察力、研究一个课题、发展一个想法，以及有通过创建一家企业或者以 CEO 的身份领导这家企业来实现愿景的远见。

3. 纪律是创业者努力的基石。本书各章节的内容介绍了执行的具体过程和细节，这些都是创建一个投资实体、准备商业计划书和筹集必要的资金等有效的创业工作所必需的。良好的执行需要纪律、勤勉和耐心。

4. 有毅力是领导者的重要品质。有能力从挫折中站起来的领导者能够为他们的团队树立榜样。大卫·麦卡洛（David McCullough）在《1776》一书中对华盛顿将军在美国革命时期展现出的领导力进行了总结，他说："没有华盛顿的领导及其不屈不挠的毅力，革命注定会失败。"

5. 商业计划书是关键要素。即使是那些有成功创业经历的创业者也需要准备一份商业计划书，以便向投资者确认商业模式，因为这些投资者希望找到新创意、初创企业和富有创业精神的领袖。

最后，希望这本书能给你带来好运。祝你创业成功！

The Smart Entrepreneur: The Book Investors Don't Want You to Read

ISBN: 9781500258221

北京阅想时代文化发展有限责任公司为中国人民大学出版社有限公司下属的商业新知事业部，致力于经管类优秀出版物（外版书为主）的策划及出 版，主要涉及经济管理、金融、投资理财、心理学、成功励志、生活等出版 领域，下设“阅想·商业”“阅想·财富”“阅想·新知”“阅想·心理”“阅想·生活”以及“阅想·人文”等多条产品线。致力于为国内商业人士提供 涵盖先进、前沿的管理理念和思想的专业类图书和趋势类图书，同时也为满足商业人士的内心诉求，打造一系列提倡心理和生活健康的心理学图书和生 活管理类图书。

《精益创业：打造大公司的创新殖民地》

- 精益创业理念提出者埃里克·莱斯出资运作，在全球 500 座城市，拥有 300 个训练营，培训超过 25 000 名企业家。
- 成就大名鼎鼎的 Facebook、Instagram 、Twitter、Zynga 和 Dropbox 的精益创业器。
- 帮助企业消除内部创新的“绊脚石”，释放企业创新创业的无限可能。

《为创业而生：写给创业者的创业书（干货版）》

- 硅谷创业教父、Founders Space 创始人史蒂文·霍夫曼作序推荐。中外创业导师联袂为创业者量身定制的标准化范式读本。
- 集美国知名创业加速器 EDUCATORS PARK 创业加速领域的丰富经验和成就。
- 本书通过大量的案例并配以漫画插图，深入浅出、直观形象地讲解了创业各个阶段如何获得成功抑或应规避的风险，为创业者阐明了创业的核心内容和要点。

《商业模式设计新生代：如何设计一门好生意》

- 原版团队倾力打造，《商业模式新生代》最新升级版。
- 全球 50 位精英创业家、战略设计师和思想领袖手把书教你设计出一门持续赚钱的好生意。
- 29 位设计师，20 种分析工具，7 大核心技能，48 个案例分析，150 幅插图，告诉你如何一步步将最初的创意火花变为现实。

《成为变革领导者》

- 帮助企业管理者提升重要能力，实现从变革管理者到变革领导者的成功转型，以拥抱技术快速迭代、充满不确定性和变数的未来。
- 只有当企业中的每个人都成为变革的推动者，不断提升企业领导者的变革领导力，并根据不同世代员工的特点，激发他们自身变革的意愿，从而自下而上、自发地推动变革，才能实现企业的成功转型

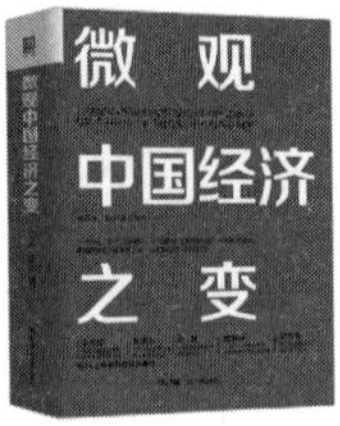

《微观中国经济之变》

- 11 个行业，31 个企业案例，从中国经济发展的见证者和参与者的角度解码中国经济的变革之道，以微观之例见证宏观之势。
- 中国的发展离不开经济转型。经济转型的主体是企业，因此要通过深化改革让企业将转型和升级作为根本目标，从而推动和实现产业的升级和转型。

《商业新思维：重构开放式商业认知》

- 企业只有打破组织边界,整合并开放企业利益相关者的所有知识和资源，才能实商业价值最大化。
- 本书提出的开放式商业思维的 10 项原则，将指导企业重塑商业思维和认知，以开放的心态去适应 21 世纪科技时代的发展要求。

《逆势而动：安东尼·波顿成功投资法》

- 叱咤投资界 28 年，总投资回报超 140 倍，曾被《泰晤士报》评选为史上十大投资大师之一的“欧洲股神”教你以逆向进取的方法寻求资本成长的机会。
- 彼得·林奇倾情作序推荐。

《至关重要的投资战略：专业投资一站式指南》

- 投资战略决定投资成败。制定投资战略、确立正确投资方向与目标的必读书。
- 优良的投资战略不仅能够切中市场的本质规律和人性的本质，还能在不同的市场、不同的时期长期有效，帮助投资者有效避险。
- 只有意识到制定最佳战略的重要性，对新想法持开放态度，不受狭隘的监管的阻碍，并且拥有最高效的沟通和最快速的决策过程的投资者，才能在投资领域立于不败之地。